肥後孝子伝

菅野則子編

目　次

凡　例

本書は、前編下に「天明五乙巳年二月」の奥付をもつ版本『肥後孝子伝』（編者架蔵）を底本とした。前編上中下、後編上中下の全六冊からなるものである。

（1）本文の翻刻に当たり、現本に施されている読点になるべく沿うようにしたが、読みやすいように適宜補足した。また、改ページ箇所には「　」を施した。

（2）旧字体、異字体、変体仮名などの扱いについては、

・原則としては、常用の字体に改めたが、人名および叓（事）・冣（最）・吊（弔）・徃（往）・朸（杉）・珎（珍）などは原本に従った。

・次の文字は、原本に従って、使い分けた。

　の―乃　　言―云　　盡―尽

・ミ・ハ・ワ・セ・ニは、原本に従ったが、その他の変体仮名は適宜平仮名に直した。

合字などについて、「こと」・「ヿ」・「〆」・「候」などは、こと・コト・シテ・候に直した。

（3）漢字に振られたふりがなや漢文に施された送り仮名などは、現本通りに施した。

（4）挿絵は、すべて本文の一ページ全面（二十三㎝×十六㎝）の大きさである。それらの位置は、略伝文中の当該箇所に指示し、適宜配置した。

（5）文意が通じないと思われる場合や、当時、常用されていたと思われる文や文字などについては当該箇所に（ママ）を付した。
（6）誤字・脱字・別字などがあると思われる箇所には、その旨を（　）で註記した。
（7）虫損・破損などで解読不能箇所は、□で示し、傍らにその旨を記した。

肥後孝子伝

解　題

前編上・中・下、後編上・中・下の全六冊が茶色の帙に収められた版本『肥後孝子伝』が手許にある。(1) 本書を刊行するに当たってこれを典拠とする。その前編下の奥付には

「　肥後孝子伝後編　　追而板行出来
　天明五乙巳年二月
　　　弘所　　肥後熊本　吉文字屋勘右衛門
　　　　　　大坂　　柏原屋與左衛門　」

と記されている。なお、後編下には奥付はない。

各巻の大きさは、縦二十三cm×横十六cm。各巻本文の枚数は、左表の通りである。

巻	丁数	絵図数	巻	丁数	絵図数
前編上	四十四枚＋表紙	十葉	後編上	四十九枚＋表紙	十葉
同　中	四十三枚＋表紙	十三葉	同　中	四十枚　＋表紙	二十葉
同　下	四十四枚＋表紙	十一葉	同　下	四十五枚＋表紙	十三葉

「肥後孝子伝」[2]は、すでに活字化され、『肥後文献叢書四』[3]に収載されている。これを、手許の版本と比べてみると、版本には、多くの漢字にふりがなが施され、適宜挿絵が配されているが、活字化された『肥後文献叢書四』に収められたものには、それらは一切ない。

「肥後孝子伝」は、孝行をはじめ諸善行を行ったことにより、藩主から表彰された者の氏名とその略伝とを広く人々に告げ知らせ、社会の「風教」をよりよくしていくことにその意図があった。そのためには、まずは、解かり易いことが必須であった。それ故に、刊行された当時の「肥後孝子伝」の文中の漢字にはふりがながふられ、また、「孝子」たちの行いに臨場感や親近感を持たせるために、それぞれの事例に見合った挿絵が添えられた。そうした本来の企図を再現するためにも、本書では、刊行された当時の版本にできるだけ沿うように、版本通りにふりがなを施し、挿絵もしかるべき箇所に配することにした。

「肥後孝子伝」には、前編後編併せて五本の序がある。

（1）「肥後孝子伝序」：天明八年戊申之冬　浪華竹山居士中井積善
（2）「肥後孝子伝序」：天明二年八月　熊本府学祭酒藪慤撰
（3）「肥後孝子伝序」：天明二年壬寅仲秋　中村正尊
（4）「肥後孝子伝後編序」：天明六丙午七　熊本府学祭酒藪慤謹序
（5）「肥後孝子伝後編序」：天明六丙午仲春日　中村正尊

である。これらは本書が典拠とした版本には、前編上に、(2)・(3)、後編上に、(1)・(4)・(5)の順に配されている。一方、『肥後文献叢書四』所収のものには、前編上に(1)・(2)・(3)が、後編上に(4)・(5)が配されている。後述するように、成立の経緯からすると、手許にある版本のような配置となるが、全体の構成からすると、(1)は、前編後編をまとめるような内容であるので、『肥後文献叢書四』所収の「肥後孝子伝」のように、(1)が、全体の冒頭に置かれているのが妥当である。

成立にいたるまで

「肥後孝子伝」成立までの経緯を中村正尊が記した序によってたどろう。上記(3)の序は、天明二年(一七八二)段階での状況を記している。すなわち、中村の「老友神崎直衛」が、寛文六年(一六六六)より宝暦五年(一七五五)に至るまでの「孝子忠臣」者六十二例を撰して各人の略伝をまとめ、刊行する予定であった。しかし、未刊のまま神崎が没してしまったので、中村正尊が引き継ぐこととなった。そこで、その六十二事例の伝を三巻に分載し、それをまとめて前編とすることとした。次いで、宝暦五年以降の表彰事例がすでに数百人に達していたので、当面は、そのものの姓名および、それらの中、五十余人の略伝を撰し、それを三巻にまとめて後編とし、前編後編六巻をあわせて、「肥後孝子伝」と名付けることにしたという。

しかし、その予定に変更が加えられることとなる。その事情を(5)および後編上に収められている「凡例弁疑」が語る。

まず（5）を見よう。反復することになるが、前編には寛文六年に始まり宝暦五年に終わる九十年間の事例六十二が収載される。その後、宝暦六年（一七五六）より天明五年（一七八五）までの三十年間に表彰された数は、「五百五十四人」に達したという。天明二年段階では、「数百人」とされていたが、はるかにその数を増している。その背後には次のような事情があった。「延享の末つかた先君御代を継せ給ひてより去年乙巳（天明五　一七八五）の冬に至るまで殆ど四拾年、其初一ケの臣を抜擢し、官禄を盛んにして国家の政を委任し給ひ、且学校を設て孝悌の教を施し、ひとりも善良なる民あれば必褒賞して衆に顕し給ふ」と記している。すなわち、延享四年（一七四七）細川重賢が、肥後藩の第六代の藩主になり、先君の業を継いで諸改革を開始した。具体的には、堀平太左衛門を大奉行に抜擢・委任して、いわゆる宝暦の改革を実施した。その中の一つに、学校を設け孝悌の教を施すなどし、善行を促した。そのことが表彰の件数を多くする要因にもなっていたのであろう。(4)

このような経緯もあり、とりあえず後編上に、「総姓名録」として、五百人余の氏名が、さらにそれに続いて「追加」として六十三人の名がリストされた。この五百人余の「総姓名録」のリスト中の五十余人についてはすでに略伝がまとめられていたので（序3）、彼らの名前の下に「伝あり」が付記された。そして、その「伝あり」の五十人余に関する事例が、後編の上中下に分載された。上に十例、中に二十例、下に十三例である。(5)なお、後編下の末尾の十三例目の「赤瀬傳吉」は、中村の友岸原某が、後日に持ち込んできたので、「附録」として、加えられたと記している。なお、「追加」にリストされた六十三人には、「伝あり」の付記はない。

次に「凡例弁疑」をみよう。ここには「肥後孝子伝」成立に至るまでの経緯とその後についての中村の考えが記されている。とくに、刊行に際して問われるであろう事柄を予測し、それに答えるような内容を含んでいるので、その要点を簡単にみよう。

①「肥後孝子伝」に収載する「孝子」選出の基準については、各所の長から官府に達せられた文案を本とし、さらに他からの見聞を加え検討し、取捨選択して決めた。

②「孝子伝」と称するが、「孝子」のみにとどまらず、「忠臣貞婦及力田精行」の民に至るまでをとり挙げている。なぜなら、「孝道」の統べる所は広大であり、その体現のされ方は多様であるから。

③表彰された者の中、収載されているのは、全体の一・二割に過ぎない。なぜなら、同じような事例が多いのは煩雑であり、かつ読者の便に供するためにも、類似の事例は省いた。

④序（3）に、天明二年秋に刊行成るとしていたが、天明六年まで延期になった理由について。既に後編の草稿はできていたが、中村の年来の眼病が甚だしく、訂正を加えるのに時間がかかってしまった。そうこうするうちに、表彰者の事例も増加、それらすべてに略伝をつけることが難しくなり、とりあえず、姓名のみを記さなくてはならなくなった。

⑤いろいろ不十分ではあるが、「予年老神疲れ、殊に眼昧して斯に及ぶ事能はず」とし、後継者に「肥後孝子伝」の今後を託し、より充実したものへの更新をねがった。

「肥後孝子伝」の各巻に収載されている事例と人数は（略伝のある者）、次のようになる。複数の者が、一つの事例に含まれている場合もあるので、事例数と人数とは一致しない。

前編上	14例	男12例（17人）	女0例（1人）	集団2例（内一例は兄弟4人、一例は夫妻2人）
前編中	23例	男22例（23人）	女0例（1人）	集団1例（内一例は姉弟2人）
前編後	20例	男9例（9人）	女11例（11人）	
後編上	10例	男5例（12人）	女2例（2人）	集団3例（内一例は兄弟2人・一例は兄弟3人・一例は親子1例（男2人））
後編中	20例	男11例（19人）	女5例（8人）	集団4例（内一例は男子4人・一例は夫妻妹・一例は夫妻・一例は親子）
後編下	13例	男9例（10人）	女2例（6人）	集団2例（内一例は女子3人・一例は夫妻）

『官刻孝義録』との関係から

寛政元年（一七八九）、幕府は、公料私領を問わず前々より孝行または奇特などの善行者表彰の事例があれば、記録がある限りは「国郡・姓名・言行」を写し取って提出するよう全国に向けて触れた。この触れに呼応して、全国からそれまでに行われた表彰事例が提出された。それらを整理して刊行されたのが『官刻孝義録』である。享和元年（一八〇一）のことであった[6]。

肥後藩においてもこれに呼応した。その時に提出した文案の基礎となったのが、この「肥後孝子伝」であったと思われる。そこで、「肥後孝子伝」と『官刻孝義録』とがどのように絡み合っているのかを見たい。

『官刻孝義録』には、肥後国の表彰事例は、百七十二例（人）（その中、○が付されているもの、すなわち略伝のあるもの四十六例）がリストされている。その内訳は、代官支配所のものが一人、戸田因幡守御預所の者が四人、細川越中守領分の者が百八人、相良壱岐守領分（人吉藩　球磨郡）の者が五十九人である。そのうち、「肥後孝子伝」と関わるのは、「細川越中守領分」の百八人である。

一方、「肥後孝子伝」には、六百余人の姓名がリストされているが、略伝のある事例は百である。これらについて、『官刻孝義録』に収載されている「細川越中守領分」の者百八人とを照合してみると、次のようである。『官刻孝義録』の百八人中、「肥後孝子伝」中の者と照応するのは、八十八事例である。照応しない事例十二を除いて、なお双方の数に差が見られる。そのちがいは、『官刻孝義録』では、個人別に人名が列記されているのに対し、「肥後孝子伝」では、兄弟・親子・夫妻などは、一括まとめられて一つの事例とされている場合が多いからである。

その具体例を示そう。「肥後孝子伝」前編上（四）に「糸原村四子」とリストされている一事例が、『官刻孝義録』には、「孝行者伝之丞」・「孝行者半兵衛」・「孝行者惣兵衛」・「孝行者与兵衛」として、四人全員の名前が列記されているといった具合である。また「同」前編上（六）に、「中小野村源四郎」として一人の名が記されているが、『官刻孝義録』では、「孝行者源四郎」・「孝行者（源四郎妻）名不知」の二人が、さらに「同」後編上（二）に「西古町兄弟三家」として、三家一括で登載されているものが、『官刻孝義録』には、「兄弟睦者七左衛門」・「兄弟睦者弥右衛門」・「兄弟睦者九兵衛」と三人が個々別々にリストされている。同じく、「肥後孝子伝」後編下（八）の「木庭村浄念幷彦次郎」は、『官刻孝義録』では「奇特者浄念」・「孝行者彦次郎」と二人がリストされ、同様に、「同」後編下（五）の「高橋町三女子」は、『官刻孝義録』には、「孝行者りく」・「孝行者かね」・「孝行者りか」と別々に記載されているといった類いである。

以上のように、「肥後孝子伝」では、複数一括扱いされている事例が、『官刻孝義録』では、個々別々にリストされているので、双方の間に数差が生じることになる。

更めて双方の関わりを確認しておこう。

（1）「肥後孝子伝」収載の事例で、『官刻孝義録』に登載されていない事例が十二ある。[7]

（2）一方、『官刻孝義録』中の「細川越中守領分」にリストされているのに、「肥後孝子伝」に見られない事例が三例ある。[8]

（3）「肥後孝子伝」中の略伝がある百例の中、『官刻孝義録』に収められているのは八十八例であるが、その中、略伝もあわせて収載されているのは三十八例である。つまり、『官刻孝義録』に登載された「肥後孝子伝」の事例中、その半数近くは、氏名だけで伝文は削除されている。

以上の照合結果から次のことがいえるだろうか。すなわち、藩が幕府に提出する際に、すでに「肥後孝子伝」の中から十二事例を削除して提出したこと、また、伝文についても藩の方で、半数に絞って提出したのであろうか。もしくは、手を加えずにそのまま提出された「肥後孝子伝」を幕府が検討し、幕府の方針に沿って適宜取捨選択した結果なのであろうか。定かではない。

しかし、（2）の事情を考慮すると藩が提出する際に、多少なりとも「肥後孝子伝」に手を加えた上で幕府に提出したであろうことが推測される。いずれにせよ、今となっては確定することはできない。

双方に収載された人数・事例数にこだわってみたが、内容については如何であったろうか。双方の関わりを知るには、『官刻孝義録』に収載されている三十八例の略伝の記述と「肥後孝子伝」収載の記事とを比較してみることであろう。

『官刻孝義録』は、全国から提出された事例には、全体の統一を図るために、手を加え、人々に解かり易いようにまとめたと記している。(9) 従って、肥後藩が提出した事例にも一定の手が加えられたであろうことは明らかである。

では、藩から提出された「肥後孝子伝」の略伝の内容について、幕府で、どのような調整がなされたのだろうか。『官刻孝義録』に収められた三十八例から、一・二例を『官刻孝義録』から抄出してみよう。

孝行者　妙喜　（「肥後孝子伝」前編下（三）「妙喜」）（本書九三頁）

妙喜は阿蘓郡南郷高森の郷白河村の庄屋七右衛門か娘なり、久兵衛四郎兵衛といふ二人の弟あり、母は妙喜か十三の時にうせ、父は四十はかりより病にかゝり、村の役もつとめかたく髪をそり名を教閑とあらため、家の事をもおさめされは、日々に貧くなりゆきしを、妙喜むまれつきさとくして父の側にありてそのむねをうけしたかひ、人となるに及ひて家の事に心を用ゐ、幼き弟をおふしたて、衰へたる家を起して再ひ庄屋となし、男女もあまためしつかひしか、父の朝夕の食ハミつから調してすゝめ、手あらい足すゝく時も水をくミ湯をワかして下部の手をからす、親きものゝ相はかりて外によめらん事をすゝめしに、父の年老て病さへくハゝりたれハ、われ家にありて養はすんは朝夕の事心もとなしとてしかせす、父の年八十にて延宝八年にうせし時、己も五十三歳になりしかは、外に嫁すへき身にもあらしと思ひとりて、手つから髪をそりて尼となり、名を妙喜とよへり、貞享二年領主より年ことに米そこはくをあたへてその孝を賞す（菅野則子校訂『官刻孝義録』下巻四三六頁）

もう一例見ておこう。

孝行者　義仙（「肥後孝子伝」後編中（七）「西里村義仙」）（本書一八九頁）

義仙は阿蘇郡小国の郷西里村にすミて世々医業をなせしか、人となり篤実にしてかりそめの物語にも怪しき事いつハりの事をいハす、つねに正座して手足をほしいまゝにせす、父死して後、つねに手なれし調度なとふかくおさめ置、木履の類も紙の袋に入れて等閑にすることなし、家より四町はかり隔りたる山の麓に父の墓ありしか、日々にその墓にまうて夜中暁となく、雨ふり風烈しといへとも一日もかゝさる事二十年に及へり、近きほとりの人も義仙か父の世にありし時、たかひに親くて異なる事なきさまをミて、さのミの事に思ハさりしか、かゝる事ありときゝてそ感しあへりける、明和二年、領主より其孝を褒美せり（同四五九頁）

右に、二例ほど、『官刻孝義録』から抄出してみたが、本書の所定のものと比較されたい。内容を変えない程度に、手が加えられているのがわかる。

いずれにせよ、肥後藩としては、幕府の要請には、まずは、この「肥後孝子伝」の提出をもって対応したことは明らかである。

註

（1）この版本の各冊の表紙を繰った最初の頁右下に「魚住文庫」の朱印がある。また、後編上の裏表紙の内側に「宮本之彦（花押）」の墨書がある。全冊は、ある段階で、修復されており、修復以前にはかなりの虫損があったことを思わせる。

（2）「肥後孝子伝」の所蔵状況などについて、『国書総目録』は「二編六巻六冊　㊫伝記　㊕中村正尊（忠亭）㊛前編天明二・後編同六序　㊢石川謙（元治元写）㊞国会（孝経賤ケ枝折共七冊）・内閣・静嘉（後編）・教大（後編）・熊本大（前編）・東北大狩野・岩瀬（前編三冊後編二冊）・金沢市稼堂（前編）・雲泉（前編）・茶図成簣（前編）・旧彰考（二冊）㊮肥後文献叢書四」と記している。

（3）武藤厳男・宇野東風・古城貞吉同編　東京隆文館蔵版　明治四十三年

（4）肥後藩（五十四万一千石余）の第六代藩主となった細川重賢（一七二〇～一七八五）は、宝暦二年（一七五二）、堀平太左衛門を登用し、宝暦改革を行い、行政機構を改革したり、財政再建を図った。具体的には、地引合検地を実施し隠田を摘発したり、藩校時習館を創設、「刑法草書」を編集して法制を整備したり、衣服令細則を制定、櫨楮などの専売制を企画するなど。とくに、藩校の開設は、褒賞制を促すものであった。
(5) 序(5)には、「五十人余」とされているが、実際に「伝あり」が付記されているのは四十例である。
(6) 『官刻孝義録』は、寛政改革時の諸政策の中の一で、人々の精神涵養を目指した教化策として編まれた。幕府が全国に向けて触れを出し、善行者の表彰事例を提出させた。幕府が、それらを検討調整して享和元年(一八〇一)に刊行したのが『官刻孝義録』である。巻一から巻五十までの全五十冊からなり、飛騨国を除く全国の事例を収載している。登載された八千六百人余は、国・支配・年代ごとに区分され、各人全員に、氏名・職業または身分・年齢・表彰時・表彰徳目などが付記されリストされた。各人につけられた表彰徳目は、孝行・忠義・忠孝・貞節・兄弟睦・家内睦・一族睦・風俗宜・潔白・奇特・農業出精の十一種である。また、全事例の約一割の者の名の上には○が施され、それらの者の善行を記した伝文が収められている。菅野則子校訂『官刻孝義録』(東京堂出版 一九九九)・同編『続編孝義録料』(一巻)(汲古書院 二〇一七)などを参照
(7) 「神崎村吉兵衛」(前編中十二番目)・「楯岡小七郎」(前中十三)・「阿蔵野村せん」(前下六)・「阿蔵野村やす」(前下十二)・「政所村三八彦介」(後上三)・「鶴崎町いし」(後中五)・「木佐上村四子」(後中八)・「鶴崎町幸蔵」(後中九)・「鶴崎町四郎兵衛」(後中十五)・「宗村庄吉」(後中十六)・「政所村弥蔵」(後下一)・「筒口村吉右衛門幷妻はつ」(後下八)
(8) 孝行者伝右衛門(『官刻孝義録』下巻四二六頁)・孝行者甚右衛門(下四二七)・奇特者空山(下四二八)。なお、「空山」について、「肥後孝子伝」全六巻のリストには見られないが、後編中の(十一)海津嘉右衛門の伝文中に言及している箇所がある(本書一九九頁)。

（9）　前掲『官刻孝義録』（註6）参照。また、その凡例には以下のようなことも記されている。第一条には、「見る人興起するの心あらハ風化の一助ともなりなんとて、その中に殊に勝れたる者ハこれか伝をたて、書つらねたる姓名の上に圏を加ふ」、第十条には、「伝文ハみる人の通し安からんかため俗語を専とす、或ハ国々の方言にて耳遠き詞あり、又ハ所々の風俗にて文字の書さまかはれるもあれと、皆書上しまゝにしるして改めす」とあるように、表彰された者、とくに勝れた者には、略伝文をつけ、人々の手本として示すことが企図された。また、人々の生き方の模範として示すものなので、解り易いことが必須であり、とくに俗語や方言など、それぞれの地域で用いられている詞を活かすようにしている。これに先立って編まれた「肥後孝子伝」もまた、勝れた善行者の伝文を描き人々にそれを模範として示すことがそのねらいであったことはいうまでもない。

前編　肥後孝子伝　上

肥後孝子伝序

公襲封之初、首建学校以拖（ママ）孝弟之教、而一邦之民雍如也、既賞其尤孝弟者歳枕（ママ）十余人積至」数百人、史臣請采録、以伝四方

公曰伝之四方人、将曰寡人徳教之所致寡人実不徳、而獲斯美誉此累」寡人之過也、事乃寝処士中村子曰、我野人也、国無野史之禁我唯恐孝子之湮没莫聞也、乃録述成巻、凡六巻名」曰肥後孝子伝、将授梓工需序於愨々曰善哉、国史之不録、以成

公之謙也、処士之伝之以顕孝子之美也、伝曰」道並行而不相悖、其斯之謂乎其斯之謂乎

天明二年八月朔

熊本府学祭酒數愨撰」

印　印

肥後孝子伝序《ひごかうしでん》

我邦《わがくに》寛文六年より宝暦五年に至《いた》る迄《まで》、公《おほやけ》の褒賞《ほうしやう》を蒙《かうふ》る孝子《かうし》忠臣《ちうしん》、斯《こゝ》に輯録《しうろく》する所《ところ》乃者《もの》六十二人、顧《おも》ふに猶脱《なをもれ》たる者多《をゝ》からん、老友神崎直衛嘗《らうゆうかんざきなをもりかつ》て其伝《そのでん》を撰《せん》して梓《あずさ》に鏤《ちりば》め、其令名美徳《そのれいめいびとく》を周《あまね》く民《たみ》に顕《あら》ハして永《なが》く世《よ》に伝《つた》え、且風教《かつふうかう》

の万一《まんいち》を助《たすけ》んことを欲《ほつ》し、当時官府《そのかミくハんふ》乃簿書《ほしよ》に因《よつ》て既《すで》に筆《ふで》を起《をこ》し、未稿《かう》を脱《だつ》するに及《およバ》ずして没《ぼつ》せり、豈惜《あにをし》からずや、是《こゝ》に於《おい》て正尊自揆《ミづからはか》らず、今其志《いまそのこゝろざし》を」継其事《つぎそのこと》を成《な》して三巻《くハん》とし是《これ》を前編《ぜんへん》とす、其後《そののち》なる者数《ものす》百人、皆其姓名《ミなそのせいめい》を記《しる》し、姑《しバら》く五十余《よ》人乃伝《でん》を撰《せん》じて又《また》三巻とし、是《これ》を後編《かうへん》とす、凡《をよそ》六巻名《な》づけて肥後孝子伝《ひごかうしでん》といふ、素《もと》より才短《さいミぢか》く筆拙《ふでつたな》けれバ、孝子忠臣《かうしちうしん》乃情状《じやうじやう》を著《あらハ》すに足《た》らず、又読人《またよむひと》をして感発興起《かんはつかうき》せしむる事能《ことあた》ハし、特《こと》に愧懼《はぢおそ》るゝのミ、蓋《けだし》人乃子《こ》又孝道《かうどう》の己《をのれ》に於《おい》て尤已《もつともやむ》べからざる乃理《り》を識得《しきとく》して此伝《このでん》を読《よ》まバ、彼是相発《かれこれあいはつ》して孝心《かうしん》に本《もと》づく所弥深切《ところいよ〳〵しんせつ》ならん、因《よつ》」て六諭衍義大意《りくゆえんぎたいゐ》父母《ふぼ》に孝順《かうじゆん》乃一条《でう》を表章《ひようしやう》して、巻《まき》を開《ひら》くの第《だい》一義《ぎ》とす、其説《そのせつ》に曰《いハく》、凡世間《をよそせけん》にある人貴《ひとき》となく賎《せん》となく父母のうまざる人やある、されバ父母《ちゝはゝ》は我身《わがミ》乃出来《いでき》し本《もと》なれば、本《もと》をバ忘《わす》るまじき事《こと》なり、況《いハん》や養育《やういく》乃恩《おん》山よりも高《たか》く海《うミ》よりも深《ふか》し、いかゞして忘《わす》るべき、今孝心《かうしん》に本《もと》づかむとならバ、父母の恩《おん》を能々《よく〳〵》思ふべし、先《まづ》十月の間懐胎《あいだくハいたい》に在《あり》しより母《はゝ》を苦《くるし》む、扨生《さてうま》れ出《いで》て幼稚《ようち》の程《ほど》は、父母とも」に昼夜艱難辛苦《ちうやかんなんしんく》をいハず、常《つね》にあらき風をもいとひて抱《いだ》きそだて、少《すこし》も病《やまひ》ありて煩《ワづらハ》しけれバ神《かミ》に祈《いの》り医《い》を求《もと》め、我身《わがミ》もかハりたきほどに思ひ、唯《たゞ》子乃息災《そくさい》にして成長《せいちやう》するを待《まつ》より外《ほか》は何《なに》乃願《ねがひ》かある、其子稍長《そのこやゝおとな》しくなれバ、其《その》ために師《し》を撰《ゑら》ひ芸《げい》を習《なら》ハせて、よき人にもなれかしと思ひ、家《いへ》をも治《をさ》るほどなれバ、縁《えん》を求《もと》め婦《よめ》をむかへて栄《さか》ゆく末《すへ》をこひねがふ、又世《またよ》に立《たち》まじハるを見てハ、或《あるひ》はあしき友に□虫損（も）」ひかれ、或《あるひ》は不慮《ふりよ》の難《なん》にもあハんかといまだ目《め》□虫損（に）見えぬ事《こと》までも、たえず心ぐるしく思ふ□□虫損（ほどに）すべて一生乃営《いとな》ミ、何事《なにごと》か子《こ》乃為《ため》にせぬことやある、何《いづ》れの時《とき》か子《こ》を思ハぬときやある、是等《これら》の厚恩《かうおん》たとへ報《ほう》じ尽《つく》さずとも、せめて孝行《かう〳〵》にして養《やしな》ふべき事《こと》なり、其孝行《そのかう〳〵》といふハ貧富貴賎《ひんふくきせん》はおのづから不同《ふどう》あれバ、必《かならず》しも父母乃衣食《いしよく》を結構《けつかう》にせよと云《いふ》にもあらず、唯分限相応《たゞぶんげんさうおう》に父母の飽暖《あきあたゝか》なるやうにすべし、父母年《とし》たけ」て後《のち》ハおほかた側《そバ》を離《はなれ》ず出入《いでいり》には手《て》を引後《ひきうしろ》をかゝえ、寝起《ねおき》にハ夜《よる》はしづめ朝《あさ》ハ省《かへりミ》るべし、父母もし病《やまひ》あらバ昼夜帯《ちうやおび》をとかず、他事《たじ》を捨《すて》て看病《かんびやう》し、医薬《いやく》の事《こと》にのミ心《こゝろ》をつくすべし、扨第《さてだい》一に心得《こゝろう》べき事は、いかほど父母乃身《ミ》を孝養《かうやう》すとも其心《そのこゝろ》を安くせずしては大なる不孝《ふかう》と言《いふ》べし、何事《なにごと》も父母乃教訓《きやうくん》にたがハず、世法《せほう》を重《おも》んじ、よく身《ミ》を守《まも》り家《いへ》をたもつべし、其子のかくのごとくなるを見てハ、父母乃心中《しんぢう》いかほと」乃悦《よろこ》びとかしる、是《これ》を父母の志《こころざし》を養《やしな》ふと言なり、唯常《ただつね》に思ふべし、惜《おし》むべきは、父母存生《ぞんじやう》の□□《虫損》(日なる)ことを、今此時《いまこのとき》に及《をよん》で孝養《こうやう》をいたさずバ、父母死して後《のち》はいかに悔《くゆ》ともかへるべきや、たとひ山海《さんかい》の珎物《ちんぶつ》をそなへて手向祭《たむけまつ》るとも生《いけ》る時《とき》乃蔬菜《そさい》にはおとるべし、いかなれバ今の世《よ》の人父母《ひとふぼ》乃養《やしなひ》を大切《たいせつ》乃事《こと》に思ハざるや、㝡愛《さいあい》乃妻子《さいし》たりと言とも妻子《さいし》は失《うしな》ひて又も得べし、唯《たゞ》一たび失《うしな》ひて二たび得べからざるものハ父母也、人《ひと》の子《こ》たる」者是《ものこれ》を思ハゞ、いかで孝心《かうしん》を起《おこ》さゞるべき、今乃世《よ》やゝ孝心《かうしん》ありと見ゆる人も、大かた妻《さい》を娶《めと》り子《こ》をもてる身《ミ》になれバ、眼前妻子《めのまへさいし》の愛《あい》にひかれておのづから朝夕《てうせき》乃勤《つとめ》さへおこたるをくやしとだにも思ハず、それによからぬ妻子《さいし》にあへバ、いつとなく父母の悪《あし》き事《こと》をいふほどに、其言葉《そのことバ》耳《ミヽ》に入心《いりこゝろ》につもれバ、己《おのれ》も父母をうとむ心《こゝろ》に成ぬるこそいふも浅《あさ》ましき事《こと》なれ、よく思ひ見よ我身十四五歳《さい》までは、妻《さい》と言ものもなし子《こ》と言《いふ》もの」もなし、此時我《このときワれ》を養育《やういく》せし人は何《なに》人ぞや、我《われ》を介抱《かいはう》せし人は何人ぞや、然《しか》るに父母にかへ□□《虫損》(て)(妻)子《さいし》を思ふ事《こと》やあるべき、烏《からす》乃鳥《とり》さへ、反哺《はんぽ》とて親《おや》にくゝめ反《かへ》すと言事《いふこと》あり、人として不孝《ふかう》なるは、人たる本心《ほんしん》たえはてゝ禽獣《きんじう》にもおとりたると言べし、深《ふか》く恐《おそ》るべき事《こと》なりといへり、人の子熟読《こつらく〳〵よミ》て深《ふか》く身《ミ》に躰《てい》すべき所《ところ》ならし

天明二年壬寅仲秋　中村正尊謹識」(図一)

図一 （上段）しるや　いかに　鳥たに　親に　むくふ　とて　（下段）百日乃　餌をハ　はこふ　ありさま

肥後孝子伝前編《ひごかうしでんせんへん》上

（一）　鍛冶《かぢ》　孫次郎

孫次郎は肥後国山鹿《ひごのくにやまが》乃郡《こほり》湯町《ゆまち》の鍛冶《かぢ》なり、業拙《ワざつたな》くしてうられず、家《いへ》きハめて貧《まづし》し、齢《よハひ》五十に至《いた》れ共《ども》いまだ娶《めと》ることを得《え》ず、父《ちゝ》は早《はや》く死《し》して母《はゝ》と居《を》れり、孝心《かうしん》ことに深《ふか》し、我身《ワがミ》にハ常《つね》に全《まつた》き衣《ころも》だになくて、母《はゝ》乃養《やしな》ひは程《ほど》に過《すぎ》て厚《あつ》し、母酒《はゝさけ》を好《この》めり、纔《わづか》にも銭《あし》あれバかならずかひてすゝむ、酒《さけ》うる家《いへ》かれが孝《かう》ふかきに感《かん》じて酒《さけ》をあたへて銭《あし》をとゞめざれバ、彼悦《かれよろこ》びずしていはく、斯《かく》乃ごとくなれバそこに我母《わがはゝ》に」酒《さけ》をすゝめらるゝなり、我《ワが》すゝむにはあらず、願《ねがハ》くは我酒《わがさけ》をこそすゝめまほしけれとて、去《さ》りて、異所《ことところ》にてかひけり、酒《さけ》うる家《いへ》〳〵後《のち》は彼《かれ》がこゝろざしをしりて、銭《あし》はかへさゞれども価《あたひ》をはぶきてぞうりける、一里《ひとさと》乃人《ひと》つどひ集《あつま》りて物《もの》くひ酒《さけ》のむ事《こと》あれバ、孫次郎も行《ゆき》て交《まじハ》りけるに、よき酒肴《さけさかな》あれバ、己《をのれ》は用《もち》ひずして携《たづさへ》へ帰《かへ》りて必《かなら》ず母《はゝ》に進《すゝむ》む、後《のち》は人《ひと》〴〵是《これ》をあハれミ、母《はゝ》に進《すゝ》むべきをバ更《さら》にあたへけり、里《さと》に出湯《いてゆ》あり、母是《はゝこれ》に浴《ゆ□□》ることを好《この》ミ、又《また》しけく仏寺《ぶつじ》に詣《まふで》んことをねがふ、されど八□《やそじ》（十）乃後《のち》の老人《おひびと》にて」道《ミち》ゆく事《こと》かなハざれバ、彼《かれ》□□《虫損》（日〳〵）に抱《いだ》き負《をひ》てぞ行《ゆき》ける、或《ある》とき母彼《はゝかれ》にいへらく、汝年《なんぢとし》五十《いそじ》若《わか》きにもあらず、我《われ》に事《つか》へて苦《くる》しめり、我心《ワがこゝろ》に於《おひ》て安《やす》からずと、孫次郎答《こた》へていはく、我身《わがミ》もとより強《こハ》く、力《ちから》も人《ひと》に過《す》ぎはべる、又道行《またミちゆ》くことを好《この》めり、今母《いまはゝ》と倶《とも》にゆく、何《なに》乃たのしミか是《これ》にまさり侍《はべ》らん、我常《ワれつね》にやんごとなき人《ひと》乃出給《いでたま》ふを見るに、輿《こし》あり馬《むま》あり、我母貧《わがはゝまづ》しくしてこれなし、幸《さいハい》に独《ひとり》乃男《をのこ》を持給《もちたま》へり、こハき事馬《ことむま》にもましぬ、我母是《わがはゝこれ》にのれり、更《さら》に何《なに》をかうらやミ給《たま》ハんといひて、せなかさしむけて負《お》ひぬ、」負《お》ひて家《いへ》を出《いづ》るに至《いた》りて、顧《かへり》ミて母《はゝ》に戯《たハふれ》ていはく、此馬《このむま》乃速《と》き遅《をそ》き唯母《たゞはゝ》乃心《こゝろ》のごとくならんと、すでにして走《はし》り進《すゝ》ミ、或《あるひ》は止《とゞま》りてやすらひ、足《あし》をはね頭《かしら》をふりて実《まこと》の馬《むま》乃勢《いきほ》ひをなす、母大《はゝおほひ》に笑《ワら》ふ、里人《さとびと》の是《これ》を見る者《もの》、まづ笑《ワら》ひてのちは皆打《ミなうち》なげきて其孝心《そのかうしん》をぞほめける、母《はゝ》すでに出湯《いでゆ》にいれバ、己《をのれ》が身《ミ》にて母《はゝ》の衣《きぬ》を温《あたゝ》めてまち、夏《なつ》は其身《そのミ》をあふぎて涼《すゞ》しむ、寺《てら》に行《ゆき》ても又《また》ひとへに母《はゝ》の心《こゝろ》乃ごとくせり、冬例《ふゆれい》よりも寒《さむ》しと思《おも》ふ夜《よ》は、己《をのれ》が夜《よる》の衣《きぬ》をぬぎて母《はゝ》乃ふすまに加《くハ》へ、己《をのれ》はやをらす□□《虫損》（べり）出《いで》□《虫損》（て）身《ミ》を出湯《ゆ》に」（図二）打《うち□》ひてゝ其夜《そのよ》乃寒《さむ》さをふせぎ、やゝ明《あけ》がたにぞ家《いへ》には帰《かへ》りける、母病《はゝやまひ》にふしぬ、かれ身《ミ》を置《をく》に所《ところ》なげなり、母《はゝ》乃くふべきほどのもの力《ちから》を極《きハ》めて営《いとな》ミそなへ、母《はゝ》の衣汚《ころもけが》れぬれば皆自《ミなミづから》すゝぎて清《きよ》くす、すでに身《ミ》ま

図二

かりければ、なく〳〵近《ちか》き野辺《のべ》に送《をく》り葬《ほふむり》、事終《ことをハ》りぬれど頓《とミ》にハ帰《かへ》りもやらず、終《つゐ》に帰《かへ》りて家《いへ》にありといへども、猶《なを》日《ひ》ごとに行《ゆき》て歎《なげ》き悲《かなし》ミけり、ことに哀《あハれ》ふかゝりしは、祝《いハ》ふべき日《ひ》にあへバ先母《まづはゝ》が墓《はか》に行《ゆき》て泪《なミだ》おしのごひて、幾年《いくとし》か此日《このひ》を家《いへ》にむかへて、飯《いゐ》ハあハければ母《はゝ》と倶《とも》にあ□《虫損》(き)、酒《さけ》はうすけれど母《はゝ》と」倶《とも》に酔《ゑひ》たれバ、我心《ワがこゝろ》あかぬ事《こと》やハありし、今母我《いまはゝワれ》を捨《すて》て此野《このの》にあり、たとひ郡司《ぐんし》乃富《とミ》を得《う》るとも、又《また》はた我何《ワれなに》にかせんや、あゝ我母《ワがはゝ》いかで帰《かへ》り来《きた》らざるやと、泣《なき》まどへるさまたとへむ物《もの》なし、是《これ》を見る里人泪《さとびとなミだ》を落《をと》さゞるはまれなり、君是《きミこれ》を聞《きこ》し召《めし》て、深《ふか》く感歎《かんたん》せられ、寛文六年正月廿四日、米五石に弐人ふちを、永《なが》く子孫《しそん》までに賜《たま》ふて、国府《こくふ》にうつろひ住しめたまふと云

（二）　大見村《おほミむら》　四郎兵衛

四郎兵衛は宇土《うと》乃郡松山《こほりまつやま》の郷大見村《がうおほミむら》と言所《いふところ》乃里《さと》」乃長《をさ》なり、母《はゝ》ははやく死《し》し老《おひ》たる父《ちゝ》に事《つか》へて孝《かう》を尽《つく》せり、朝夕《てうせき》の食物《くひもの》も好《この》ミ望《のぞ》める物《もの》を調《こしら》へ必自嘗《かならずミづからこゝろミ》てすゝむ、出《いづ》るときは必申《かならずまう》し、帰《かへ》れば 又必《またかならず》 まミゆ、父老《ちゝおひ》て夜《よ》を安《やす》く寝《いね》ず、四郎兵衛夜半《よなか》暁《あかつき》に至《いた》るまでも猶傍《なをかたハら》にありて物《もの》いひ慰《なぐさ》め、又いたう寒《さむ》き夜《よ》ハ度《たび》〳〵衣《きぬ》を温《あたゝ》めて父《ちゝ》が足《あし》をつゝむ、父寺《ちゝてら》に詣《まふで》んといへば、従者《めしつかひ》ありといへどもそれを用《もち》ひず、四郎兵衛必自負《かならずミづからおひ》てゆきかへれり、親《したし》しき友是《ともこれ》を見て、常《つね》に自苦《ミづからくるし》めること斯《かく》のごとくならずとも、折《をり》〳〵ハ人《ひと》に負《おハ》せてもしかりなんといへバ、答《こた》へていはく、かれらは朝《あさ》とく出《いで》て終日苦《ひねもすくる》しミ」星《ほし》を見て帰《かへ》りぬるに、又《また》かくせよといひ聞《きゝ》えんは情《なさけ》なし、其上《そのうへ》いたく老衰《おひおとろ》へたる親《おや》をあからさまに人《ひと》に任《まか》せてんも安《やす》からぬことゝおもへバ、かくハし侍《はべ》るといらへぬ、かくて四郎兵衛は父《ちゝ》乃日

図三

々におとろへて頼《たの》ミ少《すくな》く成《なり》ぬるを見て大《おほひ》に憂《うれ》ひ、夜昼《よるひる》傍をはなれずして其起寝立居《そのおきねたちい》を助《たす》け、薬《くすり》も粥《かゆ》もミな自《ミづから》すゝめて心《こゝろ》乃かぎりあつかひきこえぬ、かれ又《また》三人四人《ミたりよたり》の人《ひと》をつかひければ、其外《そのほか》より帰《かへ》らんころをはかりて、飯《いひ》を炊《かし》き湯《ゆ》をわかし置《をき》てそ乃労苦《らうく》を労《ねぎら》ふ、又深《またふか》く公《おほやけ》を重《おも》んじ、秋《あき》の年貢《ミつぎ》も速《すミやか》に納《おさ》めて」（図三）毎《つね》に期《ご》に後《をくれ》ず、もし速《すミやか》に納《をさ》め得《え》ずして苦《くるし》む民《たミ》あれバ、おのれ人に物《もの》をかりてつくのひ置《をき》て其責《そのせめ》を受《うけ》しめさりけり、万《よろづ》乃事《こと》かくなん心《こゝろ》を用《もち》ひければ、家《いへ》人も里《さと》人も皆能懐《ミなよくなづ》き従《したがへ》り、かゝりける事《こと》ども君具《きミつぶさ》に聞《きこ》し召《めし》て深《ふか》く感《かん》じ給《たま》ひ、貞享二年の六月十六日四郎兵衛を官府《くわんふ》に召《めさ》れ、其孝行《そのかうく》を殊《こと》に勝《すぐ》れたりと賞《しやう》し給《たま》ひて、年毎《としごと》に米十俵宛《づゝ》を下《くだ》し賜《たまハ》りけり、日比経《ひごろへ》て父《ちゝ》八十歳《やそじ》あまりにして空《むな》しくなりぬ、四郎兵衛歎《なげ》き悲《かなし》めることよ乃つねに過《すぎ》、しハしかほどは物《もの》をもくハず、面《おもて》くろミ肌《はだへ》やせて、日毎《ひごと》に」墓《はか》に詣《もふず》るにも杖《つえ》にあらざれバゆくことを得《え》ず、既《すで》に墓《はか》の前《まへ》にいたりては泪《なミだ》に打《うち》ひたりて、其世《そのよ》に在《あり》し時《とき》、養《やしな》ひのうすかりし事《こと》どもいひ出《いで》て悔悲《くいかなし》ミけるとぞ、享保四年六月に死《し》す、寿《ことぶき》九十三

（三）　谷川村《たにがハむら》　次右衛門

次右衛門は八代郡《やつしろごほり》中山の郷谷川村《さとたにがハむら》に住《すめ》る民《たミ》なり、独《ひとり》の母《はゝ》に事《つか》へて孝心《かうしん》ことに深《ふか》し、はじめ妻《さい》ありけれども母《はゝ》乃心《こゝろ》に叶《かな》ハざりければ去《さり》ぬ、親《したし》き人また妻《さい》を娶《めとら》んことをすゝむ、次右衛門いへらく、又娶《まためと》りて若前《もしまへ》のごとく不孝《ふかう》なる女ならバ悔《くゆ》ともかひなかるべし」唯自力《たゞミづからちから》を尽《つく》して事《つか》ふる乃心易《こゝろやす》きにしかしと終《つい》に娶《めと》らず、母年老《はゝとしをひ》て目《め》うとく、足《あし》たゝざる事《こと》十年《ととせ》ばかり、次右衛門其傍《そのかたハら》に在《あり》て起寝立居《をきねたちい》を助《たす》け、厠《かハや》に行《ゆく》にも必自《かならずミづから》いだきかゝえ、汚《けが》らひた

る物《もの》あれハ密《ひそか》にすゝぎて人《ひと》にしらしめず、夏《なつ》ハ夜《よ》ごとに湯《ゆ》をあひせて其身《そのミ》を清《きよ》くせり、母常《はゝつね》に烟草《たばこ》を好《この》めり、次右衛門夜《よ》ごとにしバ〱起《をき》て其《その》ねざめをうかゞひて是《これ》をすゝむ、母寺《はゝてら》に詣或《もふであるひ》は出《いで》て遊《あそ》バんといへバ背中《せなか》さしむけて負《を》ひ、母《はゝ》の心《こゝろ》乃むかふ所《ところ》に行《ゆき》て聊《いさゝか》もそむかず、朝《あさ》ハ早《はや》く起《をき》て飯《いひ》をかしきてまづ母《はゝ》に進《すゝ》め、さて野《の》に山《やま》に」己《をのれ》が仕業《しワざ》に出《いで》むとしては、母《はゝ》乃くふべき物其《ものその》ふせる側《そバ》ちかく取《とり》そろへ、いつにてもくへるに便《たより》よきやうにはからひてぞ置《おき》ける、或《あるひ》ハえさらぬ事にて遠《とを》く出行事《いでゆくこと》あれバ、必人《かならずひと》を雇《やと》ひて母《はゝ》に附置《つけおき》、帰《かへ》れバ必自《かならずミづから》飯《いひ》を炊《かし》きて母《はゝ》に進《すゝ》む、次右衛門人《ひと》がら忠《まめ》やかにして、公《おほやけ》を敬《うやま》ひ公役《くやく》を等閑《なをざり》にせず、或《あるひ》は己《をのれ》が行《ゆく》べき時《とき》にあらずといへとも是《これ》をつとめて露《つゆ》も其労苦《そのらうく》をかへり見る事《こと》なし、或年《あるとし》かれ母《はゝ》を負《を》ひて影踏《かげぶミ》（影踏とハ、春ごとに郡代属する役人をひきひ来り、村〱乃民老幼男女を尽く里の長か家に集めて　御条目を読聞せて、其後耶蘇の仏像を踏せて、彼宗門を尊まざるの證とす、是を影踏といふ、其仏像を挟て入る箱を影板と云）乃場《バ》に趣《をもむか》んとしけるを、かたへの人《ひと》」見て病人《やまうと》はかならずしも其場《そのバ》に行《ゆか》ずとも、役人《やくにん》影板《ゑいた》を持来《もちきた》りて其家《そのいへ》にて踏《ふま》することなれば、汝《なんぢ》が母《はゝ》もかくせよと喩《さと》せバ、次右衛門答《こた》へて、我等《われら》ごとき賤《いやし》き家《いへ》に御役人《やくにん》を入奉《いれたてまつ》らんハ憚《はゞか》り恐《をそ》るべき事《こと》なり、我《ワれ》かく健《すこやか》ならんほどは、いつとても母《はゝ》を負《おひ》て其場《そのバ》に行《ゆき》て踏《ふま》すべしといらへぬ、かれがふるまひ近《ちか》き里《さと》〱に語《かた》りつたへてかくれなかりけれバ、終《つい》に熊本《くまもと》にきこへて、年《とし》ごとに五俵宛《ひやうづゝ》乃米《こめ》をかづけたまへり、是《これ》もまた貞享二年乃六月十六日なり」

（四）　糸原村《いとはらむら》　四子《しゝ》

益城郡中山《ましきこほりなかやま》の郷糸原村《がういとはらむら》に、よく母《はゝ》に孝《かう》を尽《つく》し、兄弟《はらから》友《いつくしミ》ふかく、妯娌《あひよめ》睦《むつまじ》き四人《よにん》の子《こ》あり、兄《あに》を傳之丞といひ、次《つぎ》を半兵衛といひ、其《その》つぎを惣兵衛といひ、季《すへ》を与兵衛と名《な》づく、同所《おなじ》に各家《をの〱いへ》をつくり、各妻《をの〱》を具《ぐ》して住《すミ》けり、父《ちゝ》は早《はや》く死《し》して独《ひとり》の母《はゝ》なんありける、其母《そのはゝ》ふかく仏《ほとけ》を尊《たうと》ひて常《つね》に寺《てら》に詣《もふで》んことをねがふ、されば年《とし》いたく老《おひ》て歩行《ありく》こと叶《かな》ハざれバ、其屋敷《そのやしき》の中《なか》ほどに堂《たう》をつくりて仏《ほとけ》を安置《あんち》し、其子《そのこ》や嫁《よめ》なる者《もの》朝夕負抱《おひいた》きてぞ詣《まうで》させ」（図四）ける、母其子《はゝそのこ》の内今《うちいま》は誰《たれ》が所に行《ゆき》て居るへしといへバ、其心《そのこゝろ》乃安《やす》んずる所《ところ》に居らしめ、各〳〵《をの〳〵》家《いへ》に調《こしら》へたる物《もの》の初《はつ》穂《ほ》を各〳〵携《おの〳〵たづさ》へ行《ゆき》て母《はゝ》にそなふ、或《あるひ》は願《ねが》ひのぞむ物《もの》あれバ必営《かならずいとな》ミ求《もと》めてこれを進《すゝ》む、其子出《そのこいづ》る時《とき》は必母《かならずはゝ》の居《お》る所《ところ》に行《ゆき》て具《つぶさ》に申《まうし》、帰《かへ》るときも又其所《またそのところ》に行《ゆき》て先母《まづはゝ》にま見へて後《のち》、己〳〵《をのれ》が家《いへ》に帰《かへ》りぬ、しかるに母《はゝ》が心季《こゝろすへ》の子与兵衛が所《ところ》に居るに定《さだ》まりぬれば、残《のこり》乃兄弟相謀《きやうだいあひハか》りて更《さら》に若干《そこばく》の地《ち》を買求《かいもと》め、其地《そのち》より出《いだ》すべき年貢《ねんぐ》やうの物皆《ものミな》三人して弁《わきま》へ、其地《そのち》を与兵衛にあたへて作《つく》ら」せて、倶《とも》に母《はゝ》を養《やしな》ふ料《りやう》となしけり、傳之丞ハ妻乃親《おや》を育居《はごくミい》けるが実《じつ》の母《はゝ》のやうにしけるとなん、扨兄弟野《さてきやうだいの》にあれ山《やま》にあれ其仕業《そのしワざ》に出《いづ》る時《とき》ハ必同《かならずをな》じ方《かた》に伴《ともな》ひて行《ゆき》ぬ、これは母《はゝ》いたく老衰《おいをとろ》へぬれば、いつ乃日《ひ》いかなる病《やまひ》の起《をこ》りて、急《きう》に立帰《たちかへ》る事《こと》のあらんとき、ちり〳〵に出行居《いでゆきい》たらんにハ、其帰《そのかへ》るに速《と》き遅《をそ》きありて、母《はゝ》の今《いま》はのとき一同《いちどう》に集《あつま》ることあたハざらんことを恐《おそ》れてなり、四人家《いへ》ハ別《べつ》に住《すミ》けれとも、常《つね》にひとつ家《いへ》のやうに心《こゝろ》を用《もち》ひて互《たかひ》に相助《あひたす》けけり、秋《あき》乃年貢《ねんぐ》も定《さだま》りたる通《とふ》り」をもて毎《つね》に期《こ》に先立《さきだち》て納《をさ》め、或《あるひ》ハ兄弟《きやうだい》乃内《うち》なりハひあしくて年貢《ねんぐ》のたらざる者《もの》あれハ、たかひに力を合《あハ》せてつくのひ納《をさ》めて更《さら》に其責《そのせめ》を受《うけ》しむる事《こと》なし、其常《そのつね》に和《やハら》ぎ親《したし》めること大《たい》やう此類《このたぐひ》なり、兄弟四家《きやうだいよいへ》一家《か》のごとく、夫婦《ふうふ》八人《にん》一人《にん》乃ごとし、是《こゝ》をもて母《はゝ》に事《つか》ふ、其母《そのはゝ》乃心《こゝろ》いかバかりか楽《たの》しかりけん、郷《がう》の長中山某具《をさなかやまそれがしつぶさ》に官所《くハんしよ》にうたへにけれバ兄弟《きやうだい》四人《にん》ながらに各〳〵《おの〳〵》米三俵宛年毎《つゝとしごと》に下《くだ》し賜《たま》ふ、是《これ》もまた貞享二年なり、かくて宝永二年乃夏母《なつはゝ》寿九十三にして世《よ》をさり」ぬれバ、近《ちか》き辺《ほと》りに葬《ほうふ》り、兄弟力《きやうだいちから》を合《あハ》せてかた乃ごとく追善《ついぜん》をいとなミぬ、母既《はゝすで》に死《し》しぬれば、下《くだ》し給ひける米《こめ》を辞《じ》し奉《たてまつ》

図四

るべきよし申出《まうしいで》けれども、其米《そのこめ》は母《はゝ》に賜《たまハ》りしにはあらず、孝子《かうし》を賞《しやう》して賜《たまハ》りけるも乃なれバ、各《をの〳〵》ながらへあらん程《ほど》は受奉《うけたてまつ》るべき乃旨命《むねめい》下《くだ》りしとぞ

（五）漁夫《りやうし》　藤市

藤市は玉名郡荒尾郷大嶋町《たまなごほりあらをのがうおほしままち》の久兵衛と言漁夫《いふりやうし》の子《こ》なり、家貧《いへまづ》しけれど厚《あつ》く父母《ちゝはゝ》を養《やしな》へり、父母《ちゝはゝ》乃いふ所《ところ》うけ従《したがハ》ずといふことなし、「父強《ちゝあながち》に酒《さけ》」を好《この》めり、かれ必肴《かならずさかな》をまふけて日《ひ》ごとにしバ〳〵酒《さけ》を進《すゝ》む、己《おのれ》も又酒《またさけ》を好《このミ》けれども親《おや》乃いとひ思《おも》ハん事《こと》を恐《をそ》れて飲《のま》ず、或《あるひ》は飲《のめ》ども肆《ほしいまゝ》ならず、藤市年三十《としミそじ》あまりの比《ころ》妻《め》を娶《めと》る、其《その》妻も又《また》よく和《やハ》らぎ従《したがへ》り、父母《ふぼ》しバ〳〵仏《ほとけ》に詣《まうで》ん事《こと》をねがふ、されとも年《とし》やう〳〵老《おひ》て脚《あし》なんよハかりければ、藤市まづ父《ちゝ》をかき負《おひ》て寺《てら》に至り、走帰《はしりかへ》りて又母《またはゝ》を負《おひ》て父《ちゝ》と同《をな》じ所《ところ》にをき、事終《ことをハ》りて帰《かへ》る時《とき》も又《また》しかせり、彼常《かれつね》に漁《いさり》に出《いで》ても父母《ちゝはゝ》の憂《うれ》ひ思《おも》ハんことを恐《をそ》れて早《はや》く帰《かへ》り、又漁《またいさり》に出《いで》ぬときハ、父母《ちゝはゝ》の傍《かたハら》にのミ在《あり》て其心《そのこゝろ》を」なぐさむ、或時《あるとき》藤市外《ほか》に出《いで》んとしけるに、雨《あめ》のふりミふらずミさだまらざりけるにや、父《ちゝ》ハ足駄《あしだ》はけと言《いひ》、母《はゝ》はざうりはけといひければ、彼《かれ》すべきようなかりけん、片足《かたあし》に足駄《あしだ》をはき、片足《かたあし》にざうりをはきてぞ行《ゆき》ける、ある夜皆寝《よミないね》る後《のち》、いかにして過《あやま》ちけん、藤市が足《あし》の母《はゝ》乃身《ミ》にさハりぬる事《こと》のありければ、母戒《はゝいまし》めていはく、汝我《なんぢワれ》をふめり、必天《かならずてん》乃罰《ばつ》あらんと、さて母朝《はゝあさ》とく起《をき》て見けるに、藤市ハ足《あし》を物《もの》にて結《むす》び屈《かゞ》めて置《をき》けるとぞ、かれ素《もと》より己《おのれ》が業《わざ》に疎《うと》きものにてもなかりけれども、漁《いさり》に出《いづ》るごとに必」父《かならずちゝ》に問《と》ひて、東《ひがし》にも西《にし》にも其《その》いふ方《かた》に行《ゆき》て更《さら》に異方《ことかた》に行《ゆか》ず、魚《うを》を得《う》る事《こと》の多《おほ》き少《すく》なきをはからずして、偏《ひとへ》に父《ちゝ》が教《おしへ》を守《まも》れり、或日父《あるひちゝ》が教《おし》へに従《したがひ》て磯《いそ》乃方《かた》にていさりしけるを、友《とも》

だち見て、今日《けふ》のひよりにそこにては魚《うを》は得《え》まじ、沖《おき》に出《いで》よと諭《さと》しけれバ、我《ワれ》もさこそ思《おも》へりけれ、されど父《ちゝ》が教《おしへ》に違《たがハ》んことを恐《をそ》れて爰《こゝ》に居《い》るなりとて、更《さら》に沖《おき》に出《いで》ず、かくなん常《つね》にあらぬ方《かた》にて漁《いさ》れども、其得《そのえ》ものハ人《ひと》よりいつも多《おほ》かりければ、人皆大《ひとみなおほい》に怪《あやし》ミて是龍神《これりうじん》乃かれが孝徳《かうとく》をめでさせましまして、かくハある」（図五）らめとそ称《せう》しあへりける、彼其得《かれそのえ》たる魚《うを》の中《なか》にていかにも勝《すぐ》れたるを販《ひさか》ずしていつも父母《ちゝはゝ》に調《てう》して進《すゝ》め、其次《そのつぎ》なる物《もの》よりそ売《うり》ける、ある日彼《ひかれ》が家《いへ》にしらぬ商人《あきびと》乃来《きた》りて休《やす》らひけるが、其折《そのをり》しも藤市海《うみ》より魚《うを》を携《たづさ》へて帰《かへ》りぬ、其商人《そのあきびと》その魚《うを》乃ことに勝《すぐ》れてよろしきを、価《あたい》をよくして求《もとめ》んといひければ、藤市かたく辞《じ》してあたへず、其次《そのつぎ》なる物《もの》をあたえんとぞいひける、是《これ》ハ彼《かれ》が孝行《かう〱》を試《こゝろみ》むとて官《くハん》の役人《やくにん》乃さまをかへて来《きた》れるなりとぞ、時《とき》に享保三年二月十三日其郡《そのこほり》乃事《こと》」司《つかさど》れる堀《ほつ》田某《たなにがし》がもとに藤市を呼出《よびいだ》（し脱）て、藤市両親《りやうしん》に孝行《かう〱》なること　君具《きミつぶさ》に聞召《きこしめし》てふかく感《かん》し給《たま》ひ、三人扶持《ふち》を下《くだ》し賜《たまハ》るとの命《めい》をつたえぬ、かくて母《はゝ》は同《をなじ》き八年《ねん》に死《し》す、年《とし》七十四、父《ちゝ》ハ同十二年《ねん》に失《うせ》ぬ、年《とし》八十五、夫《それ》より後《のち》は藤市月毎《つきごと》の忌日《きにち》〱に仏《ほとけ》に米を奉《たてまつ》り、墓《はか》に詣《まう》でゝ更《さら》に怠《をこた》る事《こと》なし、延享五年乃三月それの日母《はゝ》の三十三年忌《ねんき》に当《あた》りければ、心《こゝろ》の及《をよ》び仏事《ふつじ》をいとなミ終《をハ》りて、扨人《さてひと》に語《かた》りて、我幸《ワれさいハい》にながらへ居《い》て此日《このひ》にあひぬ、何《なに》乃よろこびか是《これ》に勝《まさ》り侍《さぶ》らハん、たとひ今死《いまし》すと」いふとも少《すこ》しも世《よ》に思《おも》ひなしといひけるが、其月《そのつき》の中《なか》の二日をもて身《ミ》まかりにけり、年《とし》七十二、子三人あり、皆孝心深《みなかうしんふか》し、ことに藤左衛門父死《ちゝし》しぬる後《のち》に至《いた》つても猶《なを》あつく心《こゝろ》を用《もち》ひ、母《はゝ》にもまたよく事《つか》へければ、世《よ》〱孝徳《かうとく》あるを賞《しやう》して一人扶持《にんふち》を下《くだ》し賜《たまハ》りぬ、安永八年それ乃月日なり

図五

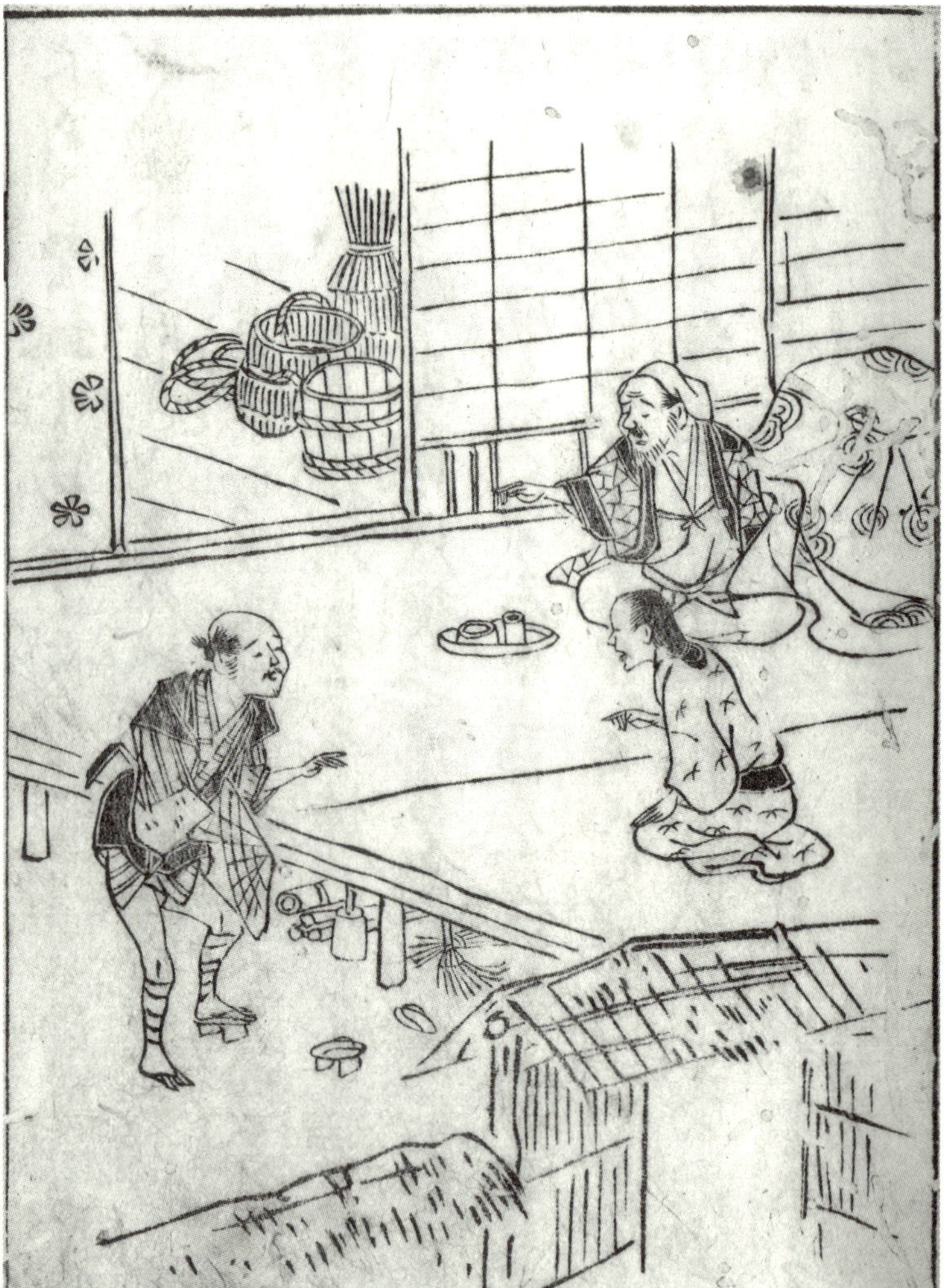

（六）　中小野村《なかをのむら》　源四郎

源四郎は益城郡《ましきこほり》河江郷《かうのゑのがう》中小野村《なかをのむら》の民《たミ》なり、独《ひとり》の母《はゝ》あり、是《これ》に事《つか》へて孝《かう》なり、家貧《いへまづ》しく世《よ》わたるたよりなければ、熊本《くまもと》にいたりて人《ひと》につかハれ、其身乃《そのミ》」代《しろ》をもて母《はゝ》を養《やしな》ひけり、然《しか》るに母《はゝ》を遠《とを》く故郷《ふるさと》に残《のこ》し置けるが、心《こゝろ》に懸《かゝ》りて安《やす》からざりけるにや、仕《つか》へをやめて熊本塩屋《くまもとしほや》町小路《こうぢ》に人《ひと》乃家《いへ》をかりて、母《はゝ》をむかへて倶《とも》に住《すミ》けり、母常《はゝつね》に仏寺《ぶつじ》に詣《もふで》ん事《こと》を願《ねが》ふ、されど年老《としをい》ことに足《あし》いたミて道行事叶《ミちゆくことかな》ハざれバ、彼日《かれひ》ごとに負《をい》て行《ゆき》ぬ、もし人《ひと》に雇《やと》ハれて遅《をそ》く帰《かへ》りぬれバ、手足《てあし》をも洗《あら》ハず直《ぢき》に負《おひ》てぞ出《いで》ける、母時《はゝとき》にふれて旧《ふる》き友《とも》だち、疎《うと》からぬ親類《ゆかり》など乃切《せち》に慕《した》ハしきこともやありけん、故郷《こきやう》に行《ゆき》て見ばやといへバ、源四郎うけたまハりぬと、何《なに》やう乃事《こと》」（図六）をもふり捨《すて》て打背負《うちせをひ》てぞ行《ゆき》ける、其道《そのミち》七里《り》バかりありけれども少《すこ》しも苦《くるし》とする色《いろ》なし、その□《虫損》(妻)も又孝《またかう》なり、常《つね》に母《はゝ》乃傍《そバ》に在《あり》てよろづ其心《そのこゝろ》に従《したが》ひ、其《その》くふべき物《もの》など何《なに》くれといとなミそなへ、又《また》は近《ちか》き辺《ほと》りに行《ゆか》んと求《もとめ》るかたあれハ、甲斐《かひ》〳〵しくかき負《をひ》てゆきぬ、母《はゝ》やう〳〵衰《おとろ》へて後《のち》は背負《せおふ》こともならぬさまに成《なり》けれバ、筩《ワク》をこしらへ、小《ちいさ》きふとんをしき、母《はゝ》を其内《そのうち》にいれて負《おひ》けり、夫婦《ふうふ》さま〴〵に心《こゝろ》をくだきけれども、次第《しだい》に貧《まづ》しくなりてければ、家《いへ》の内《うち》の物《もの》かつ〳〵売《うり》て、後《のち》は」妻《つま》が鏡櫛《かゞミくし》などやうの物をも銭《せに》にかへて母《はゝ》の養《やしな》ひとぞしける、時《とき》に享保六年源四郎を官所《くハんしよ》にめされ、其孝《そのかう》を賞《しやう》して銭そこばくを賜《たま》ハり、又其明《そのあけ》乃年《とし》の正月十六日二人扶持《ふち》を賜《たま》ハりけり、かくていく程《ほど》なく母《はゝ》ハ身《ミ》まかりぬ、年《とし》七十四、夫《それ》より後《のち》源四郎ハ　君《きミ》の菩提所妙解寺《ぼだいしよめうげじ》と言寺《いふてら》に詣《もふで》させ給《たま》ふごとに、其道《そのミち》の傍《かたハら》に出《いで》て陰《かげ》ながら拝《をが》ミ居《い》けるとぞ、独《ひとり》乃むすめあり、又孝心《またかうしん》ふかし、何氏某《なにうじそれかし》そ乃孝徳《かうとく》を好《かう》し

図六

て婦《ふ》□《虫損》（と）せりと云《いふ》」

（七）　長柄者《ながえのもの》　平助

平助は前田某《なにがし》が預《あづか》り乃長柄《なかえ》の者《もの》にて、青木某《あをきなにがし》が預《あづか》りの長柄《ながえ》乃者《もの》助七が弟《おとうと》なり、或人云母ハ助七が父の後妻にて、平助は其つれ子なり、助七と行合兄弟と云　母《はゝ》と倶《とも》に助七が家《いへ》に居《を》れり、常《つね》に母《はゝ》に事《つか》へて孝《かう》の心《こゝろ》ふかく、又公《またおほやけ》の事《こと》をつとむる事等閑《ことなをざり》ならず、其母《そのはゝ》五十バかりのころより病《やまふ》にふして手《て》なえ足《あし》しびれたり、それより平助公《おほやけ》乃事にあらざれば、しバしが程《ほど》も外《ほか》に出《いで》ず、夜昼《よるひる》母《はゝ》乃傍《かたはら》に打添居《うちそひい》て心《こゝろ》のかぎり労《いた》わりあつかふ、或《あるひ》は湯《ゆ》をあびせて身《み》を清《きよ》くし」或《あるひ》は背負《せおひ》て寺《てら》〳〵に詣《まふで》させけり、また役《やく》に当《あた》りて江戸に趣《おもむ》くべき事《こと》あれバ、必賃《かならずちん》を出《いだ》して人《ひと》を雇《やと》ひて己《をのれ》に代《かハ》らしむ、これ母《はゝ》の病《やめ》るを離《はな》れて遠《とを》く行《ゆく》に忍びざれバなり、享保七年三月より年《とし》ごとに米五俵宛賜《づゝたまハ》りけり、かくて後《のち》は心安《こゝろやす》く母《はゝ》を養《やしな》ひ居《い》けるに、同九年の秋乃末《すへ》平助病《やミ》て死《し》しぬ、母年老《はゝとしおひ》ことに重《おも》き病《やまふ》にふし居《い》て、かゝる孝子《かうし》を先《さき》だてぬる心《こゝろ》乃内思《うちおも》ひやるべし、しかるに平助に賜《たま》ひし米を直《すぐ》に母《はゝ》に賜《たまハ》りて、其余《そのあま》りの年《とし》を養給《やしなひたま》へ」り、是固《これもと》より平助が孝行《かうく》の深《ふか》きがいたす事《こと》なれども、又公《またおほやけ》の恵《めぐ》ミ乃偏《あまね》（ママ）く至《いた》りてもらす所《ところ》なきも乃にあらずハ、いかでかくのごときことをえんや、誠《まこと》に尊《たうと》ミ仰《あを》くべき事《こと》ならし

（八）　松本才兵衛《まつもと》

松本《まつもと》才兵衛は田中《たなか》某か部下《くミ》の足軽《あしがる》なり、老《おひ》たる母《はゝ》に事《つか》へて孝《かう》なり、公《おほやけ》の事《こと》にあらざれバみだりに外《ほか》に出《いで》ず、常《つね》

に家《いへ》にありて母《はゝ》に事《つか》ふ、朝夕《てうせき》乃食物《しよくもつ》も必自味《かならずミづからあぢハひ》　を調《とゝの》へて先母《まづはゝ》にすゝむ、母寺《はゝてら》に詣る時《とき》は手《て》を引或《ひきあるひ》ハ負《あ》ふ、母病《はゝやめる》る時《とき》ハ傍《かたはら》を離《はな》れず」して其起寝立居《そのをきねたちい》を助《たす》け、衣《ころも》けがるれバミな自川《ミつからかハ》に持行《もちゆき》て清《きよ》くす、親類《ゆかり》乃人《ひと》才兵衛に妻《さい》もとめよとすゝむ、従《したが》ハず、常《つね》に自力《ミづからちから》を用《もち》ひて労《いた》ハりあつかふ事《こと》ことにあつし、見る人其孝《ひとそのかう》を称《せう》せり、享保七年の三月賞《しやう》して年《とし》ごとに一石八斗宛《づゝ》乃米をかつけ給《たま》へり、母《はゝ》は其《その》五月に死《し》す、夫《それ》より才兵衛墓《はか》に詣《もふで》、跡《あと》を弔《とふら》ひ寺《てら》に物《もの》を供《そな》ふる事年《ことゝし》を経《へ》て怠《をこた》らずと云

（九）　荒谷村《あらたにむら》　久八

久八は益城郡矢部《ましきぐんやべ》の郷荒谷村《がうあらたにむら》乃貧民《ひんミん》なり、父《ちゝ》」を理助といへり、母《はゝ》は同《をな》じ郷白小野村《かうしろをのむら》乃九兵衛といふ者《もの》の妻の妹《いもと》なりけるが、九兵衛が所《ところ》に居《い》けるを、理助娶《めとり》て久八とむすめ壱人をまふく、かくて久八が六ツ七ツになりける比《ころ》、父《ちゝ》いたく脳《なや》（悩）ミて生理《すぎワひ》つとむべきやうなければ、久八が母《はゝ》を去《さり》けり、夫《それ》より母《はゝ》は幼《をさな》き娘《むすめ》をつれて九兵衛が方《かた》に帰《かへ》りて、又湯靏原村《ゆづはらむら》八介といふ者《もの》に娘《むすめ》をつれて嫁《か》しける、久八ハ父《ちゝ》とふたり居《い》けるが、二とせ三とせばかりもありて、父終《ちゝつい》に身《ミ》まかりにけり、八介久八が孤《ミなしご》となりてよるかたなきをあわれミ、己《をのれ》が方《かた》に呼《よび》むかへてはごくみ」居《い》けれども、家《いへ》もとより貧《まづし》けれバ、かれが十三に成《なり》ける比《ころ》より人《ひと》乃奴《やつこ》となしぬ、久八人《ひと》に仕《つか》へてある内《うち》に母《はゝ》あしき瘡《かさ》を病出《やミいだ》しけり、久八ふかく是《これ》を憂《うれ》ひ、仕《つか》へ乃暇《いとま》をハかりて、しバ〳〵家《いへ》に来《きた》りて病《やめる》をいたハり、三とせが程心《ほどこゝろ》の及《およ》び色〳〵乃薬《くすり》を用《もち》ひけれども效《しるし》なくて、終《つい》に目《め》しゐ足《あし》かゞまりけり、とかくするうち八介も又病《またやまひ》おこりければ、為方《せんかた》なくてや又母《またはゝ》を離別《りべつ》してけり、其折《そのをり》しも久八ハ人《ひと》につかハれて居《を》りけれバ、

図七

八介其身《そのミ》の代《しろ》をつくのいて久八を取戻《とりもどし》し、母《はゝ》に附《つけ》てぞやりける、夫《それ》より母子《ぼし》三人《にん》」（図七）又《また》九兵衛が方《かた》に行《ゆき》てかゝりぬ、久八妹《いもと》ハ人《ひと》につかはせ、己《をのれ》は人《ひと》に雇《やと》ハれて其賃《そのちん》をえて、母《はゝ》を養《やしな》ひ居《い》けれども、九兵衛も家貧《いへまづし》く、其上《そのうへ》母《はゝ》かゝるうとましき病人《やまふと》と成《なり》ければ、倶《とも》に長《なが》く居《い》うかりけるにや、兄弟相《きやうだいあひ》はかりて久八ひそかに母《はゝ》を負《おひ》てのかれけるが、彼方此方《かなたこなた》とさまよひ、享保六年終《つい》に熊本《くまもと》にきたりて妙専寺《めうせんじ》といふ寺《てら》の門《もん》にやどし居《い》けり、其明《そのあけ》くれ母《はゝ》に事《つか》ふること殊《こと》に厚《あつ》し、昼《ひる》ハ母《はゝ》を背《せなか》に負《をひ》て行廻《ゆきめぐ》り、人《ひと》に物《もの》を乞《こひ》て育《はごくミ》けるに、其《その》もらひたる物《もの》の中《なか》にて、纔《ワづか》もよろしと見ゆるハ皆母《ミなはゝ》にすゝめ、己《をのれ》は至《いた》りて」あしきをのミくひける、母生《はゝうま》れつき極《きハ》めてひが〳〵し、ともすれバけうとく怒《いか》りのゝしり、或《あるひ》は背《せ》に負《をハ》れながら久八が頭《かしら》をたゝき、髪《かミ》を引《ひき》ぬき、または肩《かた》にくひつきなどしけることもありけれども、久八聊《いさゝか》も忤《さか》ひ戻《もど》る色《いろ》なく、唯《たゞ》つゝしミ従《したが》へり、見る人其子《ひとそのこ》を好《かう》して、母《はゝ》をにくまずといふ事《こと》なし、叓終《ことつい》に公《おほやけ》にきこへて、其明《そのあけ》乃年《とし》の秋《あき》の初《はじめ》つかた米三俵《びやう》を賜《たまハ》り、其冬《そのふゆ》乃終《をハ》りに至《いた》りて、又年《またとし》ごとに米五俵宛《ひやうづゝ》を賜《たまハ》るとの命下《めいくだ》りぬ、時《とき》に孝子年《かうしとし》二十余《あま》り、かゝりければ久八母《はゝ》が故郷白小野村《こきやうしろをのむら》に帰《かへ》りて本《もと》の民《たミ》となり、こゝろやすく」母《はゝ》を養《やしな》へりと云

（十）　多久村《たくむら》　太郎右衛門

太郎右衛門は山鹿郡中村《やまがこほりなかむら》の郷多久村《がうたくむら》の貧民《ひんミん》なり、父《ちゝ》ははやく死《し》して母《はゝ》と居《を》れり、幼《おさなき》より母《はゝ》をいとふしむ心《こゝろ》ふかく敬《うやま》ふ事厚《ことあつ》し、かりそめに出《いづ》るにも母《はゝ》の前《まへ》に手《て》をつきて問《と》ひうかゞひ、母心《はゝこゝろ》よくゆるして後《のち》に出《いで》、すでに出《いづ》ればいそぎて帰《かへ》り、帰《かへ》れバ其《その》まゝまミえて其《その》やうすを伺《うかゞ》ふ、母寺《はゝてら》に詣《まうで》るときハ背負《せをひ》て寺《てら》の門《もん》にいたり、母仏《はゝほとけ》乃前《まへ》

にある程《ほど》ハ、夏《なつ》はあふぎて其身《そのミ》を冷《すゞ》しむ、事終《ことをハ》りて帰《かへ》る時《とき》もまた寺《てら》乃門《もん》」より負《おひ》けり、常《つね》に松《まつ》の落葉《をちバ》をかき、爪木《つまき》をこりて、市《いち》にうりて其《その》あたひをえて母《はゝ》を養《やしな》ひけ□□《虫損》（るに）、聊《いさゝか》も珎《めづ》らか成《なる》くひものを求《もと》め得《う》れバ、急《いそ》ぎ帰《かへ》りて母《はゝ》にすゝめて悦《よろこ》バしむ、又霖雨《またながあめ》乃ふりぬる時《とき》は薪《たきゞ》を取《とり》、銭《ぜに》を得るべきたよりのなくて、竈《かまと》の煙《けふり》もとぼしく、其食物《そのしよくもつ》たらざれバ己《をのれ》はくふまねをしてくハず、たゞ母《はゝ》にのミすゝめて、更《さら》に飢《うへ》たる色《いろ》をあらハさず、冬《ふゆ》ハ火《ひ》を焼《たき》て母《はゝ》を温《あたゝ》め、例《れい》よりも寒《さむ》しと思《をも》ふときは、己《をのれ》が衣《きぬ》をぬぎて母《はゝ》乃身《ミ》に加《くハ》へ、其身《そのミ》は藁《ワら》の莚《むしろ》をひきまとひてぞ居《い》ける、かくて年《とし》くれ明《あけ》乃春《はる》に至《いたり》」ては、養《やしなひ》すでにきハまりけり、夫《それ》より母《はゝ》を負《お》ひて熊本《くまもと》にいたり、昼《ひる》は終日路頭《ひねもすろとう》にさすらひ、夜《よる》〳〵は白河《しらかハ》乃橋《はし》の下《した》にぞ寝《いね》ける、其《その》おきふし母をいたハりあつかふさま尋常《よのつね》ならざりければ、見る人《ひと》ミな孝子《かうし》と思《をも》へり、やゝ秋風《あきかぜ》乃音《をと》づるゝにつけて、母故郷《はゝこきよう》もやしたハしかりけん、帰《かへら》んといへバ、太郎右衛門承《うけたまハ》りぬと其《その》まゝ負《をひ》て帰《かへ》りぬれど、固《もと》より居《を》るべき家《いへ》なければ、かなたこなたとさまよひてそありける、しかるに彼《かれ》か孝行《かう〳〵》乃ふるまひ終《つい》に公《おほやけ》にあらハれ、其冬《そのふゆ》乃半《なかバ》に至《いた》りて二人扶持《にんふち》を下《くだ》し」賜《たまハ》りけり、享保八年《ねん》の事《こと》なり、太郎右衛門ハすなハち先家《まづいへ》をつくりて母《はゝ》を居《を》き、朝夕《てうせき》乃くひものもよく味《あぢハひ》を調《とゝの》へ、母《はゝ》もしすゝまざれバ更《さら》に調《てう》し直《なを》して進《すゝ》む、母《はゝ》また酒《さけ》を好《この》ミけれバ常《つね》に酒《さけ》を買《かひ》て貯《たくハ》へ置《をき》、其好《そのこの》ミ望《のぞ》める時《とき》にしたがひてこれを進《すゝ》む、又よる〳〵は湯《ゆ》をあひせて身《ミ》をあたゝめ、必《かならず》酒を進《すゝ》めて安《やす》く臥《ふ》さしめけり、其心《そのこゝろ》を用《もち》ゆる事大《ことたい》やう此類《このたぐひ》なるべし、かくて同十五年九月中の五日より、母病《はゝやまう》にふしていたく苦《くるし》めり、かれ身を置《をく》に所《ところ》なげなり、力《ちから》を極《きハ》めて医《い》を招《まね》き薬《くすり》を用《もち》ひけれとも」しるしなく、わづかに五日を終《をへ》すしてついにはかなくなりにけり、年《とし》八十二、太郎右衛門歎《なげ》きかなしめる事《こと》たとへをとるにものなし、やう〳〵葬《ほうむりこと》乃事ども営《いとな》ミいでゝ、泣〳〵近き野辺《のべ》に送《をく》り、事終《ことをハ》りぬれどかへりもやらず、七日が程《ほど》は墓《はか》乃かたハらにありて、日ごとに香花《かうはな》を手向《たむけ》、終《つい》に家《いへ》に帰《かへ》りても唯《たゞ》母《はゝ》が追善《ついぜん》のミ事《こと》として、更《さら》に他事《たじ》なかりしとぞ、延享四年に死《し》せり、年七十二

（十二）　新大工町《しんだいく》　助七

助七は熊本新大工町《くまもとしんだいく》の商人《あきびと》にて、こなたかなたと」菓子《くハし》をひさきて生業《すぎハい》□□《虫損》（とぞ）しける、父《ちゝ》ハはやく死して母《は》と居《を》れり、孝心《かうしん》ことにいミじ、常《つね》に母《はゝ》乃心《こゝろ》を悦《よろこ》バしむるをもて心《こゝろ》とせり、母仏《はゝほとけ》を尊《たうと》ミてしバ〳〵寺《てら》に詣《まふで》ん事《こと》をねがふ、されと年比足《としころあし》いたミて道行《ミちゆく》ことかなハざれば、助七あしたゆふべ急《きう》なる事《こと》ありといへども、又《また》いたく疲《つかれ》たりといへども、必負《かならすおひ》て寺《てら》に詣《もうで》させ、己《をのれ》も倶《とも》に傍《かたハら》に打添居《うちそひを》り、事終《ことをハ》りてのち又負《またおひ》て帰《かへ》る、母家《はゝいへ》に在《あり》て菓子《くわし》をあきなふ、助七常《つね》に価《あたひ》をはぶきて売《うる》、是買人《これかふひと》乃多くして母《はゝ》のよろこばんことを欲《ほつ》してなり、又遠《またとを》く出行《いでゆく》ときは必《かならず》近」（図八）きあたりの童部《わらハべ》に銭《せに》を□《虫損》（あ）たへて、窃《ひそか》にし□（め）して置《□》けバ、童部《わらハべ》そ乃留主《るす》をうかゞひ□《虫損》（き）たりて、菓子《くわし》を買ふ事《こと》特に多《をゝ》し、母其故をしらずして大□《虫損》（に）是を悦び、助七が帰《かへ》るを待《まち》て誇《ほこ》りていはく、己物《をのれもの》をあきなへバ買人《かふひとをゝ》多くして銭《ぜに》を得《う》る事少《ことすくな》からずと、其心《そのこゝろ》を用《もち》ゆることおもひ見るべし、助七妻有又孝《ありまたかう》なり、母《はゝ》しげく浴《ゆあひ》することを好《この》ミければ、助七常《つね》に湯《ゆ》をまふけてそ置《をき》ける、これ其浴《そのゆあひ》せんといふときすみやかに適《かな》へて事におくれじとなり、すてに浴《ゆあひ》する時《とき》ハ助七たすけ抱《かゝ》へてあらへハ、」妻ハ片手《かたて》にきせるを携《たづさ》へ、片手《かたて》に握《にぎ》り飯《いゐ》をもちて側《そバ》に居《い》けり、是母齢《これはゝよハひ》かたふき、又久《またひさ》しく病居《やミい》けれバ、浴《ゆあひ》して若《もし》つかれたらん時《とき》乃ためとなり、或時母《あるときはゝ》かたりていはく、芦北日南久《あしきたひなぐ》乃湯《ゆ》ハいみじき薬湯《くすりゆ》なりと聞《きこへ》り、されど道遠《ミちとを》けれバ徒《いたつら》に思《をも》ひてやむと、助

図八

七聞《きゝ》ていと安《やす》き程《ほど》乃事《こと》なり、今宵出立《こよいいでたち》なバあすの暮《くれ》かたにハかしこにいたりなんと、とる物《もの》もとりあへず、夫《ふう》婦《ふ》竹輿《かご》を舁《かき》て出《いで》けるに、宇土《うと》と言所《いふところ》に至《いた》りぬる時《とき》やう〳〵明《あけ》かたなりけり、たま〳〵助七が近《ちか》きほく（ママ）（とカ）りの人《ひと》」にあひぬ、其人問《そのひととふ》、夫婦《ふうふ》□（虫損）（し）て輿《かご》を舁《かき》ていづかたに行《ゆき》給ふやと、助七答《こた》ふ、母《はゝ》を伴《ともな》ひて日南久《ひなぐ》乃湯に行《ゆく》なりと、其人聞《そのひときい》て打驚《うちをどろ》きていはく、日南久《ひなぐ》は熊本《くまもと》よりはるかの道《みち》也十三里、かく夜《よ》を日《ひ》につぎて行《ゆく》ことは、男《をとこ》さへたやすくは成《なり》がたし、しかるを女《をんな》の身《ミ》にてかごをかきて行《ゆき》給ふは、誠《まこと》に有《あり》がたき孝行《かう〳〵》なり、是《これ》を徒《いたづら》に見すぐして家《いへ》に帰《かへら》んことは本意《ほい》なき事《こと》なりと、其妻《そのつま》にかわりてかごをかきて倶《とも》に日南久《ひなぐ》に行《ゆき》けるとなん、孝行《かう〳〵》乃至《いた》り人心を動《うごか》す事《こと》しかり、母既《はゝすで》に衰《おとろ》へ身」乃脳《なやミ》（悩）も又加《またくハ》ハりければ、其母《そのはゝ》乃寝《いぬ》る床《とこ》の下《した》には、和《やハ》らかに藁《ワラ》をしたゝめてあつくしき、其上《そのうへ》にふとんを重《かさ》ねて母《はゝ》を居《を》らしめ、夫婦常《ふうふつね》に其前《そのまへ》に侍《はへ》りていたわりあつかふ有《あり》さま、ひとへに赤子《せきし》を保《たも》つがごとし、享保九年乃九月それの日官所《くハんしよ》に助七を召《めさ》れ、其孝行《そのかう〳〵》を賞《しやう》して、年《とし》ごとに米七俵宛《ひやうづゝ》を下《くだ》し賜《たま》ハる由《よし》を命《めい》せらる、助七うけたまハりしバらくして謹《つゝしん》で申《まう》す、我身貧《ワがミまづし》くして世《よ》乃営《いとなミ》に暇侍《いとまさふ》らハねバ、母《はゝ》を養《やしな》ふ事《こと》さへ思《おも》ふやうならず、それゆへ母《はゝ》の病《やまひ》も加《くハ》ハるかと常《つね》に憂《うれ》ひおそれ侍《さふら》ひぬ、」いつ乃いとまありて孝行《かう〳〵》と申事をいたし候ハんや、さるにかゝる御褒美《ごほうび》を受《うけ》奉らんことハ天《てん》乃冥慮《めうりよ》も恐《おそ》れ多《をゝ》しと、強《あなかち》に辞《じ》しければ、官所戒《くハんしよいまし》めていはく、上《かミ》より賜《たま》ハるも乃を下《しも》として強《あながち》に辞《じ》し奉るは、憚《はゞか》り恐るべき事《こと》なりとありて、初《はじ》めてことうけ申《まうし》ぬ、人来《ひときた》りて此事《このこと》を賀《が》すれば、助七ハ恥《はづ》かしそふに面《をもて》を伏《ふく》して居《い》たるとぞ、かれか心《こゝろ》にハ、己孝行《をのれかう〳〵》ならざるを孝行《かう〳〵》なりと賞《しやう》し給《たま》へるを、ことうけ申ぬるが、独心《どくしん》に恥《はづ》かしと思《おも》ふなるべし、夫《それ》より五年《ねん》バかりを経《へ》て母空《はゝむな》しくなりぬ、年《とし》七十」二、かゝりければ助七すなハち恩賜《おんし》乃米を辞《じ》す、されどもゆるされざりけりと云、

延享三年に死《し》す、年《とし》六十一

（十二）　原《はら》源右衛門

源右衛門は東條何某《とうでうなにがし》といへる人《ひと》乃次男《じなん》なりけるを、原《はら》彦右衛門養《やしな》ひて子とす、夫《それ》より姓名《せいめい》を原《はら》源右衛門とぞ呼《よび》ける、其後《そのゝち》彦右衛門罪《つミ》ありて官禄《くわんろく》をはなされ牢人《らうにん》と成《なり》ければ、かれ養子《やうし》乃源右衛門に汝年《なんぢとし》やう〳〵十五六、爰《こゝ》に在《あり》て我《ワれ》と倶《とも》に永《なが》く埋《うづも》れはてん事《こと》、我心《ワがこゝろ》におゐて安《やす》からず、今汝《いまなんぢ》本の家《いへ》に帰《かへ》」りて、又他《またた》乃家《いへ》をもつぎ、後《のち》の栄《さか》へを謀《はか》るへしといへば、源右衛門聞《きゝ》て打泣《うちなき》ていはく、一たび来《きた》りて其姓氏《そのせいし》を名乗《なのり》ぬれば富貴患難皆倶《ふうきくハんなんミなとも》にすべき所《ところ》なり、しかるに今《いま》かゝる不幸《ふしあハせ》にあひ給《たま》へる父《ちゝ》を見捨《すて》て家《いへ》に帰《かへ》りて我身《ワがミ》乃便《たより》をはからんことは、武士《ぶし》乃本意《ほんい》にあらずと、離縁《りえん》の事《こと》を強《あながち》に辞《じ》しぬ、又東條《またとうでう》乃家《いゑ》よりもいろ〳〵にいひすかしけれども、源右衛門堅《かた》く志《こゝろざし》をまもりて更《さら》に承引《うけひか》ざりければ、彦右衛門深《ふか》く其志《そのこゝろざし》を感《かん》し悦《よろこ》びけり、終《つい》に菊池郡下河原《きくちごほりしもがハら》と言所《いふところ》に倶《とも》に引《ひき》こもりけるに、家日《いえひ》〴〵に貧《まづし》くなれりけり、」源右衛門はみづから仕馴《しなれ》ざる賤《いやし》き業《ワざ》をなし、年月其苦《としつきそのくるし》ミに堪《たえ》て父母《ふぼ》を養《やしな》ひ労《いた》ハる、とかくするうちに父《ちゝ》ハ病《やミ》て死《し》しけり、それより母《はゝ》につかふる事《こと》いよ〳〵あつし、又常《またつね》に身《ミ》を謙《へりくだ》り敬《つゝしミ》てよく人《ひと》に交《まじハ》りけれバ、さと人皆《ひとミな》ふかくたうとミ称《せう》じあへり、かゝる事《こと》ども　君《きミ》つぶさに聞召《きこしめし》、享保十五年乃七月其孝義《そのかうぎ》のふかきを賞《しやう》し給《たま》ひて元《もと》の士《し》に復《ふく》し月俸五口《ごにんふち》を下《くだ》し賜《たま》ハりけり、母《はゝ》ハ七十あまりまでながらへ居《い》けるが互《たがひ》に親《したし》ミ睦《むつまし》きことまこと乃母子《ぼし》にまされりと云」

（十三） 庄村《せうむら》 助太

山鹿郡中村《やまがのこほりなかむら》の郷庄村《がうせうむら》乃民《たみ》助市ひとりの子《こ》をもてり、助太と名《な》づく、幼《をさな》き時《とき》より父母《ふぼ》に孝《かう》なり、父母《ふぼ》乃いふところ受《うけ》したがハずといふことなし、かれが十五に成《なり》ける時父《ときちゝ》ハ病《やミ》て死《し》しけり、夫《それ》より後《のち》ハ母《はゝ》をいとふしむ事弥あつし、母生《はゝうま》れつき病多《やまひおほ》かりけれバ、かれ常《つね》に家《いへ》に在《あり》て遠《とを》く行《ゆか》ず、或《あるひ》ハえさらぬ事《こと》にてたま〳〵ゆくことあれバ、急《いそ》ぎかへりて其期《そのご》を過《すぐ》さず、又一夜《またいちや》も余所《よそ》に宿《とま》ることなし、其明《そのあけ》の年《とし》乃冬母《ふゆはゝ》また重《をも》き病《やまふ》にふせり、助太大《おほい》に憂《うれ》ひ、」（図九）昼夜《ちうや》かたハらに打《うち》そひ居《い》て其《その》おきふしを助《たす》け、ことに心《こゝろ》を用《もち》ひて二便《にべん》乃けがれなきやうにす、もしけがらひたる物《もの》あれバ皆《ミな》ミづから濯《そゝ》ぎて清《きよ》くす、家《いへ》きハめて貧《まづし》けれども、母《はゝ》乃薬《くすり》は心《こゝろ》の及《をよ》び求《もと》めて是《これ》を用《もち》ひ、又《また》ねがひ好《この》める物《もの》ハとかくいとなミてこれをすゝむ、かくて世《よ》を渡《わた》るべき便《たより》なければ、近《ちか》き辺《ほと》りの人〴〵《ひと》に雇《やと》ハれ、其賃《そのちん》を得《え》て養《やしな》ひとす、されど母《はゝ》の事《こと》乃心《こゝろ》にかゝりて、一日《にち》の中《うち》にハ二たびも三たびも立戻《たちもど》りて、其《その》やうすをうかゞふ事なれば、賃《ちん》を少《すこし》くとりてぞ行《ゆき》ける、又其行《またそのゆき》ぬるさきにて己《おのれ》がくふ物《もの》の」うちを分《わか》ちて、携《たづさ》へ帰《かへ》りて必母《かならずはゝ》にすゝむ、或日人来《あるひひときた》りて雇《やと》ひにければ、いなびて行《ゆか》ず、あやしミて其故《そのゆへ》をとふ、助太いへらく、けふハ母《はゝ》が病《やまひ》を受《うけ》しむかハりにあたりぬれば、もし病《やまひ》や加《くハ》ハらんかとそれを恐《をそ》れてはなれずと、きく人其孝心《ひとそのかうしん》を感《かん》じぬ、まがき乃内にワづかなる畑《はたけ》あり、助太物《もの》をつくるごとに必母《かならずはゝ》にとひて、其《その》をしへ乃ごとくしけるに、一とせ其教《そのをしへ》にしたがひて作《つく》りぬる茄子《なすび》、よくさかへて多《をゝ》くなりければ人皆粮《ひとミなかて》をもてかへけり、助太□《虫損》人《ひと》乃求《もと》めにきたるごとに必母《かならずはゝ》に問《とふ》て、多《をゝ》くも少《すくな》くも」其《その》いふ通《とふ》りをあたへて、更《さら》にみづからはかる所《ところ》なし、もし其《その》いふ所少《ところすくな》く見ゆれバひそかに数《かず》をましけり、かゝりければ助太ハ損徳《そんとく》をしらぬ愚《をろか》なる人なりと人〴〵あざミけるに、助太

図九

が母《はゝ》生《うま》れつき腹《はら》あしく、ことに重《をも》き病《やまひ》を受《うけ》居《い》けれバそれが心《こゝろ》をやぶらじと、かくハするなめりとしりてければ、初《はじめ》あざミし人〴〵も打《うち》こぞりて感《かん》じあへりとなん、其近《そのちか》きわたりに、松《まつ》の尾《を》乃社《やしろ》あり、年毎《としごと》乃祭《まつり》にハ哥舞妓《かぶき》やうのものありて、人多《ひとをゝ》くつどへり、友達《ともとち》助太が常《つね》に家《いへ》に在《あつ》て母《はゝ》につかへて苦《くる》しめるを憐《あハれ》ミて誘《さそ》ひけれバ、助太ハ母《はゝ》を」ひとり家《いへ》に置事《をくこと》の安《やす》からざりけるにや、何となくいひことハりてゆかさりけり、かれ常《つね》に人交《ひとまじ》らひをする心《こゝろ》もなくて髪《かミ》をだにけづらず、唯家《たゞいへ》にありて母《はゝ》をのミまもり居《い》ければ、人皆孝行殿《ひとミなかうかうどの》〳〵とぞ呼《よび》ける、時《とき》に元文元年の正月それ乃日、其孝《そのかう》を称《しやう》し給《たま》ひて一人扶持《にんふち》を賜《たまハ》りけり、時《とき》に助太ハ年《とし》十八、母《はゝ》かくてある事《こと》三とせばかりにしてはかなく成《なり》けり、助太も後《のち》は心《こゝろ》そゞろなるやうにて、農業《のうげふ》をもなし得《え》ざりけれバ、人皆《ひとミな》いひけるハ、かれ幼き時□《虫損》（より）親《をや》に事《つか》へて心《こゝろ》を労《らう》しけるゆへにや、かゝる病《やまひ》も起《をこ》り」けん、されと日こと乃御賜《をんたまもの》にて心安《こゝろやす》く日《ひ》を送《をく》りぬ、まことにふかき御恵《めぐ》ミなりと称《せう》しあへりとぞ、後に助太剃髪《ていはつ》して名《な》を宗全《そうぜん》と改《あらた》む、病《やまい》いへて今年《ことし》六十四、兄弟《きやうだい》もなし、妻《つま》もなし

（十四）　横手村《よこてむら》　宇平并妻《ならびにさい》とい

宇平ハ飽田郡横手《あきたごほりよこて》乃郷横手村《がうよこてむら》の貧《まづし》く賤《いやし》き民《たミ》なり、父《ちゝ》を清右衛門といへり、宇平が幼《いとけな》き時《とき》江戸に趣《おもむ》き、かしこにて病《やまひ》を受《うけ》て久《ひさ》しく帰《かへ》らさりけり、宇平やう〳〵長《をとな》しくなるにしたがひて、常《つね》に深《ふか》く是《これ》を悲《かな》しミ、いかにもして父《ちゝ》を呼《よび》むかへまほしくおもひ」（図十）けれど、家至《いへいた》りて貧《まづ》しけれバ、いたづらに思《おも》ひて過《すぐ》しぬ、されど唯此事《たゞこのこと》をのミ思《おも》ひ居《い》けれバ色〳〵にはかりて纔《わつか》づゝ乃銭《ぜに》をたくハへて他《た》の事《こと》に用《もち》ひず、年《とし》二十あまりの比《ころ》、何某氏《なにがし》な

図十

る人《ひと》に従《したが》ひて江戸に趣《をもむ》き、終《つい》に父《ちゝ》をともなひて家《いへ》に帰《かへ》り、心《こゝろ》を尽《つく》して事《つか》へ居《い》けるに、父《ちゝ》はいく程《ほど》なくて身《ミ》まかりぬ、夫《それ》より母《はゝ》を愛《いとをし》む事《こと》いよ〳〵深《ふか》く、又敬《またうやま》ふこと至《いた》りて厚《あつ》し、朝夕《てうせき》乃食物《しよくもつ》も皆《ミな》みづから調《こしら》へて、かりそめにも母《はゝ》乃手《て》をふれしめず、食《しよく》をすゝむるときは、うや〳〵しく膳《ぜん》をそなへ、手《て》をつき頭《かしら》をさげて」いへらく、けふは何《なに》もなく侍《さふら》へども、宜《よろし》くきこしめし給《たまハ》るべしと、その詞《ことバ》づかひ立《たち》ふるまひ、上《かミ》さま乃人《ひと》の其親《そのおや》を尊《たうと》ミ給《たま》ふがごとし、見る人《ひと》はじめハ怪《あや》しミ笑《ワら》ひけれども、後《のち》にハ其敬《そのうやま》ひをぞほめける、宇平外《ほか》に出《いづ》る時《とき》は、母《はゝ》の前《まへ》にいたりて手《て》をつき、念比《ねんころ》に其《その》よしを告《つげ》、帰《かへ》れバまたたゞちにま見へて安《やす》しや否《いな》やを問《とふ》、母又外《はゝまたほか》に出《いづ》る時《とき》ハ、宇平手《て》をつかね腰《こし》をかゞめて門《かど》に送《をく》り、帰る□《虫損》（と）きも又《また》むかへまつ、或時《あるときはゝ》母の手桶《てをけ》をさげて水を汲居《くミい》けるを見て、宇平大《おほい》におとろき、是《これ》はいか□□《虫損》（なる）事を□《虫損》（な）し給《たま》ふにや、御手《□て》を」おろして汲給《くミたま》へる水《ミづ》□□《虫損》（を、）やつかれいかで用《もち》ひさふらハんや、恐れ多《をゝ》しとい□□《虫損》（ひける）とぞ、かれ常《つね》ハ山《やま》乃土《つち》を市《まち》に運《はこ》びてうりてすぎ□□《虫損》（ワひ）としけるに、其土《そのつち》をはこぶうちにも母《はゝ》を思ふことあれバ、必帰《かならずかへ》りて母《はゝ》を見る、それによりてたとへバ人《ひと》乃土《つち》を十たび運《はこ》ぶ時《とき》やうやく五たび六たびにも及《をよ》べり、其土《そのつち》をはこぶ事少《ことすく》なければ、銭《ぜに》を得《う》る事又《ことまた》少《すくな》し、されど是《これ》を心《こゝろ》とせす、市《いち》に出《いで》てハあざらけき魚《うを》、珎《めづ》らかなるくひ物《もの》あれバ、必買《かならずかひ》て帰《かへ》りて母《はゝ》にすゝむ、其《その》いたハりいとをしむさま、さながら稚子《をさなご》を養《やしな》ふがごとし、親《した》しき人《ひと》宇平」に妻《つま》を娶《めとら》ん事《こと》をすゝむ、宇平かたく辞《じ》して従《したが》ハず、人《ひと》はた母《はゝ》をすゝめていはしむ、宇平母《はゝ》のいへるを聞《きい》て答《こた》へていはく、親《をや》さま乃御仰《をんおゝせ》いかで背《そむ》き侍《さふ》らハむ、己《をのれ》もとより外《ほか》の思《おも》ひなし、唯御心《たゞおんこゝろ》にかなひ侍《さふ》らふ人《ひと》をむかへ給《たま》ふべしと聞《きこ》えけれバ、母《はゝ》すなハちむかへぬ、其妻《そのつま》ことに孝《かう》なり、夫《それ》より後《のち》ハ夫婦心《ふうふこゝろ》を合《あハ》せて、いよ〳〵労《いた》ハり養《やしな》ひけるに、元文二年乃正月一人扶持《ふち》を下し賜《たま》へり、かくて年比《としごろ》経けるに、寛保□□《虫損》（の初つか）た宇平病《やまひ》にふして終《つい》に空《むな》しくなりぬ、□《虫損》上□《虫損》□（年三十九、）□《虫損》（母）ハ外《ほか》に子《こ》も持《もた》すし」て養《やしな》ふべき人□□□《虫損》（なかりけ）るに、宇平に賜《たま》ひし扶持《ふち》を直《たゞち》に母に下《くだ》し□□《虫損》（賜へ）り、豈《あに》たうとからずや、又婦《またよめ》も志《こゝろざし》を守《まも》りて再人《ふたゝびひと》に行《ゆか》ず、幼《いとけな》き娘《むすめ》を生育《そだて》ながら力《ちから》をつくして姑《しうとめ》を労《いた》ハる事厚《ことあつ》かりければ姑《しうとめ》ハ心安《こころやす》くあまたの年月《としつき》を送《をく》りて、延享三年の四月十三日に身《ミ》まかりぬ、婦姑《よめしうとめ》に事《つか》へて始終怠《しじうをこた》らさりしことゞも、又《また》つぶさに公《おゝやけ》に聞《きこ》えて、姑《しうとめ》に賜《たま》ひし米を其年《そのとし》の六月よりまた婦《よめ》に賜《たまハ》りける」

肥後孝子伝前編□《虫損》（上終）」

前編 肥後孝子伝　中

肥《ひ》後《ご》孝《かう》子《し》伝《でん》前編《ぜんへん》中目録

肥《ひ》後《ご》孝《かう》子《し》伝《でん》前編中

（一）　本坪井《もとつぼい》町　三之丞《ぜう》

熊本本坪井《くまもともとつぼい》新町《しんまち》に孝子《かうし》あり、名《な》を三之丞と呼《よ》べり、近《ちか》き村《むら》さとにかよひ、色々《いろ〳〵》乃物《もの》を販《ひさき》て世をワたりけり、其《その》人柄忠《ひとがらまめやか》にして老《おひ》たる母《はゝ》に事《つか》へて孝《かう》なり、家《いへ》きハめて貧《まづし》といへども、母《はゝ》の事《こと》ハとかくいとなミ出《いで》て、よきにはからひて其貧《そのまづし》きを知《し》らしめず、母齢《はゝよハひ》かたぶきて久《ひさ》しく打《うち》なやミて居《い》けるが、二とせ三とせが程《ほど》はひたすらに床《とこ》にふして厠《かワや》にも行《ゆき》えず、居《い》ながらにしてかなえけり、かゝりければ三之丞日毎《ひごと》に朝《あさ》とく」おきて汚《けがら》ひたる物《もの》ども皆《ミな》川に持行《もちゆき》て、自《ミづから》あらひて敷《しき》かへさせけるに、後《のち》は皆洗《ミなあら》ひ破《やぶ》りて敷《しく》べきものもなかりければ、已《をのれ》がきける衣をぬぎて母《はゝ》乃しきものにぞしける、彼《かれ》あきなひに出《いで》んとしてハ、先母《まづはゝ》乃側《そば》に行《ゆき》て病《やまひ》をとひ、帰《かへ》れバ直《たゞち》にまミへてかハらぬさまを見て打《うち》よろこび物《もの》いひなぐさむ、時《とき》に元文三年の弥生《やよひ》乃初《はじめ》つかた、一人扶持《ふち》を賜《たま》ハりて其孝《そのかう》を賞《しやう》し給《たま》へり、かくて母《はゝ》はその月乃十一日といふに身《ミ》まかりぬ、年《とし》八十一、それより三之丞は母《はゝ》乃位牌《ゐはい》を家《いへ》にまふけ、朝夕物《てうせきもの》をそなふること生《いけ》る」（図一）時《とき》乃ごとし、忌日《きにち》〳〵には賜《たま》ふ米の初穂《はつほ》を仏《ほとけ》に奉《たてまつ》り、墓《はか》に詣《もふ》でゝ跡の吊《とふら》ひ年月怠《としつきおこた》らざりけりと云

（二）　石崎《いしざき》儀右衛門

儀右衛門ハ石崎某《いしざきそれ》といひし者《もの》の養子《やうし》にして市村某《いちむらそれ》が部下《くみ》の足軽《あしがる》なり、生れつき至《いた》りてまめ〳〵しく常《つね》に養母《やうぼ》に

図一

事《つか》へて孝心深《かうしんふか》く、又よく公《おほやけ》の事《こと》を勤《つと》めけり、母《はゝ》おとろへて病《やまふ》にさへ臥《ふし》ければ儀右衛門心《こゝろ》を尽《つく》して深《ふか》く労《いた》ハり、二便《べん》乃汚《けがれ》もミな自《ミづから》とれり、されども禄至《ろくいた》ってうすく家《いへ》きハめて貧《まづ》しければ、母《はゝ》の養《やしな》ひ思ふやうならず、願《ねが》ひ好《この》めるものをそなふ」ること叶《かなハ》ざるを深《ふか》くうれひて、郡使《こほりづかひ》といふことを勤《つと》めけり、郡使《こほりづかひ》とは道《ミち》の遠近《ゑんきん》嶮夷《けんゐ》《さがしたいらかなる》をいはず、夜昼《よるひる》をわかず急《きう》に行飛脚《ゆくききやく》（ルビママ）なり、きハめて苦労《くらう》なる役《やく》なれバ、是《これ》に当《あた》りたる人或《ひとあるひ》は賃《ちん》を出《いだ》して人を雇《やと》へり、儀右衛門は是《これ》をつとめ其賃《そのちん》をとりて母《はゝ》乃養《やしな》ひの助《たすけ》にぞしける、かれかくする事十《ことと》とせあまりなりけれども、聊《いさゝか》も苦《く》とせず、これ只母《たゞはゝ》の養《やしな》ひ乃ためと思《をも》へばなるべし、元文四年乃四月養母《やうぼ》に孝《かう》なる事《こと》を賞《しやう》し給《たま》ひて、年毎《としごと》に米五俵宛《づゝ》を下《くだ》し賜《たま》ハりけり、其明《そのあけ》乃年《とし》の夏《なつ》の比《ころ》より」母《はゝ》の病《やまひ》いたうあつしくなりぬ、儀右衛門夜昼深《よるひるふか》く労《いた》ハりけれども、其冬《そのふゆ》乃半終《なかバつい》にはかなくなりけり、已《すで》に葬《ほうむ》りて後《のち》は儀右衛門雨《あめ》に風に、日毎《ひごと》に寺《てら》に詣墓《もふではか》乃前《まへ》にいたりて、生《いけ》るときのやうに物打《ものうち》いひて歎《なげ》き悲《かなし》ミける、其《その》さま至《いた》りて切《せつ》なり、母已《はゝすで》に世《よ》を去《さ》りければ、恩賜《をんし》乃米を辞《じ》しけれども、その侭《まゝ》に賜《たまハ》りける、彼又役《かれまたやく》に当《あた》りて江戸に趣《おもむ》くときは首途《かどで》に母乃墓《はか》に詣《もふで》、帰《かへ》る時《とき》も又先墓《まづはか》に詣《もふ》で〻後家《のちいへ》にいたりぬと云

（三）　松崎見壽《まつさきけんじゅ》

」

見壽《けんじゅ》は益城郡廻江《ましきこほりまひのえ》の郷隈庄《かうくまのせう》の町に住《すめ》る松崎見貞《けんてい》といへる医師《くすし》の子《こ》なり、生《うま》れつきさとか□《虫損》(ら)ず、父死《ちゝし》して其業《そのげふ》を継《つぐ》ことあたハず、夏《なつ》ハ團《□□》やうの物《もの》をつくり、冬《ふゆ》は馬《むま》乃沓《くつ》などかきて世《よ》をワたるよすがとなしけるが家極《いえきハ》めて貧《まづ》し、夏《なつ》の夜《よ》蚊《かを》〻多くしていぶせけれども張《はり》ぬべき帳《てう》もなければ、よもすがら蚊《か》をおひて母《はゝ》の側《そバ》に侍《はん》へり、又雨《またあめ》の

ふりぬるときは、家《いへ》乃いたく漏《もり》したゝりて彳所《たゝすむところ》もなければ戸板《といた》をはづし、是《これ》をかゝえて母《はゝ》の上《うへ》に覆《おほ》へり、母《はゝ》あながちに酒《さけ》を好《この》めり、」（図二）されど見壽其料《けんじゆそのりやう》をたくハへざれバ、二銭《せん》三銭宛《せんつゝ》乃銭《ぜに》を人《ひと》に乞《こひ》て、日《ひ》ごとに酒《さけ》をかひて母《はゝ》にすゝ□《虫損》（む）、一日《いちにち》もすゝめ得《え》ざれば、うれひてひねもす物《もの》をくハず、人皆母《ひとミなはゝ》の為《ため》にしておのが身《ミ》乃ためにあらざる事《こと》をしりて、其来《そのきた》るをまちて日《ひ》ごとに銭《ぜに》をあたへて酒《さけ》乃料《りやう》となさしむ、彼《かれ》その銭《ぜに》を得《え》て打悦《うちよろこ》びちいさき瓢《ひさご》を二つ袖《そで》にかくしもち、一《ひとつ》には水《ミづ》を入一には酒《さけ》を買《かふ》て携《たづさ》へ帰《かへ》りて母《はゝ》にすゝむ、母《はゝ》ハ其酒《そのさけ》の至《いた》りてワづかなるをしらず、そこにも飲《のミ》てよといへば、我飲《わがのミ》ぬる酒は爰《こゝ》にさふらふと、」水《ミづ》を入《いれ》たるひさごを取出《とりいで》て己《をのれ》は飲《のミ》て、まことの酒《さけ》は母《はゝ》に進《すゝ》む、あるひは己《をのれ》ハ酒うる家《いへ》にてのミて酔《ゑい》たるまねして飲《のま》ず、只母《たゞはゝ》にのミぞすゝめける、其心《そのこゝろ》を用《もち》ゆる乃至《いた》れる事思《ことおも》ひ見るべし、時《とき》に延享元年乃冬《ふゆ》一人扶持《ふち》をかづけ給《たま》へり、かくて後母死《のちはゝし》す、年《とし》七十あまり、見壽《けんじゆ》かなしミにたえず、したひてやまず、昼夜涙《ちうやなミだ》に打《うち》ひたりて泣《なき》まどへるさまたとふるに物《もの》なし、やう〳〵おのが家近《いへちか》き所《ところ》に葬《ほうむ》り、それより日《ひ》ごとに酒《さけ》をかひて墓《は□》に備《そなふ》る事猶生《なをいけ》る時《とき》のごとし、ことに哀《あハれ》ふかゝりしは、」空《そら》乃雲《くも》り雨《あめ》のふり出《いで》ぬれバ、其《その》まゝ笠《かさ》を持行《もちゆき》て母《はゝ》の墓《はか》に覆《おほ》へり、是母《これはゝ》の世《よ》に在《いま》せしとき家《いへ》のも□《虫損》（り）ていたくうきめ見しことを思《をも》ひ出《いで》てなり、あるとき見壽自髭《けんじゆミづからひげそり》を剃けるが、もとかしかりけるをかたへの人《ひと》見て、人《ひと》に頼《たの》めよかしといへば、見壽答《けんじゆこた》へて、人《ひと》に剃《そら》せてもしあやまりて血《ち》など出《いだ》しぬる時《とき》ハ大《おほい》に安《やす》からぬことなりといへりとぞ、是《これ》身は父母《ふぼ》の遺体《いてい》なればあへてそこなひやぶらじと乃心《こゝろ》にてもや有《あり》けむかし

図二

（四）南田代村《ミなミたしろむら》　善之丞《ぜう》」

善之丞《ぜう》は同郡《をなじこほり》木倉《きのくら》乃郷《かう》南田代村《ミなミたしろむら》に住《すめ》る窮民《きうミん》なり、兄弟《きやうだい》もなく親類《ゆかり》もなし、妻《さい》□《虫損》（の）有《あり》けるは病《やミ》て死《し、》けり、善之丞《ぜう》幼《いとけな》き娘《むすめ》を育《はこく》ミ老《おひ》たる母《は、》に事《つか》へて孝《かう》を尽《つく》せり、母《は、》ハ五十《いそ》歳《し》あまり乃比《ころ》よりなやミがちなりけるが、齢《よハい》かたふきて手足《てあし》もかなはず成けり、かくてのちは善之丞外《せうほか》に出《いで》て生業《すぎワひ》努《つと》むべきやうなく、常《つね》に傍《かたハら》を離《はなれ》ずして其《その》おきふしを助《たす》け、二便《べん》も皆負《ミなおひ》いだきてぞやりける、かゝりけれバ養《やしな》ひ日々《ひゞ》にきハまりけり、己《をのれ》もさこそ□《虫損》（心）う□《虫損》（き）ことに思《をも》ふらめと力《ちから》なく、老《おひ》たる母《は、》を背《せなか》に負《を》ひ、」幼《をさな》き娘《むすめ》が手《て》を引《ひき》て熊本《くまもと》にいたり、下河原《しもかハら》といふ所《□□ろ》にやう〳〵小家《こや》を結《むす》び、此所《このところ》より母《は、》を負ひ□□□《虫損》（むすめ）をつれて、日々《ひゞ》にかなたこなたと行《ゆき》めぐり、人に物《もの》を乞《こひ》てある事《こと》三とせに及《をよ》べり、其明《そのあけ》くれ母《は、》を労《いた》ハり愛《いとをし》むことよのつねならざりければ、あやし乃乞食《こつじき》どもゝ皆《ミな》いミじき孝子《かうし》なりと尊《たうと》ミ称《せう》しあへりとぞ、母《は、》ハ身《ミ》のうきふしにつけて世《よ》をもかこち、子《こ》をもうらむべきことなるに、さハなくて常《つね》に人《ひと》にかたりて、我《ワれ》かゝる病人《やまふと》なるを善之丞《せう》よく養《やしな》ふてよろづ我心《ワがこゝろ》乃ごとくならざる事《こと》なく、又一日《またいちにち》も」飢《うや》すことなし、子《こ》ながらも彼《かれ》ハたゞならぬも乃と思《をも》ふといへるとなん、是《こゝ》をもて見れバ善之丞ハよく親乃志《おやこゝろざし》を養《やしな》ふて、深《ふか》く其《その》よろこびを得《え》たる者《もの》といふべし、事具《ことつぶさ》に公《おほやけ》に脱《も》れて二人扶持《ふち》を賜《たまハ》りて其孝《そのかう》をあらハし給《たま》へり、延享三年四月某《それ》の日《ひ》乃事《こと》なり、其時母《そのときは、》が齢《よハひ》七十五、孝子年《かうしとし》五十一、娘《むすめ》九つとなん、夫《それ》より善之丞は故郷《こけう》に帰《かへ》り、月ことの賜《たまもの》をもて力《ちから》を極《きハ》めて母《は、》を養《やしな》ひけり、朝夕《てうせき》の食物《しよくもつ》湯茶《ゆちや》を進《す、》むるにも、必自《かならずミづから》こゝろミて其宜《そのよろし》□□《虫損》（きに）かなふ、□《虫損》（母）もし不食《ふしよく》する事《こと》あれ□《虫損》（は）、必味《かならずあぢハひ》よきも乃をいとなミ」（図三）出《いで》て是《これ》

図三

をそなふ、夏《なつ》乃日《ひ》のいたうあつきにハ、すゞしげなる木陰《こかげ》をゑらびて母《はゝ》を負行《おひゆき》て終日《ひねもす》其心《そのこゝろ》を慰《なぐさ》め、冬《ふゆ》乃夜《よ》のことに寒《さむ》きにハ火《ひ》をたきてそ乃身《み》をあたゝむ、善之丞かく心《こゝろ》をつくしてよく其口体《かうてい》を養《やしな》ひ、よく其心《そのこゝろ》をた乃しましめける故《ゆへ》にや、母《はゝ》ハ久《ひさ》しき病人《やまふど》なりけれども、八十歳《やそじ》の坂打越《さかうちこし》てなを五とせを過《すぐ》れども恙《つゝが》なかりしとぞ、娘名《むすめな》をはつといふ、又孝心深《またこうしんふか》し、宝暦七年賞《し□》して年《とし》ごとに米三俵づゝを下《くだ》し賜《たま》□《虫損》（は）ると云、孝子《かうし》の路頭《ろとう》にさすらふる者是《ものこゝ》に至《いたつ》て三人、ミな」顕賞《けんしやう》を垂《たれ》て本土《ほんど》に帰《かへ》り住《すま》しめ給《たま》へり、豈《あに》あつからすや、然《しか》るに其後孝子数百人《そのゝちかうしすひやくにん》に及《をよ》ぶといへども、□□□《虫損》（一人も）路頭《ろとう》にさすらふる者《もの》なし、徳化《とくくハ》乃日々に新《あらた》なるを見るべし

（五）　蒲池《かまち》弥次右衛門

蒲池《かまち》弥次右衛門ハ山本郡小畑村《やまもとごほりをバたむら》と言所《ところ》に住《すめ》る牢人《らうにん》なり、父《ちゝ》と妾母《せうぼ》と三たり居《を》りけり、もとより禄《ろく》なければ自力《ミづからちから》を労《らう》して田《た》つくり、又里《またさと》の長《をさ》がために筆《ふで》を取《とり》て養《やしな》ひ乃たよりとす、其生《そのうま》れつき忠《まめやか》にして幼《いとけな》き時《とき》より孝心《かうしん》ふかく、聊《いさゝか》も親《おや》乃心にそむく事なし、常《つね》に親《をや》乃うれひ思《をも》ハんことを恐《おそ》れて」妄《ミだり》に遠《とを》く遊《あそ》バず、父《ちゝ》も慈《いつくし》ミ深《ふか》く、たがひ□《虫損》（に）親《したし》ミ睦《むつまし》くして語《かた》り笑《ワら》ふこと多《をゝ》かりければ、人《ひと》乃多《をゝ》く打《うち》つどひてあるやうにぞ外《ほか》には聞《きこ》えける、父強《ちゝあながち》にあざらけき魚《うを》を好《この》めり、弥次右衛門自網《ミづからあミ》をあけて魚《うを》を求《もと》め，又《また》は買《かふ》てすゝむ、妾母《せうぼ》弥次右衛門に婦《つま》を娶《めとら》んことをすゝむ、彼何《かれなに》くれと事《こと》によそへて娶《めと》らず、是家貧《これいへまづ》しければ親《をや》乃養《やしな》ひの給《たら》ざらん事《こと》を恐《をそ》れてなり、親病《をややまひ》ある時《とき》ハ自医《ミづからい》に走《はし》り薬《くすり》を求《もと》め労《いた》ハりあつかふ事至《こといた》らざる所《ところ》なし、民皆《た□□》其孝《そのかう》□《虫損》（を）称《せう》せり、延享四年乃十二月賞《しやう》して年毎《としごと》に□《□め》（米）」五俵宛《づゝ》を賜《たま》ハると云

（六）　高橋《たかはし》町　傳右衛門

傳右衛門ハ高橋町《たかはしまち》乃年寄《としより》にて其家《そのいへ》の名《な》を博多《はかた》やと言、兼《かね》てまた舩《ふね》乃出入《いでいり》をあらたむ、その人柄《ひとがら》柔和《にうわ》にして物《もの》と争《あらそ》ひさかふ事《こと》なし、父《ちゝ》ハはやく死《し》して老《をひ》たる母《はゝ》に事《つか》へて、よく愛《いとを》しミ又よく敬《うやま》へり、妻子《さいし》もよく和《やハら》ぎ、家《いへ》にある男女《をとこをんな》も皆是《ミなこれ》に效《なら》ひて恭《うやうや》し、傳右衛門家《いへ》乃内《うち》の事《こと》を大となく小となく皆母《ミなはゝ》に問《とふ》て其《その》いふ所《ところ》のごとくして一ツも自《ミづから》謀《はか》る所《ところ》なし、母仏《はゝほとけ》を尊《たふと》ミて日毎《ひごと》に寺《てら》に詣《もふ》づ、或《あるひ》ハ駕《かご》、」或《あるひ》ハ歩行《かち》、傳右衛門皆《ミな》したがへり、ある年《とし》の夏母《なつはゝ》瘧《ぎやく》の病《やまひ》をうれひて悪寒戦慄甚《をかんせんりつはなハだ》し、夜《よる》乃衣《きぬ》いくつ重《かさ》ぬといへども寒《さむ》さやまずしてしきりに苦《くる》しミければ、傳右衛門見るに忍《しの》びず、則其中《すなハちそのなか》にはいりて己《をのれ》が身《ミ》をもて母《はゝ》をあたゝむ、母厠《はゝかハや》に行時《ゆくとき》ハ前《まへ》にまハり後《うしろ》にめぐりて手《て》を引腰《ひきこし》をかゝゆ、母《はゝ》いたく老《おひ》ぬる身《ミ》に病《やまひ》もことにあつしうなりて死《し》ぬべく見へければ、かれ身《ミ》を置《をく》に所《ところ》なげなり、神《かミ》に祈《いの》り仏《ほとけ》にたのミ、医《い》をまねき薬《くすり》を用《もち》ひてからうして癒《いえ》しめたり、其家《そのいへ》はじめハ富《とミ》けれども、後《のち》にハやゝおとろへけり、母是《はゝこれ》□《虫損》（を）」しらバ、うれひかなしまん事を傳右衛門ふかくおそれ、さま〳〵に心《こゝろ》を用《もち》ひて、母《はゝ》乃身《ミ》を終《をふ》る迄に其衰《おとろへ》たるをしらしめず、傳右衛門また事《こと》を治《をさむ》るに公《おほやけ》の法《ほう》を守《まも》りて私《わたくし》をなさず、又其町《またそのまち》乃人《ひと》にも慈《いつくし》ミ深《ふか》し、或《あるひ》は公《おほやけ》にうたへて其所《そのところ》を賑《にぎ》ハし、或《あるひ》ハ自材《ミづからたから》を散《ちら》して貧《まづし》きを救《すく》ひしことも数多度《あまたゝび》なり、官所《くハんしよ》しバ〳〵是《これ》を賞《しやう》して物《もの》をたまふ、或《あるひ》ハ白銀或《あるひ》ハ礼服《れいふく》、又《また》寛延元年十月に至《いた》りて年毎《としこと》に米七俵づゝを下《くだ》し賜《たま》ハり、且姓氏《そのうへうぢ》を称《せう》する事《こと》をゆるさる、是《こゝ》に於《おい》て姓名《せいめい》を村井《むらゐ》安左衛門と改《あらた》む、其《その》のち又《また》」（図四）階《かい》を独礼《どくれい》に進《すゝ》めらる、かくて母年《はゝとし》九十五にし□《虫損》（て）世《よ》を去《さ》りぬ、よりて褒賞《ほうしやう》乃米を辞《じ》し奉《たてまつ》りけれ共、其侭《そのまゝ》に下《くだ》し賜《たま》ハると云

図四

（七）　長柄者《ながえのもの》　喜三次

荒木某《あらき》が預《あづか》り乃長柄《ながえ》の者《もの》喜三次老《おひ》たる母《はゝ》に事《つか》へて孝《かう》なり、妻《つま》を具《ぐ》しなバ孝養《かうやう》の衰《おとろ》へんことを恐《をそ》れて、四十年《よそじ》を過《すぐ》れども娶《めと》らず、母年老《はゝとしおひ》て病《やミ》つかれ、心《こゝろ》ぼれてさだかならず、其上手足《そのうえてあし》のいたミも加《くハゝ》りて叶《かな》ハねバ、喜三次公《おほやけ》乃事《こと》にあらざれバしバらくも外《ほか》に出《いで》ず、只母《たゞはゝ》乃側《そバ》にのミ打添居《うちそひい》て手《て》を」なで足《あし》をさすり、心《こゝろ》を尽《つく》して労《いた》ハりつかへて夜昼《よるひる》たゆむ事《こと》なし、事具《ことつぶさ》に官府《くハんふ》に聞《きこ》ふ、寛延二年の冬年毎《ふゆとしごと》に米五俵宛《づゝ》を賜《たま》ハり、又母《またはゝ》かゝる病人《やまふど》なるに、外《ほか》に助《たす》くべき人《ひと》なければとて、喜三次をいとまある役《やく》にうつして、心《こゝろ》よく母《はゝ》を養《やしな》ハしめ給《たま》ふと云

（八）　坪井町《つぼい》　多七

熊本坪井町《くまもとつぼい》に大工《だいく》あり、名《な》を多七とぞいへる、母《はゝ》に事《つか》へて孝《かう》なり、彼思《かれをも》へらく、孝《かう》は妻子《さいし》に衰《おとろ》ふと終《つい》に娶《めと》らず、母既《はゝすで》に老《おひ》きハまりて起居苦《たちゐくるし》めり、多七常に心《こゝろ》を尽《つく》して養《やし》ふ、人《ひと》にやとハれて出《いづ》る時《とき》ハ朝《あさ》□□《虫損》（とく）」おきて飯《いゐ》をかしきて母《はゝ》に進《すゝ》め、夕飯《ゆふけ》をもよく調《とゝの》□《虫損》（へ置）母《はゝ》の其《その》まゝ食《しよく》せるやうにはからひてぞ出《いで》ける、宝暦元年乃春《はる》の比《ころ》より母病《はゝやまふ》にふしぬ、それより多七一日《い》も外《ほか》に出《いで》ず、常《つね》に家《いへ》に在《あり》て母《はゝ》を労《いた》ハりあつかふ事《こと》いよ〳〵厚《あつ》し、其年《そのとし》乃おハり、賞《しやう》して年《とし》ごとに米五俵宛《づゝ》を賜《たま》ハりぬ

（九）　赤場《あかば》場《ゝ》村《むら》　権三郎

阿蘓郡小国《そこほりをぐに》の郷赤馬場村《がうあかばゝむら》に民《たミ》あり、孫左衛門と言、子《こ》六人をもてり、末《すへ》の子《こ》権三郎孝心至《かうしんいた》りて深《ふか》し、兄《あに》ありといへど、父母《ふほ》それと居《い》ること悦《よろこ》びす、常《つね》に」権三郎がもとにのミ居《い》けり、権三郎力《ちから》を極《きハ》めて是《これ》につかふ、享保二年乃冬父母《ふゆちゝはゝ》ともに重《をも》く煩《ワづら》ひけるが、父《ちゝ》は明《あけ》乃年《とし》の春空《はるむな》しくなりぬ、母ハ死《し》なざりけれども手足《てあし》なえしびれてかなハず、権三郎夜昼《よるひる》かたハらをはなれずして其起寝立居《そのをきねたちい》を助《たす》け、朝夕《てうせき》の食物《しよくもつ》も皆側《ミなそば》より箸《はし》をとりてふくむ、二便《にべん》に行《ゆく》にも皆《ミな》いだきかゝえ、汚《けがら》ひたる物《もの》ハ皆《ミな》よる〱洗《あら》ひて人《ひと》乃しらぬやうにぞしける、かくなんありけれハ権三郎外《ほか》に出《いで》て生理《すきワひ》つとむべきやうなく、常《つね》に家《いへ》にのミ在《あつ》て筥脚駄《はこあした》やうの物を作りて養《やしな》□□虫損（ひと）」ぞしける、母《はゝ》もと毛《け》むしを恐《おそ》れけるが、病《やまひ》おこりぬる後《のち》いよ〱甚《はなハた》し、ある時母家《ときはゝいへ》の上《うへ》に毛虫《けむし》の□虫損（居）るを取《とつ》て捨《すて》よといひぬ、権三郎すなハちあが□虫損（り）て見ておらぬよしをいへど、母猶心《はゝなをこゝろ》をやすんぜず、しからバ市原村《いちはらむら》乃吉蔵に見てもらへかしといへば、権三郎走《はし》りてかしこに行、吉蔵を伴《ともな》ひ来《きた》りて見せけり、吉蔵見て毛虫《けむし》のおらぬよしをいひて、母《はゝ》はじめて心《こゝろ》を安《やす》んじぬ、母後《はゝのち》ハ病《やミ》ぼれて色々《いろ〱》と権三郎にのぞむ事ありけり、或《あるひ》ハ片足《かたあし》にて飛《とひ》て見せよ、或《あるひ》ハ猫鼠牛馬《ねこねずミうしむま》乃まねをせよと、彼其声《かれそのこへ》に」応《おう》じてそれ〱の物のまねをなして、母《はゝ》の心をぞ慰《なぐさ》めける、又或時《あるとき》人乃おほく畑《はたけ》に在《あり》て農業《のうげふ》をなし居《い》けるを見て、母のいハく、か乃人々《ぐ》を我門《わがかど》にあつめて市《いち》の遊《あそ》びをして見たしと、権三郎則其《すなハちその》人〲乃居《い》る所に行《ゆき》て、具《つぶさ》に其《その》よしをのべ、念比《ねんごろ》に請《こい》もとめければ、人皆《ミな》きたりて母《はゝ》が願《ねが》ひをかなへけり、是《これ》権三郎が孝行《かうく》の誠《まこと》、兼《かね》て人を感《かん》ぜしむる事ふかきにあらずハ、かゝるあどなきたハふれをして時□□虫損（をう）つすことあらんや、親《した》しき人権三郎がため□虫損（に）妻《つま》をむかへて、其苦労《そのくらう》を助《たすけ》んことをはかる、権三郎」**（図五）**深《ふか》く其志《そのこゝろざし》を謝《しや》して、扨《さて》いはく、今母病《いまはゝやミ》つかれて心もさたかならぬ事《こと》、元よ

図五

り知給《しりたま》へる所《ところ》なり、それを親《した》しからぬ人に見せんもつゝましけれバ、母《はゝ》かくてあらん程《ほど》ハ妻《つま》を娶《めと》る事《こと》ハ止《やミ》ぬべしといらへぬ、それより三とせばかりありて母終《はゝつい》に空《むな》しくなりぬ、郡代《ぐんだい》某彼《かれ》が孝行《かうこう》を聞《きゝ》てふかく感《かん》じ、米そこばくを与《あた》へて賞《しやう》せり、其後《そのゝち》権三郎は馬場村《ばゝむら》乃喜左衛門といふ者養《ものやしな》ひて子《こ》とす、かくて養母《やうぼ》ハ元文三年に死《し》す、年《とし》七十、養父《やうふ》は寛保二年に失《うせ》ぬ、年《とし》七十九、其《その》病乃中《うち》のいたハり跡《あと》の吊《とふら》ひ至《いた》りて厚《あつ》し、郡代西村《ぐんだいにしむら》」作左衛門此《この》権三郎が孝行《かうこう》大利村《おほりむら》乃九蔵が忠烈《ちうれつ》□（虫損）（伝）下の巻に有を聞《きゝ》て大《おほい》に感《かん》じ、同寮《どうやく》（ママ）野田《のだ》某とはかりて其行状《そのふるまひ》を具《つぶさ》にしるして、官府《くハんふ》にうたへて追賞《ついしやう》を請《こ》ふ、其□（虫損）（略）にいハく、権三郎ハ母死《はゝし》して已《すで》に三十三年《ねん》に至《いた》り、九蔵ハ其身已《そのミすで》に亡《ほろ》びて三年《ねん》に及《およ》べり、皆時《ミなとき》すぎ事去《ことさ》りつる後《のち》乃事《こと》なれども、其忠孝尋常《そのちうかうよのつね》ならさるをもて、更《さら》に今物《いまもの》を賜《たま》ひて其忠孝《そのちうかう》をあまねく民《たミ》にあらハし給《たま》ハヾ、善《ぜん》をすゝむる乃一《ひとつ》の助《たすけ》ならんと、官所其《くハんしよその》いふ所《ところ》を可《よし》とし、権三郎ハ曽《かつ》て実《じつ》乃母《はゝ》に孝《かう》なりしのミにあらず、又養父母《またやうふぼ》にもよく事《つか》へ」ぬる事《こと》を賞《しやう》し給《たま》ひて、銭《ぜに》そこばくを下《くだ》したまふ、宝暦三年の正月初《はじめ》乃五日の事《こと》なり、権三郎は其銭《そのぜに》を聊《いさゝか》も他《た》乃事《こと》に用《もち》ひず、父母《ふぼ》の墓《はか》に石《いし》のしるしを建《たて》けると云、時《とき》に年《とし》六十五

（十）　松本《まつもと》又左衛門

又左衛門、氏《うぢ》ハ松本《まつもと》よく物《もの》かきて国《くに》乃家老有吉《からうありよし》某の為《ため》に筆《ふで》を取《とり》けるが、年《とし》二十あまり乃比病起《ころやまいをこ》りけれバ、仕《つかへ》をやめて廻江《まひのえ》乃郷沈目村《がうしづめむら》と言所《ところ》に引籠《ひきこも》り、童部《ワらハべ》に手習《てなら》ふことをおしえて生業《すぎわい》とぞしける、ひとりの母《はゝ》あり、是《これ》に事《つか》へて孝《かう》なり、母生《はゝうま》れつき」病多《やまひをゝ》かりければ、又左衛門遠《とを》く遊《あそ》バず、常《つね》に家《いへ》に在《あり》て力《ちから》を尽《つく》して養《やしな》ふ、朝《あさ》は早《はや》く起《おき》

て自水《ミづからミづ》を汲《く》ミ薪《たきゞ》をわり、朝夕《てうせき》の食物《しよくもつ》も皆自味《ミなミづからあぢハひ》を調《とゝの》へて母《はゝ》に進《すゝ》む、又母《またはゝ》乃衣垢《ころもあか》つき裂《さく》れバ皆自《ミなミづから》あらひて清《きよ》くし、縫補《ぬいをぎな》ひて供《そな》ふ、或《あるひ》ハ人《ひと》に招《まね》かれ、或《あるひ》ハ友達《ともどち》つどひ集《あつま》りて酒《さけ》のミ物くふことある時《とき》、俄《にハか》に雨風《あめかぜ》あれて恐《をそろ》しげなれバ、母《はゝ》のことの思ハれて心《こゝろ》も身《ミ》にそハず、人《ひと》と物《もの》いひかたらふ心《こゝろ》のせねバ、其所《そのところ》をとかくいひことハりて家《いへ》に帰《かへ》りて母《はゝ》を守《まも》り慰《なくさ》む、親《した》しき人《ひと》又左衛門に妻《つま》を娶《めとら》んことをすゝむ、又左衛門おもへらく、」孝《かう》ハ妻子《さいし》に衰《おとら》ふと辞《じ》して娶《めと》らず、延享四年乃春《はる》、旧《もと》の主有吉《しうありよし》乃家《いへ》より又左衛門に立帰《たちかへり》て再仕《ふたゝびつかへ》ん事《こと》を命《めい》ぜらる、又左衛門則母《すなハちはゝ》に謀《はか》る、母《はゝ》のいハく、仕《つか》へて富《とミ》んよりハ貧《まづし》くして今《いま》の心安《こゝろやす》きにしかじと、仕《つかふ》る事《こと》を悦《よろこ》びず、又左衛門其心《そのこゝろ》にしたがひて辞《じ》しぬ、免《ゆる》されず、しゐて辞《じ》せバいきほひ罪《つみ》を得《え》んとす、又左衛門ミづから曰《いハく》、たとひ罪《つみ》を得《え》て今《いま》の生業《すぎハひ》を失《うしな》ふとも、独《ひとり》乃母《はゝ》にしあれバ、いかなる艱難辛苦《かんなんしんく》に堪《たえ》ても養《やしな》ふに安《やす》かりなん、いかで母《はゝ》乃心《こゝろ》に背《そむか》んと強《しゐ》て辞《じ》しぬ、旧主《きうしう》も其孝心《そのかうしん》の深《ふか》きに感《かん》じ、今《いま》乃侭《まゝ》にて母《はゝ》を養《やしな》ふべし、」若母《もしはゝ》が心改《こころあらたま》りて、汝《なんじ》を仕《つかへ》しめバ、他《た》乃家《いへ》に行《ゆく》へからず、必爰《かならずこゝ》に帰《かへ》り仕《つか》ふべしと聞《きこ》えけれバ、母《はゝ》も倶《とも》に心《こゝろ》を安《やす》んじけり、一とせ母《はゝ》おもく煩《ワづら》ひて危《あやう》し、又左衛門深《ふか》くうれひて、夜昼帯《よるひるおび》をもとかず目《め》をも合《あハ》せず、心《こゝろ》のかぎり痛《いた》ハりあつかひ、医《い》を求《もと》め薬《くすり》を用《もち》ひ、天《てん》を拝《おが》ミ神《かミ》に祈《いの》りて、終《つい》に身《ミ》をもて代《かハ》らん事《こと》を願《ねが》へり、其孝感《そのかうかん》によりけるにや、母《はゝ》乃病全《やまふまた》く癒《いへ》て其身《そのミ》も又恙《またつゝか》なし、母《はゝ》も子《こ》も倶《とも》に悦《よろこ》べり、事聞《こときか》ふ賞《しやう》して年毎《としこと》に五俵宛《つ□》乃米を賜《たま》ハりけり、宝暦三年十一月某《それ》乃日《ひ》なり、其後母又病《そのゝちはゝまたやまふ》にふして手」足《あし》かなハず、又左衛門常《つね》に傍《かたハら》に侍《はべ》りて其起寝《そのおきね》を助《たすけ》、薬《くすり》も粥《かゆ》も皆《ミな》ミづから進《すゝ》め、汚《けが》れ乃器《うつハ》も皆自《ミなミづから》とれり、人《ひと》ありさとしていハく、今妻《いまつま》なくて母の病《やまふ》をいたハる人《ひと》にとぼしきハかへりて不孝《ふかう》に近《ちか》かるべしと、しゐて娶《めとら》しむ、又左衛門其諫《そのいさめ》にしたがひて娶《めと》りぬ、其《その》妻ことに孝心深《かうしんふか》く、母《はゝ》乃病《やまふ》を痛《いた》ハる事其産《ことそのうめ》る所《ところ》のごとし、母大《はゝおほい》に悦《よろこ》べり、かゝりければ、慈愛《じあい》かたミに深《ふか》く家《いへ》乃内《うち》よく和《やハ》らげり、母《はゝ》かくてある事《こと》五年ばかりにして世《よ》を去《さ》りぬ、年《とし》七十五、又左衛門今年《ことし》七十一、猶恙《なをつゝが》なし」

（十二）　宮原村《ミやのハらむら》　藤次

阿蘇郡内牧郷宮原村《あそのこほりうちのまきのがうミやのハらむら》に新九郎といへる民二人《たミふたり》の子《こ》もたり、弟《おとふと》を藤次と呼《よ》べり、父母《ちゝはゝ》をいとふしむこと至《いた》りて深《ふか》し、家《いへ》きハめて貧《まづし》しけれども父母《ふぼ》を己《おのれ》が方《かた》に呼迎《よびむかへ》て養《やしな》ふ、父病《ちゝやまふ》に臥《ふし》ておきね苦《くるし》めり、藤次傍《かたハら》をはなれずして昼夜力《ちうやちから》を極《きハ》めて痛《いたハ》る、されどかくのミありてハ父母《ちゝはゝ》を養《やしな》ふべき便《たよ》りなければ、其《その》よしを具《ふさ》に告《つげ》さとし、父《ちゝ》ゆるして後《のち》に出《いで》て農《のう》乃事《こと》をつとめぬ、出《いで》て田《た》に畑《はた》にありといへど父《ちゝ》しバ〱呼《よ》べり、其呼《そのよび》ぬるたびごとに、藤次手《て》」（図六）にある物《もの》をすて、なし居《い》る事《こと》をやめて、直《たゞち》に帰《かへ》りて父《ちゝ》が命《めい》にしたがふ、そのさま露もかへり見思ふ所《ところ》なきがごとし、若呼《もしよぶ》こと乃間《ま》とをなれバ、必自《かならずミづから》かへりて父《ちゝ》にま見えて、其用《そのよう》のあるやなしやを伺《うかゞ》ふ、父病重《ちゝやまふをも》りて寛延二年乃五月終《つい》に、身まかりにけり、かくて後母又病《のちはゝまたやまふ》にいねて手足《てあし》も叶《かな》ハず成《なり》けり、藤次是《これ》を痛《いた》ハる事父《ことちゝ》乃病《やめ》るにおけるがごとし、猶《なを》いさゝかもたゆまず、えさらぬ事《こと》ありて遠《とを》く行時《ゆくとき》は、ちかき辺《ほと》り乃人《ひと》〱に頼《たのミ》おきて出《いで》、事終《ことをハ》りぬれバ人《ひと》乃おもハくをかへりミず、急《いそ》き帰《かへ》りて母乃病《はゝやまひ》を」いたハる、母足《はゝあし》ことに寒《ひえ》ていたう苦《くるし》めり、されど家《いへ》にものなければ、すべきやうなく、常《つね》に母《はゝ》乃足《あし》を己《をの》が懐《ふところ》に入《い》れてはだへをもて温《あたゝ》めけり、同四年の夏《なつ》乃初《はしめ》つかたより母《はゝ》の病《やまふ》あつしうなりて終《つい》に空《むな》しくなりぬ、其折《そのおり》しも藤次ハ例《れい》乃ごとく母《はゝ》の足《あし》を温《あたゝ》めて居《い》けるが、其《その》まゝ尸骸《しがい》にいたきつき、葬のきハまでも猶《なを》はなしもやらで、歎《なげ》きまとへるありさま、たとふるに物《もの》なし、其《その》

図六

年阿蘓《としあそ》の郡《こほり》なりわひよからず、只《たゞ》藤次が作《つく》りぬる田畑《たはた》のミよくミのりけれバ、葬の事跡《あと》の弔《とふら》ひなど心《こゝろ》のまゝにとり行《をこな》ひけり、」是孝徳《これかうとく》乃招《まね》き引《ひ》く所《ところ》と人《ひと》ハ皆称《みなしやう》しあへりける、夫《そ□》より後《のち》藤次外《ほか》に出《いづ》る時《とき》ハ必父母《かならずちゝはゝ》の墓《はか》に詣《もふで》、帰《かへ》る時《とき》も又《また》しかせり、其《その》なきあとまで父母《ふぼ》を思《をも》ひしたふことの至《いた》れる、是《これ》をもてしるべし、□《虫損》（か）くて後横井《のちよこい》某其所《そのところ》乃郡代《ぐんだい》となりて彼《かれ》が孝行《かうくく》を聞《きゝ》て深《ふか》く感《かん》じ、同寮《どうやく》（ママ）猿渡《さるわたり》某と謀《はかり》りて、そのかミ褒賞《ほうしやう》のなかりし事《こと》を官所《くハんしよ》に訴《うつた》へて追賞《ついしやう》乃ことをこひければ、銭《ぜに》そこばくをあたへて其孝《そのかう》を賞《しやう》し給《たま》へり、宝暦四年の二月某《それ》乃日なり、其比《そのころ》しも藤次父《ちゝ》乃跡《あと》とふべき月日《つきひ》乃近《ちか》づきければ、其賜《そのたまもの》をもて父《ちゝ》が追善《ついぜん》をかたのごとく」にいとなミ、猶其《なをその》あまりのありけるをもて父母と祖父が墓《はか》に石《いし》乃しるしを建《たて》けりと云

（十二）　神崎村《かんざきむら》　吉兵衛

豊後《ぶんご》の国靏崎《くにつるさき》も今熊本《いまくまもと》乃治《をさ》め給《たま》ふ所《ところ》なり、そこなる神崎村《かんざきむら》と言所《ところ》乃民《たミ》を吉兵衛とそいひける、父母《ちゝはゝ》に事《つか》へて孝《かう》なり、年毎《としごと》に日向《ひうが》の国《くに》にかよひ、山《やま》に入《いり》て炭《すミ》を焼《やく》ことをすぎハひとしけるが、いつも日向《ひうが》に趣《をもむ》く時《とき》ハ、先父母《まづちゝはゝ》の前《まへ》に出《いで》て手《て》を合《あハ》せて伏拝《ふしおが》ミていハく、ワか留守《るす》乃程《ほど》ことに飲物食物《のミものくいもの》をつゝしミて病煩《やミワづら》ひ給《たま》ハず、恙《つゝが》なくおハしましてワが帰《かへ》るをま□《虫損》（た）」せ給《たま》ハるべしと懇《ねんごろ》に暇《いとま》を乞《こひ》て出行《いでゆき》、扨山《さてやま》にありても便《たより》ごとに文《ふミ》を送《をく》り、又人《またひと》にも只父母《たゞちゝはゝ》の事《こと》をのミ頼《たの》ミてぞやりける、父《ちゝ》七十ばかりなりけるが病《やミ》て死《し》しぬ、吉兵衛悲《かなし》めることよ乃つねならず、己《をのれ》か家近《いへちか》き所《ところ》に葬《ほふむ》りて、朝夕墓《てうせきはか》に詣《もふて》、水《ミつ》を手向香花《たむけかうはな》をそなへ、跡《あと》のとふらひなといと懇《ねんごろ》にいとなミ行《をこな》ひけり、夫《それ》より後《のち》は日向《ひうが》へもゆかず、ちかきワたりの人《ひと》に雇《やと》ハれて其賃《そのちん》をとりて母《はゝ》を養《やしな》ひけるに、母目《はゝめ》乃病《やまひ》おこ

図七

れり、吉兵衛心《こゝろ》の及《をよ》び薬《くすり》を求《もと》めて療治《りやうぢ》を加《くハ》へけれども終《つい》に目《め》しゐにけり、母《はゝ》かくてあること」二十年ばかり、吉兵衛深《ふか》く是《これ》をうれへて常《つね》にその傍《かたハら》にありて心《こゝろ》を慰《なぐさ》め、或《あるひ》ハ背負《せおひ》て寺《てら》に詣《もふで》、又《また》は里《さと》に仏寺《ぶつじ》ある時《とき》ハ必《かならず》行《ゆき》て交《まじ》ハらせ、己《をのれ》もともにそこにありていたハりつかふ、吉兵衛はじめ妻《さい》ありけるが、母《はゝ》に孝《かう》ならざりければ去《さ》りぬ、又後《またのち》乃妻《つま》を求《もと》む、それも母《はゝ》によからず母《はゝ》も又《また》好せざれば、吉兵衛おもへらく、かくてハ母《はゝ》の悦《よろこび》うべからず、さる人《ひと》なからんにしかじと、其妻《そのさい》も去《さ》りて其《その》のち終《つい》に娶《めとら》ず、独母《ひとりはゝ》に事《つか》へて心《こゝろ》を尽《つく》せり、宝暦四年の二月銭《ぜに》そこばくをかづけて其孝《そのかう》を賞《しやう》し給《たま》へり、彼其賜《かれそのたまもの》をもて」（図七）則《すなハち》衣《ころも》を買《かひ》て母《はゝ》にあたへ、其《その》あまりハ皆母《ミなはゝ》乃養《やしなひ》の料《りやう》にぞ定《さだ》め置ける、明《あけ》の年《とし》の春母病《はるはゝやまふ》にふして空《むな》しくなりぬ、年《とし》八十二、吉兵衛則父《すなハちちゝ》が墓《はか》乃側《そハ》に葬《ほうむ》り、是《これ》を吊《とふら》ひ祭《まつ》る事父《ことちゝ》に同《をな》じ、一里《ひとさと》乃人皆《ミな》いハく、彼《かれ》が孝行父母《かう〱ふぼ》乃生《いけ》る時《とき》といひ、死《し》せる後《のち》といひ、至《いた》らざる所《ところ》なしと感《かん》じあへりとなん

（十三）　楯岡《たてをか》小七郎

小七郎は先鋒《さきて》乃士《さふらひ》楯岡《たてをか》四郎兵衛が長子也《てうしなり》、四郎兵衛罪《つみ》ありて囚《とらハれ》と成《なり》て獄《ひとや》乃内《うち》に苦《くるし》める事久《ことひさ》し、小七郎年月是《としつきこれ》を悲《かなし》ミ歎《なげ》きけるが其思《そのをも》ひに絶《たへ》ず、終《つい》に書《しよ》□（を）」もて官府《くハんふ》に願《ねが》ひ出《いで》けるハ、己《をのれ》も倶《とも》に獄に下《くだ》りて、父《ちゝ》に獄の内《うち》に事《つか》へんと、其詞《そのことバ》ひとへに孝行《かう〱》の誠《まこと》に出《いで》ければ　君是《きミこれ》を見給《たま》ひて深《ふか》く感《かん》じ給《たま》ひ、小七郎が父《ちゝ》を思《をも》ふ孝心《かうしん》の切《せつ》なるに対《たい》せられ、父《ちゝ》四郎兵衛が罪一等《つみいつとう》を宥《なだめ》られて獄を出《いだ》し、其宗家《そのほんけ》楯岡《たてをか》某が家《いへ》に圍《かこい》をつくりて入置《をく》べし、又《また》小七郎ハ禄《ろく》なければ、父《ちゝ》を養《やしな》ふたよりあるまじとて、三人扶持《ふち》を賜《たまハ》りて父《ちゝ》を養《やしな》ハしめ給《たま》ふ、時《とき》に宝暦四年十二月十

七日の事《こと》なり、かくて後《のち》小七郎ハ其身《そのミ》乃材《さい》（ママ）力《りよく》をもて挙用《あげもち》ひられてあまたの職《しよく》を経《へ》、位《くらい》ハ父《ちゝ》に越《こへ》、禄《ろく》ハ殆旧《ほとんどふるき》に復《かへ》」る、誰《たれ》か其孝《そのかう》を大《をゝい》ならずといハんや、小七郎今恙《いまつゝが》なし

（十四） 下使《したづかい》 平吉

平吉は杢寮《さくじどころ》乃奴《やつこ》なり、老《おひ》たる母《はゝ》に事《つか》へて孝《かう》なり、家極《いへきハ》めて貧《まづ》しけれど、萬《よろづ》に心《こゝろ》を用《もち》ひて其乏《そのとぼし》きを母《はゝ》にしらしめず、朝《あさ》ハ早《はや》く起《をき》て自飯《ミづからいゐ》を炊《かしき》て母《はゝ》に進《すゝ》め、又水《またミづ》を汲米《くミこめ》をかして夕飯《ゆふげ》乃まふけをなし、薪《たきゞ》やうの物《もの》をもそれ〳〵に便《たより》よく、母《はゝ》の苦労少《くらうすくな》きやうにはからひ置《をき》てぞ出《いで》ける、母酒《はゝさけ》を好《この》む、纔《ワづか》にも銭《ぜに》あれハ必買《かならずかひ》て進《すゝ》めけるに、母《はゝ》も又《また》平吉を愛《あい》して汝《なんぢ》も倶《とも》に飲《のミ》てよといへバ、我飲侍《ワかのミさふ》らふハ外《ほか》にあれバ、まづ心《こゝろ》」よく飲給《のミたま》へと母《はゝ》にのミぞ進《すゝ》めける、母《はゝ》平吉に妻求《つまもと》めしむ、平吉いへらく、今家至《いまいへいた》りて貧《まつし》く侍《さふ》らへば、来《きた》らん女《をんな》乃其《その》せハしきに堪《たへ》ずして、母《はゝ》に事《つか》ふることのよからずハ悔《くゆ》ともかへらめや、初《はじめ》よりかゝる人《ひと》なからんにしかじと終《つい》に娶《めと》らず、宝暦五年の正月官府《くハんふ》其孝《そのかう》を賞《しやう》し給《たま》ひて年《とし》ごとに米五俵宛《づゝ》を賜《たまハ》りけれバ、平吉大《おほい》にあやしミ、何《なに》の故《ゆえ》ありてかゝる御恵《おんめぐ》ミにあひ侍《さふ》らふにやと、且恐《かつおそ》れ且悦《かつよろこ》びて、更《さら》に己《をのれ》が孝乃深《ふか》きに因《よ》ることをしらずと云

（十五） 新町弐丁目 惣次郎」

惣次郎ハ熊本《くまもと》新町弐丁目の商人《あきびと》なり、父母《ふぼ》をいとふしむ事深《ことふか》し、日々《ひゞ》に物《もの》をひさきてありく内《うち》にも父母《ちゝはゝ》の事《こと》の思ハれけるにや、昼《ひる》の比《ころ》ほひ必帰《かならずかへ》りて父母《ふぼ》にまミえ、何《なに》くれ乃事《こと》どもに心《こゝろ》を付《つけ》て又出行《いでゆく》、ならふて常《つね》とす、一

日もかゝず、其家《そのいへ》もとより貧《まづ》しけれども、父母《ふぼ》の事《こと》ハとかくに営《いとな》ミ備《そな》へて、唯《たゞ》あまり有《ある》やうにのミ思ハせ、賽銭《さんせん》やうの物《もの》をも常《つね》にたえぬやうに数珠袋《じゆずぶくろ》乃内《うち》にひそかに入《いれ》てぞ置《をき》ける、父母寺《ちゝはゝてら》にあるほど、もし雨《あめ》乃ふり出《いづ》ることあれバ、其侭笠《そのまゝかさ》と足駄《あした》を携《たづさ》へ行《ゆき》て必伴《かならずともな》ひて帰《かへ》る、惣次郎妻死《つまし》す、父母《ちゝはゝ》又後《のち》の」妻求《つまもと》めしむ、かれうけ給《たま》ハりぬといひけれど、とかくして娶《めと》らず、其心《そのこゝろ》に思《おも》へらく、来《きた》らん女《おんな》のもし父母《ふぼ》によからずは長《なが》きうれひなるへしと、独《ひとり》ある事《こと》十とせあまり、父母彼《ちゝはゝかれ》が為《ため》に強《しい》て後《のち》乃妻《つま》を迎《むか》ふ、其妻《そのつま》ことに孝《かう》なり、かくて母病《はゝやまふ》にふしておきねなやめり、惣次郎夫婦心《ふうふこゝろ》を合《あ□》せて深《ふか》く痛《いた》ハりあつかふ事久《ことひさ》しくして怠《をこた》らず、人《ひと》ミな其孝《そのかう》を称《せう》せり、母既《はゝすで》に死《し》しぬる後《のち》ハ、倶《とも》に父《ちゝ》に事《つか》ふる事弥厚《こといよいよあつ》し、宝暦五年の正月年毎《としごと》に米五俵宛《づゝ》を賜《たまハ》りぬ、惣次郎今猶恙《いまなをつゝが》なし」

（十六）　坪井町《つぼいまち》　助市

熊本坪井《くまもとつぼい》町に茶屋《ちやや》忠左衛門といへる商家《しやうか》あり、常《つね》に庭《にハ》を好《この》ミ松《まつ》を愛《あい》して類《たぐひ》すくなきを持《もち》けり、其子《そのこ》を助市といふ、兄弟《きやうだい》もなく妻もなし、其人《そのひと》となり外《ほか》をかざらず栄利《ゑいり》（ママ）をむさぼらす、心清《こゝろきよ》く欲少《よくすく》なし、ことに公《おほやけ》を重《をも》んず、父母倶《ちゝはゝとも》に死《し》して後年月《のちとしつき》を経《ふ》るにしたがひて、家《いへ》いたくおとろへ養日々《やしないひゞ》にきハまりけり、されと是《これ》を心《こゝろ》とせず、独《ひとり》あれたる家《いへ》を守《まも》りて住《すミ》けるに、床《とこ》に一局《いつきよく》乃碁盤《ごばん》を飾《かざ》り置《をき》、又常《またつね》に松《まつ》を愛《あい》して、土《つち》をかひ水《ミづ》をそゝぎ、枝《えだ》をため葉《は》をすかし」（図八）てたのしミとす、人《ひと》ありさとしていハく、家《いへ》をうらばあまたの宝《たから》を得《う》べし、それをもて身《ミ》の一生《いつしやう》をはかれと、助市したがわず、又多《またおほ》く乃銀《かね》をもて松《まつ》にかへんと乞《こふ》も乃あり、それも又《また》かへり見ず、是其心幸《これそのこゝろさいハい》うすくして親先祖《おやせんぞ》乃跡《あと》おのづから損《そこ》ね破《やぶ》れんハ力《ちから》なし、自売失《ミづからうりうしな》ハんことハ本意《ほい》なしと思《をも》へバなり、

図八

外《ほか》に礼服一領《かミしもいちれう》をおさめもてり、是《これ》ハ　君《きミ》の江戸に趣《おもむ》かせ給《たま》ふに、おのが家《いへ》乃前《まへ》を通《とふ》らせ給《たま》ふ時服《ときふく》して陰《かげ》ながら拝《をか》ミ奉《たてまつ》らん為《ため》となり、常《つね》ハすいのうといふ物《もの》を市《まち》に販《ひさ》き、又《また》ハ物挽《ものひく》なる臼《うす》の目《め》をさらへて、」其賃《そのちん》を得《え》て養《やしな》ひとしけれバ、家《いへ》乃乏《とぼし》き事言《ことい》ハんかたなし、されど其家《そのいへ》より出《いた》すべきほど乃ものハ、いつも期《こ》に先《さき》だちて納《をさ》めて一日もおくれず、宝暦五年の春《はる》、所《ところ》乃長《をさ》助市を呼《よび》て告《つげ》ていハく、そこ乃松《まつ》　君の御庭《おんにハ》に移《うつ》し植《うえ》させらるべきとなり、其松出《そのまついだ》しやるべき道《ミち》なけれバ、家《いへ》をこぼちて出《いだ》さめ、しかれバ願《ねが》ひ思《おも》ふ事《こと》も有《あり》なん申出《まうしいづ》べしと、助市是《これ》を聞《きゝ》て手《て》を拍《うつ》て大《おほい》に悦《よろこ》びていハく、父が秘蔵《ひさう》せし松《まつ》　君の御庭《おんにハ》に移《うつ》し植《うえ》させらるゝ事《こと》、何《なん》乃幸《さいハい》か是《これ》にまさり侍《さふ》らハん、たとひ家《いへ》ハなくなりて野《の》に臥《ふし》候共《とも》」何《なに》の恨《うらミ》かさふらふべき、願《ねが》ひ出《いづ》る事更《ことさら》に侍《はべ》らずと、それより後《のち》は外《ほか》に出《いで》ず、是《これ》　君乃御松《おんまつ》なりと明暮守《あけくれまも》り居《い》けるとなん、程《ほど》なく松《まつ》は移《うつ》され家《いへ》ハ元《もと》のごとく能《よく》はからひて給《たまハ》りけり、かくて助市先祖《せんぞ》に孝心深《かうしんふか》き事《こと》を賞《しやう》し給《たま》ひ、年毎《としごと》に米三俵宛《つゝ》を下《くだ》し賜《たま》ふと云、助市容貌《かたち》のミにあらず、其言行《そのふるまひ》も又世《またよ》の人《ひと》に類《たぐい》せざる所《ところをゝ》多かりけれバ、ときの人《ひと》異人《いじん》と称《せう》せり

（十七）　船場《せんバ》町　伊平

伊平は熊本船場《くまもとせんバ》町に住《すめ》る内匠《たくミ》なり、人《ひと》となり凡《ぼん》な」らず、ミだりに出《いで》て人《ひと》と交《まじハ》らず、常《つね》に家《いへ》にありて父母《ちゝはゝ》に事《つか》へて孝《かう》を尽《つく》せり、宝暦三年の十一月父身《ちゝミ》まかりぬ、夫《それ》より伊平日毎《ひごと》に墓《はか》に詣《まふで》、又燈籠《またとうらう》をつくりて夜毎《よごと》に手向《たむけ》る事其明《ことそのあけ》乃年《とし》の七月に至《いた》るまでかく事《こと》なし、其後燈籠《そのゝちとうらう》は月々の忌日《きにち》を用《もち》ひ、墓《はか》に詣《まふつ》る事《こと》は更《さら》にあらためず、彼父《かれちゝ》なくなりぬる後《のち》ハ生業《すぎワひ》乃ために外《ほか》に出ずして常《つね》に母《はゝ》乃側《そバ》をはなれず、あした夕《ゆふべ》のくひも乃をも皆自調《ミなミつからこしら》へてすゝ

図九

む、又公《またおほやけ》乃役《やく》に当《あた》りて出《いづ》る時《とき》は、必《かならず》母《はゝ》のくふべき物《もの》それ〴〵にはからひ、いつにても食へるにたよりよきやうにして」（図九）ぞ置《をき》ける、父世《ちゝよ》に在《いまし》しとき、ことに能《のう》を好《すき》けり、されば伊平父死《ちゝし》しぬる後《のち》、能《のう》ありと聞《きけ》バ必行《かならずゆき》て見けるに、まつ父《ちゝ》が霊《れい》に告《つげ》て其位牌《そのいはい》をよく認《した》めて携《たづさ》へ持《もち》、其頭《そのかしら》の方《かた》を少《すこ》しバかり懐《ふところ》より出《いだ》してぞ居《い》ける、是其心《これそのこゝろ》ひとへに父《ちゝ》か幽魂《いうこん》を慰《なぐさめ》んが為《ため》となり、豈切《あにせつ》ならずや、人《ひと》あり伊平に妻《つま》を迎《むかへ》んことをすゝむ、答《こたへ》て曰《いはく》、人《ひと》乃心《こゝろ》しりがたし、もし我《ワが》妻たらん者母《ものはゝ》によからずハ悔《くゆ》ともかへらめや、独《ひとり》ありて自《ミつから》心を尽《つく》す乃安《やす》きにしかじとしたがハず、又《また》伊平を壻《むこ》にとりて母《はゝ》をも倶《とも》に迎養《むかへやしな》ハんと言者《いふもの》あり、かくのごとくなれバ己《をのれ》に徳《とく》つくといへ」どうけごハず、万《よろつ》乃事心《ことこゝろ》にいるゝ事《こと》なく、只親《たゝをや》に事《つか》ふるをのミ努《つとめ》とハしける、見る人皆其孝《ひとミなそのかう》を称《せう》せり、同五年乃二月それの日年《とし》ごとに米五俵づゝを賜《たま》ハると云《いふ》

（十八）　中村《なかむらの》　新右衛門并《ならび》ニ姉《あね》きん

山鹿郡中村《やまがこほりなかむら》といふ所《ところ》に兄弟《きやうだい》ふたりの孝子《かうし》あり、姉《あね》をぎんといひ、弟《おとうと》を新右衛門と呼《よ》べり、彼等《かれら》が十八と十四になりける時《とき》、父《ちゝ》ハ身《ミ》まかりけり、それより姉《あね》ハ人《ひと》につかへて、其身《そのミ》乃代《しろ》をもて養《やしな》ひをたすけ、弟《おとうと》は家《いへ》にありて農業《のうげう》をなして世《よ》を渡《ワた》る便《たより》とす、」されど年《とし》いまだ十五にもたらざれバ家日《いへひ》〴〵に□《まつ》（貧）しくなれりけり、かくて三とせバかりありて母《はゝ》また病《やまふ》にふして手足《てあし》も叶《かな》ひがたし、されバ姉《あね》も事《つか》へをやめて家《いへ》に帰《かへ》り兄弟心《きやうたいこゝろ》を尽《つく》して母《はゝ》を養《やしな》ふ、姉《あね》ハ柴薪《しばたきゞ》を山《やま》にとりて人《ひと》にうり、或《あるひ》ハ苧《を》をうミ綿《ワた》をつむく、弟《おとうと》ハ耕《たがへ》し耘《くさぎ》り、或《あるひ》ハ人に傭《やとハ》れ仕《つか》へて其賃《そのちん》を求《もと》む、かく夜昼《よるひる》たゆます様《さま》〴〵に身《ミ》を尽《つく》しけれど、朝夕《あさゆふ》乃煙《けふり》も絶《たゆ》るバかりなりけり、其有《そのあり》さまを母《はゝ》乃しらぬ

図十

やうにといろ〳〵心《こゝろ》を用《もち》ひけれども、母是《はゝこれ》をしりて常《つね》にうれへ思《おも》へり、ある年《とし》」乃冬《ふゆ》、兄弟相《きやうだいあい》はかりてあきたる俵《たハら》ども求出《もとめいで》、それに籾《もミ》の糠《ぬか》を入充《いれミて》て母《はゝ》に示《しめし》ていはく、是《これ》なん今年《ことし》乃まふけなり、されバ今より後《のち》ハ粮《かて》にハ乏《とほ》しからじと見せければ、母是《はゝこれ》を見て誠《まこと》にしかりと打悦《うちよろこ》び、夫《それ》より心《こゝろ》を安《やす》んじけるとなん、兄弟身《きやうだいミ》にハ全《また》き衣《きぬ》だになければど、母《はゝ》の衣《ころも》ハ必薄《かならずうす》からしめず、冬《ふゆ》のいたうさむき□《虫損》（に）も用《もちゆ》べき薪《たきゞ》と炭《すミ》とあらざれバ、常《つね》に芥《あくた》をあつめ草《くさ》の根《ね》を取《とり》て、ほして火にたきて母《はゝ》をあたゝむ、かく万《よろづ》に侘《ワび》しかりけれど年貢《ミつぎ》やうのものハ必人《かならずひと》に先立《さきだち》て納《をさ》む、かゝる事《こと》ども人々《ひと〳〵》語《かた》り伝《つた》へてほめあへり□□《虫損》（けれカ）」（図十）バ、宝暦四年の十二月郡代《ぐんだい》某是《これ》を聞《きい》て深《ふか》く感《□ん》じ、新右衛門たゞ母《はゝ》に孝《かう》なるのミにあらず、上《かミ》を重《おもん》じて貢《ミつぎ》をなをざりにせず、又農《またのう》乃事《こと》に力《ちから》をはげますよしを数《かぞ》へあげて褒賞《ほうしやう》し、白銀許多《はくぎんそこばく》を与《あた》へぬ、新右衛門是《これ》をもて則衣《すなハちきぬ》を買《かい》て母《はゝ》に着《き》せ、又《また》よき畑《はた》とも求《もと》めけるとぞ、其明《そのあけ》乃年《とし》の二月官府賞《くハんふしやう》して又兄弟《またきやうだい》二人に年《とし》〴〵米五俵づゝを賜《たまハ》りけり、時《とき》に姉年《あねとし》二十六、弟《おとうと》二十二と云

（十九）　新町《しんまち》　政右衛門

政右衛門ハ同《をな》じ郡新町《こほりしんまち》に住《すめ》る商人《あきびと》なり、父死《ちゝし》し□《虫損》（て）」後《のち》ハ母《はゝ》と姉《あね》とに事《つかふ》る事至《こといた》りて厚《あつ》し、彼《かれ》が母《はゝ》□《虫損》（の）前《まへ》にある、身《ミ》を慎《つゝし》ミて肆《ほしいまゝ》ならず、母物《はゝもの》いふ時《とき》ハ手《て》をつきて聞《き》き、いひ終《をハ》りて後手《のちて》をあぐ、母煙草《はゝたばこ》を好《この》めり、政右衛門おのれ好《この》まずといへども必《かならず》すひつけてしバ〳〵是《これ》を進《すゝ》む、其吸付《そのすいつく》るごとに必先口《かならずまづくち》をそゝげり、母目《はゝめ》うとし、政右衛門常《つね》に心《こゝろ》を用《もち》ひて其立居《そのたちい》を助《たす》け、寺《てら》に詣《まふづ》る時《とき》ハ必《かならず》したがひ行《ゆき》、道《ミち》のあしき所《ところ》ハ手《て》を引《ひ》く、あつき日ハうちハにて陰《かげ》をさし、寒《さむ》き夕《ゆふべ》ハ更《さら》に衣《きぬ》を携《たづさ》ふ、寺《てら》にありても傍《かたハら》を離《はな》れず、事《こと》ありて家《いへ》に帰《かへ》る時《とき》ハ母《はゝ》に告《つげ》、事終《ことをハ》れ

バ又行《またゆき》て必伴《かならずともな》ひて帰《かへ》る、」夜母《よるはゝ》の寝《ね》入《いら》ざる程《ほど》ハ何《なに》くれとかたらひ慰《なぐさ》め、たばこを進《すゝ》め茶《ちや》をあたふ、身《ミ》乃つかれたるをもて更《さら》に怠《をこた》らず、外《ほか》に出《いで》んとしてハ必母《かならずはゝ》に申《まうし》、母《はゝ》ゆるせバ出《いで》、しからざれバやむ、聊《いさゝか》も背《そむ》かず、其家父《そのいへちゝ》と母《はゝ》□《虫損》（と）宗旨異《しうしこと》なり、宗旨異《しうしこと》なれバ其《その》わざも又同《またをな》じからず、政右衛門おもへらく、いづれをなすも皆父母《ミなふぼ》へ乃孝行《かう〳〵》なれバと皆《ミな》それ〳〵乃勤《つとめ》をなして更《さら》に隔《へだつ》る事《こと》なし、宝暦五年二月某《それ》の日賞《ひしやう》して三俵づゝの米を年毎《としごと》に賜《たまふ》と云、時《とき》に孝子年《かうしとし》十九、安永五年二月に母死《はゝし》す、賞賜《しやうし》乃米を辞《じ》し奉《たてまつ》りけれども猶《なを》かハらず下《くだ》し賜《たま》ふ

（二十）　内牧　曽七

阿蘇郡《そのこほり》内牧の町《まち》に孝子《かうし》あり、曽《そ》七といへり、家貧《いへ□つし》くして娶《めと》る事《こと》を得《え》ず、ひとり力《ちから》を尽《つく》して父母《ちゝはゝ》を養《やしな》ふ、父身《ちゝミ》まかりぬる後《のち》ハ母《はゝ》をいとふしむ事弥厚《いよ〳〵あつ》し、元文二年乃冬母病《ふゆはゝやまふ》にふして手足叶《てあしかな》ハざれバ、曽《そ》七常《つね》に傍《かたハら》に侍《はべ》りて深《ふか》く痛《いた》ハりけり、されど外《ほか》に世渡《よワた》る便《たより》なければかくてのミある事《こと》あたハず、又家《またいへ》に人《ひと》なければ、外《ほか》に出《いで》て日《ひ》を終《おへ》がたし、されば近《ちか》き辺《ほと》りにありて耕耘《たがへしくさぎ》り、又《また》ハ人《ひと》に雇《やと》ハれぬる日も、初《はじめ》より其訳《そのわけ》を詳《つまびらか》に断《ことハ》り置《をき》、しバ〳〵家《いへ》に帰《かへ》りて母《はゝ》にまミえ、其《その》」起《をき》ねを安《やす》くし二便《べん》乃用《よう》をかなふ、二人乃姉《あね》あり皆《ミな》人に行《ゆき》て近《ちか》き所《ところ》に居《い》ければ、をり〳〵母《はゝ》をむかへて養《やしな》ふ、されど母《はゝ》そこに久《ひさ》しく居る事《こと》を悦《よろこ》びず、曽《そ》七が養《やしな》ひ乃粗《あら〳〵》しきをうくる乃心《こゝろ》よきにしかじと、ともすれバ夜半《よハ》あかつきといはず曽《そ》七に背負《せをハ》れて帰《かへ》る、母年老病《はゝとしおひやまふ》にさへふしけれバ夜《よ》を安《やす》□《虫損》（く）寝《いね》ずして目覚《めさめ》がちなりけり、曽《そ》七終夜母《よもすがらはゝ》の側《そバ》に在《あり》て、むかし今《いま》の事《こと》ども何《なに》くれと語《かた》り出《いで》て其心《そのこゝろ》を慰《なぐさ》め其病苦《そのびやうく》を忘《ワす》れしむ、又《また》いたう寒《さ□》き夜《よ》は、柴《しバ》をたきて母《はゝ》乃身《ミ》をあたゝめ粥《かゆ》を煮《に》て進《すゝ》む、さま」（図十一）〳〵に身《ミ》を尽《つく》して痛《いた》ハり居《い》ける

図十一

に、同五年乃冬霜降月《ふゆしもふりつき》乃初《はじめ》つかた母《はゝ》の病《やまふ》やうかハりていたう危《あやう》し、曽《そ》七母《はゝ》の病今《やまひいま》はかふよ（ママ）と思《をも》ひ、しバしが程《ほと》も命《いのち》乃うちに事《つか》へまほしく、母《はゝ》の身《ミ》におのが身《ミ》をひしとより添居《そへい》て、手《て》をなで足《あし》をさすり、薬《くすり》も湯《ゆ》もミなミづから口《くち》にふくミて母《はゝ》に用《もち》ひ、心《こゝろ》乃かぎり労《いた》ハりけれどもしるしなく、其明《そのあけ》の日終《ひつい》に事《こと》きれにけり、曽《そ》七悲《かなし》ミ歎《なげ》き、なきまどへるさままねぶに言葉《ことば》なし、見る人泪《ひとなミだ》をもよふさずと言事《いふこと》なし、さて葬りの事跡《ことあと》乃吊《とふら》ひ力を極《きハ》めて取行《とりおこな》ひ、夫《それ》より後《のち》ハ日《ひ》ごとに」墓《はか》に詣《もふで》、ちりを払《はら》ひ草《くさ》をきりて其《その》あたりを清《きよ》からしむ、一里《ひとさと》の人皆《ひとミな》いハく、彼《かれ》が孝行《かうく》の事《こと》どもいはゞ尽《つくさ》めや、是其《これその》のあらましのミと、郡代《くんだい》某是《これ》を聞《きゝ》て深《ふか》く感《かん》じ銭《ぜに》そこばくをかづけぬ、かくて十五年を経《へ》て、宝暦五年に至り、横井猿渡《さるワたり》の二氏《し》彼《かれ》が孝行《かうく》も又徃時公《そのかミおほやけ》乃褒賞《ほうしやう》にもれける事《こと》を官所《くハんしよ》に訴《うつた》へにけれバ、則銭《すなハちぜに》そこばくを賜《たまハ》り、且一級《そのうへいつきう》をすゝめて郡代《ぐんだい》の直触《しきぶれ》と言《いふ》も乃になして、其孝《そのかう》を民《たミ》にあらハし給《たま》ふと云

（廿二）　花田《はなだ》儀助　」

花田儀助ハ長柄《ながえ》の者《もの》乃小頭《こがしら》なり、母《はゝ》を養《やしな》ふて孝《かう》也、母《はゝ》の言所《いふところ》うけしたがハずといふ事《こと》なし、家貧《いへまづ》しといへと母《はゝ》に供《そな》る物《もの》ハ程《ほど》に過て厚《あつ》し、母今何《はゝいまなに》乃魚好《うをこの》ましといへバ、儀助ミづからかなたこなたの魚《うを》をあきなふ家《いへ》にもとめて、必買《かならずかい》て是《これ》をすゝむ、母《はゝ》も又《また》いつくしミ深《ふか》く家《いへ》の内《うち》よく和《やハ》らげり、彼又職《かれまたしよく》に在《あり》て私《ワたくし》なく、人《ひと》と交《まじハ》りて慈《いつくし》ミ深《ふか》かりけれバ、それにしたがふ輩《ともがら》もよくなづき尊《たうと》ミ、近《ちか》き辺《ほと》りの人々《ひとく》も皆親《ミなした》しめり、事公《ことおほやけ》に聞《きこ》え宝暦五年の某《それ》の月賞《しやう》して二人扶持《ふち》を増賜《ましたま》ハると云」

（廿二）　新町《しんまち》弐丁目　岩太郎

熊本新町《くまもとしんまち》弐丁目《め》に岩太郎といふ童部《わらハべ》あり、彼《かれ》が十に成《なり》ける時父《ときちゝ》は身《ミ》まかり、母《はゝ》と幼《いとけな》き弟《おとふと》ばかりなれバ家《いへ》日ぐに貧《まづ》し、彼生質順和《かれうまれつきじゆんわ》にして友《とも》と居《い》て争《あらそ》ハず殊《こと》に母《はゝ》を愛《いとを》しむ心深《こゝろふか》し、朝毎《あしたごと》に早《はや》く起《おき》て顔《かほ》かきあらひ、先仏《まづほとけ》に打向《うちむか》ひて、家貧《いへまづ》しくしてひとり持《もち》たる母《はゝ》をさへ養《やしな》ひわび候、あ□《虫損》（は）れ仏《ほとけ》の御利生《ごりしやう》にて、母《はゝ》に一飯《いつはん》をも心《こゝろ》よく食せ候《さふらふ》やうに守《まも》らせましませよと一向《ひたすら》に祈《いの》り居《い》けるとぞ、扨日《さてひ》ごとにちいさき箱《はこ》をかつき、針糸《はりいと》やうの物《もの》を販《ひさ》ぎてすぎハひとし」（図十二）けれど、朝夕乃煙《けふり》も絶《たえ》まがちなり、夏《なつ》の夜蚊多《よかを》けれとも張《はり》ぬべき帳《てう》なくて、母《はゝ》乃いたく苦《くる》しめるをかなしミて寝《いね》もやらず、其傍《そのかたハら》に蚊《か》をはらひてあかつきに至《いた》り、冬《ふゆ》乃夜《よ》のいたう寒《さむ》きにも、重《かさ》ぬべき夜《よる》の衣乃なくて母《はゝ》のこゞゆるをなけき、おのが着《き》ける衣乃半《なかば》を母《はゝ》のうへに加《くハ》へて、打添臥終夜身《うちそひふしよもすがらミ》を動《うご》かさず、若身《もしミ》をうごかしたらんにハ、衣《きぬ》のかたよりて母《はゝ》乃身《ミ》のあらハれん事《こと》を恐《をそ》れてなり、母《はゝ》もし事《こと》ありて起出《をきいづ》る事《こと》あれバ、夜半暁《よなかあかつき》といへど、己《をのれ》も倶《とも》に起《をき》て火《ひ》を燈《とも》し、母《はゝ》のはくべき物《もの》など求《もと》」め出《いで》て打《うち》したがひて行《ゆき》ぬ、母是《はゝこれ》をふかくいとはしく思《をも》ひてやをらすべり出《いづ》るといへど、岩太郎必目《かならずめ》さめて例《れい》のごとくす、母生《はゝうま》れつきことに病多《やまひをゝ》かりければ朝夕の食物《しよくもつ》を調《こしら》へ、其《その》あとを取《とり》おさむる事《こと》も、皆《ミな》岩太郎ミづから力《ちから》を用《もち》ひて聊《いさゝか》も母《はゝ》の手《て》やすめんとす、ある時小麦《ときこむぎ》を買《かひ》て、けふはとく帰《かへ》りてこそよきにはからひ候ハめ、必《かならず》いろハせ給《たま》ふなといひて出《いで》けるが、心《こゝろ》ならず帰《かへ》る事《こと》乃やゝ遅《をそ》かりつるに、母《はゝ》すでに麦《むぎ》を粉《こ》にし□《虫損》（て）置《をき》ぬ、岩太郎是《これ》を見て己《をのれ》か帰《かへ》る事《こと》の遅《をそ》くして、独母《ひとりはゝ》の苦労《□らう》に成《なり》し事《こと》を深《ふか》く悔恐《くひをそ》れ、夫《それ》より後《のち》ハ急《いそ》ぎ帰《かへ》り」て時《とき》を過《すご》さゞりけるとぞ、家《いへ》もいつしか荒《あ□》はて屋根《やね》くち軒《のき》

図十二

かたふき、壁《かべ》も床《ゆか》も皆《ミな》あバらになりて雨《あめ》の降《ふる》ときハもらぬ所《ところ》もなければ、竈《かま》乃上《うへ》にハ笠《かさ》を打覆《うちおほ》ひて食物《しよくもつ》をも調《とゝの》へける、其侘《そのわび》しさおもひやるべし、折《をり》しも所《ところ》の長其町並《をさそのてうなミ》乃荒《あれ》たる所《ところ》を修覆《しゆふく》しければ、彼家《かのいえ》をも同《をなじ》くよきにはからひてやりけるに、岩太郎ハ常《つね》に何《なに》くれと其長《そのをさ》の恩顧《おんこ》をのミ受《うく》る事《こと》を思《をも》ひけるにや、床《ゆか》などの崩《くづ》れし所《ところ》、己《をの》が力《ちから》の及《をよ》ぶ際《きハ》ハミづから心《こゝろ》を用《もち》ひて取繕《とりつくろ》ひけるとぞ、腰《こし》乃尾《を》といふ所《ところ》に母《はゝ》のゆかりのありけるが、」或日《あるひ》きたりて其家《そのいへ》乃貧《まづ》しきさまを見て、かくては母子《ぼし》三人皆飢寒《みなうへこゞへ》にも至《いた》りなん、弟《おとゝ》の才吉ハ己《をの》が方《かた》にて生ふし立《たて》、後《のち》は人《ひと》にもやりなん、然《しか》らバ今《いま》の助《たすけ》なるべしと、才吉を具《ぐ》して帰《かへ》りぬ、それより母《はゝ》才吉がいまた幼《いとけな》きを、遠《とを》くやりぬることを悔歎《くいなげ》きて心更《こころさら》にたのしまず、岩太郎其心《そのこゝろ》を察《さつ》して母《はゝ》にいへらく、才吉はひとりもちたる弟《おとゝ》にてさふらへバ、人《ひと》にやりなんハ本意《ほい》なき事《こと》にてさふ□□［虫損］（らふ）、いかにもして一つに居《を》りて、ゆく〳〵は相《あひ》ともに力《ちから》を合《あハ》せて生理《すぎワい》をもはげまし候べしと、はる〳〵腰《こし》の」尾《を》に行《ゆき》て才吉をつれて帰《かへ》りければ、母斜《はゝなゝめ》ならずぞ悦《よろこ》びける、是《これ》を聞人《きくひと》〴〵泪落《なミだをと》して其志《そのこゝろざし》を感《かん》じあへりとなん、かゝる事《こと》どもいはゞ尽めや、所《ところ》の長海津《をさかいづ》嘉右衛門彼《かれ》が孝行《かうかう》の其《その》あらましを官府《くハんふ》に申出《まうしいで》ければ、宝暦五年十二月廿二日岩太郎を官府《くハんふ》に召出《めしいだ》し申渡《ワた》されし趣《おもむき》にいはく、岩太郎事《こと》いまた幼《いとけな》けれバ孝道《かうどう》のワきまへも有《ある》まじき□［虫損］（に）母《はゝ》に孝心《かうしん》を尽《つく》すこと奇特《きどく》乃至《いた》りなり、是《これ》によりて特に賞《せう》せられ二人扶持《ふち》を下し賜《たまハ》り、且其家《かつそのいへ》の課役《くハやく》をゆるさるゝとなり、時《とき》に孝子年《かうしとし》十五、是《これ》を聞人《きくひと》しるとしらざると、皆我《ミなワれ》に物《もの》」賜《たま》ひしやうに悦《よろこ》びあへりとぞ、其明《そのあけ》乃年《とし》の正月又銭《またぜに》そこばくをあたへて、生業《すぎわひ》乃基《もとひ》となさしめ給《たま》ふ、母《はゝ》も子《こ》も今猶恙《いまなをつゝが》なし

（廿三）　植柳村《うやなぎむら》　惣左衛門

八代郡《やつしろのこほり》高田《かうだ》乃郷《がう》植柳村《うやなぎむら》に民《たミ》あり、剃髪《ていはつ》して善西《ぜんさい》といふ、子《こ》ふたりを持《も》てり、兄《あに》を傳右衛門と名《な》づけ、弟《おとふと》を惣左衛門と呼《よび》ける、倶《とも》に孝心深《かうしんふか》し、惣左衛門あしたごとに父《ちゝ》が足《あし》をもておのが頭《かうべ》を撫《なで》て、あゝかたじけなし〳〵とくりかへしいひて悦《よろこ》びけるとぞ、是親《これおや》の恩《おん》を日々《ひゞ》に戴《いたゞ》きて忘《ワす》れじとの心《こゝろ》にてもあらんかし」（図十三）彼日《かれひ》ことに耕作《かうさく》に出《いづ》るに必其行《かならずそのゆく》かたを父《ちゝ》に告《つげ》て更《さら》に方《かた》をかへず、帰《かへ》るに時《とき》を過《すぐ》さず、ならふてこれを常《つね》とせり、或《あるひ》ははやく帰《かへ》りて父《ちゝ》をすゝめて寺《てら》に詣《もふで》させ、又父寺《またちゝてら》より帰《かへ》る事《こと》乃遅《をそ》けれバ必《かならす》むかひに行《ゆき》、道《ミち》のあしき所《ところ》は手《て》をひき或《あるひ》ハ負《を》ひぬ、或年《あるとし》の元日に雪《ゆき》いたうふりて道《ミち》をうづめり、惣左衛門朝《あさ》とく起《おき》てミづから鍬《くハ》にて雪《ゆき》を切《きり》ひらきて、父《ちゝ》が寺《てら》に詣《もふず》るさハりなからしむ、その程《ほど》六七丁もありとなん、父若《ちゝワか》かりし比《ころ》より相撲《すもふ》を好《この》めり、惣左衛門兄弟《きやうだい》いとまあるときは相撲《すもふ》をとりて父《ちゝ》に見せ、又《また》ハ子《こ》むまごらを集《あつ》めて」すもふをとらせ、父《ちゝ》が代《かハり》をも定《さだ》めおき、其勝負《そのかちまけ》をわかちて父《ちゝ》が心《こゝろ》を悦《よろこ》バせ、己《をのれ》〳〵も興《けう》に入《いり》ぬ、里人皆言《さとびとミないひ》けるは、善西《ぜんさい》もと親《おや》に事《つか》へて孝行《かう〳〵》なりける故《ゆへ》に、其子《そのこ》も皆幼《ミないとけな》き時《とき》よりそれを見ならひて、かく孝行《かう〳〵》にも有《ある》なるべし、兄弟《きやうだい》の孝行《かう〳〵》いづれをいづれと別《わか》ちがたしといへども、兄《あに》傳右衛門ハ父彼《ちゝかれ》が幼《いとけな》き時《とき》より、家《いへ》をわけて別《べつ》に住《すま》せけれバ、それだけ乃違《ちが》ひなり、惣左衛門が孝行《かう〳〵》の事《こと》どもはあげてかぞへかたし、是其《これその》あらましをうたへ出《いづ》るのミと云　賞賜の有無と年月と皆詳ならず、追て考ふべし」

肥後孝子伝前編中　終」

図十三

前編 肥後孝子伝　下

肥後孝子伝《ひごかうしでん》前編下目録

肥後孝子伝前編下《ひごかうしでんぜんへん》

（一）　野中村《のなかむら》　千代

芦北《あしきた》の郡《こほり》津奈木《つなき》の郷野《の》中村と言所《いふところ》に民《たミ》あり、藤十郎といへり、おのこハなくて娘《むすめ》ひとりもてりければ、それ乃里《さと》の次郎右衛門と言者《いふもの》を壻《むこ》にとりて娘《むすめ》にあハせ、女子《によし》ひとりをまふけぬ、ちよと名《な》づく、それが六つ七つに成《なり》ける比《ころ》より、父《ちゝ》次郎右衛門病《やまふ》おこりて農業《のうげふ》をもいとなミえず、家日〳〵《いへひゞ》に窮《きハま》りければ故《もと》乃里《さと》に帰《かへ》りぬ、それより二とせあまりを経《へ》てちよが母《はゝ》も身《ミ》まかりにけり、其時祖父《そのときおほぢ》ハ齢六十《よわいむこじ》に五《いつゝ》をあまし、ちよハ九ツ」となん、是生《これうま》れながら乃孝子《かうし》なり、祖父畑《はたけ》に出《いづ》る時《とき》ハちよ必農具《かならずのうぐ》を荷《にな》ひてしたがひ行《ゆき》、己《をのれ》ハやがて家《いへ》に帰《かへ》りて祖母《おほば》が助《たす》けをなし、やゝ暮《くれ》ぢかくなれバ又畑《はたけ》に行《ゆき》きて祖父を伴《ともな》ひてぞ帰《かへ》りける、ちよ長《をとな》しく成《なる》にしたがひ孝心《かうしん》いよ〳〵厚《あつ》し、ミづから田を耕《たがへ》し畑《はたけ》をうち、菜《な》をつミ木《き》の実《ミ》を拾《ひろ》ひ、或《あるひ》ハ人にやとハれて其賃《そのちん》を求《もと》め、又は遠《とを》き深《ミ》山乃奥《をく》に分入《ワけいり》て葛蕨《くずワらび》をほり、人乃堪《たへ》がたき事《こと》にもよく堪忍《たへしの》びて、祖父夫婦《ふうふ》を養《やしな》ひければ盛《さかり》なる形《かたち》もかぢけ疲《つか》れていとうるさかりける、祖父深《ふか》く是《これ》をあハれミ、「己《をのれ》も倶《とも》に」山に行《ゆき》て其手《そのて》をも助《たすけ》んといへバ、老衰《をひをとろへ》たる人を伴《ともな》ひてハ中《なか》〳〵ほだしなるべきを、ちよ聊《いさゝか》も其志《そのこゝろざし》にたがハず、日《ひ》のあたゝかなる比《ころ》ハ近《ちか》き辺《ほと》り乃山に伴《ともな》ひ行終日其《ゆきひねもすその》いとなミをなして老《おひ》乃心《こゝろ》をそ慰《なぐさ》めける、祖父若《ワか》き比《ころ》より馬《むま》を好《このミ》て飼《かひ》けるに、そ乃馬《むま》はからずも死《し》したり、おほら（ママ）力《ちから》をおとして心常《こゝろつね》にたのしまず、ちよ深《ふか》く是《これ》をうれへ、いかにもして馬を求《もと》めて祖父にあたへまほしく思《をも》ひけれども、家《いへ》に物《もの》なければバ心《こゝろ》にもまかせさりけり、それよりいやまし紡績織縫《うミつむぎおりぬふ》ことに力《ちから》をはげまし、昼夜《ちうや》さまぐ〳〵」に心《こゝろ》をくだき、聊宛《いさゝかづゝ》乃銭《ぜに》を得《え》て他《た》乃事《こと》に用《もち》ひず、年月集《としつきあつ》めたくハへて終《つい》に馬《むま》を買《かひ》て祖父にあたへ、其馬草《そのまぐさ》をもミづ

図一

から苅《かり》て飼《かひ》けれバ、祖父斜《なゝめ》ならずよろこびけるとなん、一とせ芦北《あしきた》乃郡実《こほりミ》のらずとて公《おほやけ》の蔵《くら》をひらきて民《たみ》を賑《にぎ》ハされしとき、ちよも其《その》よねを受《うけ》けるに、其米《そのよね》ハ皆《ミな》祖父夫婦《ふうふ》にのミ進《すゝ》めて己《をのれ》ハ纔《わづか》も用《もち》ひず、例《れい》乃□《き》（木）の実葛《くず》の根《ね》をくひてぞ居《い》ける、父《ちゝ》次郎右衛門久《ひさ》しく病人《やまふと》となりて旧《もと》乃里《さと》に帰《かへ》りて居《い》けるが、朝夕《あさゆふ》乃煙《けふり》も絶《たえ》まがちなり、ちよ是《これ》をも養《やしな》ひけれバ其辛苦《そのしんく》思《をも》ひはかるべし、」（図一）或人《あるひと》ちよにおしえて、人《ひと》に仕《つか》へて其身《そのミ》の代《しろ》をもて養《やしな》ハゞかばかりハ苦《くるし》まじ、いかでさハせざるやといへば、ちよ答《こたへ》ていはく、祖父夫婦《ふうふ》いたく老《おひ》て外《ほか》に助《たす》くる親類《ゆかり》もなし、ワれ家《いへ》を出《いで》て人《ひと》につかへバたれか祖父夫婦《ふうふ》をあハれミ侍《さふ》らハん、我《ワれ》ちからの堪《たゆ》べきかぎりハかくて養《やしな》ふべしと、いよ〳〵身《ミ》を尽《つく》しけり、かゝる事どもはるかに熊本二十余里に聞《きこ》え、貞□虫損（享）二年乃六月十六日年《とし》ごとに米十俵宛《づゝ》を賜りけり、時に孝女《かうぢよ》年十八、かゝりけれバ郡代《ぐんだい》も又郷《またかう》の長《おさ》にいへらく、ちよに壻《むこ》とりて家《いへ》をたてよと、」それより郷乃長《をさ》など相《あひ》はかりて、高無礼村《たかむれむら》乃喜三次と言者《いふもの》をゑらひて壻《むこ》としてちよにあハせ，田畑《でんはた》など更《さら》にあたへにけり、かくてのちハちよも心安《こゝろやす》くて祖父夫婦《ふうふ》をそ養《やしな》ひける、祖父後《□□のち》ハいたう衰《おとろ》へて道行事叶《ミちゆくことかな》ハざれバ、ちよ背負《せお》ひて寺《てら》にも詣《もふで》させける、元禄十二年に祖父死《し》す、年《とし》八十九、延享元年にちよ空《むな》しくなりぬ、年《とし》七十七、褒賞《ほうしやう》乃米を受《うく》る事《こと》六十年と云

（二）　宮地村《ミやぢむら》　志ほ

孝婦《かうふ》名《な》を志ほといふ、阿蘓郡坂梨《そこほりさかなし》乃郷宮地村《がうミやぢむら》」の民《たみ》市左衛門と言者《もの》乃妻《つま》なり、市左衛門父あり、病《やまふ》にふして苦《くるし》める事《こと》七年バかり、志ほ是《これ》につかへて心を尽《つく》せり、常《つね》に傍《かたハら》にありて病《やまひ》を労《いた》ハり、よろづ其心《そのこゝろ》のごとくす、舅寺《しうとてら》

に詣《もふで》んといへバ、志ほ必負《かならずおひ》て到《いた》る、然《しか》るに三とせバかりありて舅《しうと》ひたすらに床《とこ》にふしぬ、志ほ夜昼身《よるひるみ》を安《やす》くせず、其立居起寝《そのたちいをきね》を助《たす》け、ふすといへどもしバ〳〵起《をき》て粥《かゆ》を煮湯《にゆ》を進《すゝ》む、又苧《を》をうミ綿《ワタ》をつむぎ、凡《をよそ》乃事をなすに大やう其傍《そのかたはら》に在《あり》て遠《とを》くはなれず、是其用《これそのよう》のあらん時速《ときすみやか》にかなへて事《こと》におくれじとなり、舅《しうと》かくてある」事《こと》また四年ばかりなり、志ほ是《これ》に事《つか》へて更《さら》にたゆまずいよ〳〵慎《つゝ》しめり、郡代《ぐんだい》中村某是《これ》を聞《きゝ》、下《しも》が下《志も》なるもの〻、かく舅《しうと》に孝行《かう〳〵》なるハことに類《たぐひ》すくなかるべしと、賞《しやう》して夫《をつと》市左衛門が課役《くハやく》をゆるしぬ、貞享二年　君《きミ》またつぶさに是《これ》を聞《きゝ》たまひて、年毎《としごと》に一石八斗宛《づゝ》乃米をかづけて賞《しやう》し給《たま》へり、其明《そのあけ》の年《とし》の六月孝婦《かうふ》死《し》す、年《とし》わずかに三十三と云

（三）　白河村《しらかハむら》　妙喜《めうき》

妙喜は阿蘇郡《そのこほり》南郷《なんがう》高森《たかもり》乃郷《がう》白河村《しらかハむら》の里《さと》の長《をさ》」（図二）七右衛門と言者《もの》乃娘《むすめ》なり、弟《おとゝ》ふたりあり、久兵衛と言ひ、四郎兵衛と名《な》づく、皆幼《ミないとけな》し、母《はゝ》ハ孝女《かうぢよ》が十三に成ける時身《ときみ》まかり、父ハ四十バかりの比《ころ》より病発《やまひをこ》りて里乃長《をさ》をも辞《じ》し、髪《かミ》を剃《そり》て名を教閑《きやうかん》と改《あらた》め、家《いへ》の内《うち》の事《こと》をも皆心《ミなこゝろ》にいれざりければ、家日々《いへひゞ》に貧《まづし》くなれりけり、孝女生《かうぢようま》れつきさとくさかしくて、孝《かう》乃心《こゝろ》ことにいミじ、常《つね》に父《ちゝ》の傍《かたはら》にありて面持《おももち》うららかにしてよく和《やハ》らぎ事へ、一《ひとつ》も其心《そのこゝろ》にうけ従《したが》ハずといふ事《こと》なし、長《をとな》しく成にしたがひ、専家《もつハらいへ》乃事《こと》に心を用ひ、力《ちから》をはげまし、幼《いとけな》き弟《おとゝ》どもをよ」く生育《そだて》、既《すで》に衰《おとろ》へたる家《いへ》を起《をこ》して再《ふたゝ》び里《さと》の長《をさ》となし、男女《なんによ》も又あまたつかひけり、されど父《ちゝ》が事《こと》は皆自勤《ミなミづからつと》めて家人《けにん》乃手《て》にふれしめず、朝夕《あさゆふ》乃食物《しよくもつ》も必皆自味《かならずミなあぢハひ》を調《とゝの》へて父《ちゝ》に進《すゝ》め、又父手をあらひ足《あし》をすゝぐ

図二

にも、皆《ミな》必《かならず》自《ミづから》水《ミず》を汲《くミ》、湯《ゆ》をわかして己是《をのれこれ》をなさしむ、徒者《ずさ》《めしつかひ》は、我心《わがこゝろ》を用《もち》ゆるがごとくならずとおもへバなり、したしき人相《ひとあひ》はかりて孝女《かうぢよ》に嫁《か》せんことを進《すゝ》む、孝女答《かうぢよこた》へていへらく、父今齢《ちゝいまよハい》かたふきて且病《またやめ》り、おのれ家《いへ》にありて労《いた》ハり養《やしな》ふにあらずハ朝夕《あしたゆふべ》乃起寝《をきね》も物《もの》うかるべし、父《ちゝ》かくておハさん」ほどハ人に行事《ゆくこと》はすべからずと、其《その》すゝめにしたがハず、いよ〳〵心《こゝろ》を尽《つく》して事《つか》へけり、かくて父延宝八年に死《し》せり、年《とし》八十、其時《そのとき》に至《いた》りてハ孝女《かうぢよ》も五十に三をあましけれバ、人に行《ゆく》べきにもあらず、自髪《ミづからかミ》を剃《そり》て尼《あま》となり、名《な》を妙喜とぞ呼《よび》ける、彼《かれ》が孝行《かうく》の事ども父《ちゝ》なく成《なり》ぬるあとまでも人々かたり出《いで》て称《しやう》しあへりけれバ、終《つい》に君乃聴《きゝ》に達《たつ》して年《とし》ごとに壱石八斗宛《づゝ》乃米を賜《たま》ハりて其孝《そのかう》を追賞《ついしやう》し給《たま》へり、是《これ》も又貞享二年のそれ乃月日《つきひ》なり、妙喜享保四年に死《し》す、」年《とし》九十二

（四）　板屋町《いたやまち》　まん

熊本板屋《くまもといたや》町に至《いた》りて貧《まづし》く賤《いやし》き男《をのこ》有、名《な》を庄左衛門と呼《よ》べり、子三人をもてり、兄《あに》を吉左衛門と言、江戸に趣《をもむ》く、弟を清助と名《な》づく、家《いへ》にあり、娘《むすめ》をまんと呼《よ》べり、人につかふ、是孝子《これかうし》なり、常《つね》に其身《そのミ》乃代《しろ》を贈《をく》りて父母の養《やしな》ひを助《たす》く、しかるに兄《あに》ハ江戸にて死《し》し、いく程《ほど》なく弟ハ家《いへ》にて身《ミ》まかり、母《はゝ》又病《やまふ》にいねて起寝苦《をきねくるし》めり、其折《そのをり》しもまんは益田《ました》某のもとに仕《つか》へて居《い》けるが、此事《このこと》を聞《きゝ》て深《ふか》く悲《かなし》」ミ、其《その》よしを詳《つまびらか》にのべ、懇《ねんごろ》に暇《いとま》をこひければ、主人《しゆじん》もあわれミて其身《そのミ》の代《しろ》をすてゝ暇《いとま》をやりける、夫《それ》よりまんハ家《いへ》に帰《かへ》り、力《ちから》をきハめて父母《ふぼ》を養《やしな》ひ、心《こゝろ》を尽《つく》して母《はゝ》を労《いた》ハり、常《つね》に其傍《そのかたハら》にありておきねを助《たす》け、厠《かハや》に行《ゆく》にもいだきかゝえ、汚《けが》らひたる物《もの》は日毎《ひごと》にあらひて清《きよ》くす、母或《あるひ》ハ出《いで》て遊《あそ》ばんといへバよなか暁《あかつき》といハず、必負《かならずおひ》て其心《そのこゝろ》乃むかふ所《ところ》に行《ゆき》て聊《いさゝか》も背《そむ》かず、常《つね》ハたばこといふも

のをのべ、或《あるひ》は人《ひと》乃衣《ころも》をあらひ、又《また》ハ織縫事《をりぬふこと》をいとなミ、其賃《そのちん》を得《え》て父母《ちゝはゝ》を養《やしな》ひけれバ、其家《そのいへ》乃貧《まづ》しき事《こと》いハんかたなし、」冬《ふゆ》の夜《よ》乃いたう寒《さむ》きにも、母《はゝ》をあたゝむべきやうなけれバ、母《はゝ》の足《あし》を己《おのれ》がふところに入《いれ》てあたゝめ居《い》て、夜いたく更過《ふけすぐ》るまでも猶人《なをひと》乃衣《ころも》を縫《ぬひ》、すでに寝《いね》んとすれど、重《かさ》ぬべき夜《よる》乃衣《きぬ》なけれバ、己《をの》が着《き》ける衣《ころも》をぬぎて母のうへに加《くハ》へ、其身《そのミ》も倶《とも》に其中《そのなか》に入て母《はゝ》をいだきてぞ臥《ふ》しける、母《はゝ》かく病《やめ》る事《こと》十とせバかりにして終《つい》に空《むな》しくなりぬ、父《ちゝ》はいやまし衰《おとろ》へて足《あし》たゝず、されば其町《そのまち》の番《ばん》するなる家《いへ》の、身《ミ》をいるゝばかりなる所《ところ》に住《すミ》て、其事《そのこと》を勤《つと》めけり、されバ冬《ふゆ》の夜《よ》乃いたう寒《さむ》きにハ、まん火桶《ひをけ》と言物《いふもの》」に火《ひ》をいけて父《ちゝ》にいだかせ、又《また》ハ粥《かゆ》を煮茶《にちや》をせんじて是《これ》をすゝめ、夜毎《よごと》に至《いた》りてとひ慰《なくさむ》る事《こと》二度《と》三度《ど》に及《をよ》べり、父《ちゝ》深《ふか》く酒《さけ》を好《この》ミけれバ、まんとかくに営《いとな》ミ出《いて》て是《これ》を進《すゝ》めて一日《いちにち》もかゝず、色々《いろ〳〵》に身《ミ》を盡《つく》して事《つか》へ居《い》けるに、父又病《ちゝまたやまふ》にふして手足叶《てあしかな》ハず成《なり》けれバ、養《やしな》ひ既《すで》に究《きハま》りけり、まんすべきやうやなかりけん、おのが髪《かミ》をたちて、髱《かもし》といふ物《もの》に作《つく》りて売《うり》て父《ちゝ》を養《やしな》ひけり、時《とき》に貞享二年それの月日賞《しやう》したまひて年ごとに米三石五斗宛《づゝ》をかづけ給《たま》ふ、かくていく程《ほど》なく父《ちゝ》は死《し》し、夫《それ》より」まんハ尼《あま》になりて名《な》を貞正《ていしやう》と改《あらた》め、父母《ちゝはゝ》の跡《あと》とむらひてぞありける

（五）　新馬借町《しんバしやく》　たつ

孝女《かうぢよ》名《な》はたつ、熊本新町《くまもとあらまち》乃馬借町《ばしやく》に住《すめ》る徳兵衛と言者《いふもの》乃娘《むすめ》なり、家至《いへいた》りて貧《まづし》く朝夕《あさゆふ》乃けふりもたえまがちなり、かゝりけるに、たつが十四五に成《なり》ける時《とき》、父病《ちゝやまふ》にふして起居《をきい》も叶《かな》ハず成《なり》けり、それよりたつハ日《ひ》ごとに近きワたりの村里《むらさと》に通《かよ》ひ、聊《いさゝか》なる物《もの》を携《たづさ》へ行《ゆき》て、人《ひと》乃あわれミを受《うけ》て父《ちゝ》を養《やしな》ひけれども、其日《そのひ》乃飢《うへ》をも助《たす》けかねける、

図三

されど父酒《ちゝさけ》を」（図三）ほしがりけれバ、其《その》うちより必買《かならずかひ》て進《すゝ》む、たつ思《をも》へらく、かくてハ父《ちゝ》乃養《やしな》ひ終《おほ》べからすと、自髪《ミつからかミ》を剃《そり》て尼《あま》となりて父《ちゝ》を養《やしな》ひける、其髪《そのかミ》ことにながくしてうるハし、されバやんごとなき上《かミ》さま乃人《ひと》の求給《もとめたま》ひて、其髪《そのかミ》乃よしを問《とひ》きハめられけれバ、売《うり》ぬる人答《ひとこた》へて、それハ十七に成女《なるをんな》乃父《ちゝ》を養《やしな》ふ便《たより》乃なくて、ミづから切《きり》てうれるなりとありのまゝにいひけれバ、是《これ》を聞人々皆泪落《きくひと〳〵ミななミだおと》しけるとなん、事《こと》やがて　君にもれて深《ふか》く憐《あハれ》ミ給《たま》ひ、正徳三年の十二月廿六日三人扶持《ふち》を賜《たま》ひて父《ちゝ》を養《やしな》ハしめ給《たま》ふ、」女《をんな》乃身《ミ》に於《おい》て深《ふか》く愛《あい》して、いたく惜《をし》むも乃は髪《かミ》にしく物《もの》なしとぞ、それを断《きり》て親《おや》を養《やしな》ハんと思《をも》ひ入ぬる心《こゝろ》の中《うち》、寂哀《いとあハれ》ならずや、むべなるかな殊《こと》なる褒賞《ほうしやう》を蒙《かふむ》りしこと、其後《そののち》それの年月父身《としつきちちミ》まかりぬ、年《とし》七十四、孝女幸《かうぢよさいハい》うすくして二十七の年俄《としにハか》に病《やミ》て死《し》せりと云

（六）　阿蔵野村《あぞうのむら》　せん

孝女名《かうぢよな》をせんと呼《よ》べり、久住《くぢう》乃郷《がう》阿蔵野村《あざうのむら》乃民《たミ》清右衛門と言者《いふもの》の娘《むすめ》なり、其家至《そのいへいた》りて貧《まづし》かりけれバ、せんが九つに成《なり》ける比《ころ》より人《ひと》につかハせてうきめ見せ」けり、其後《そのゝち》清右衛門貢《ミつぎ》をかぎて其責《そのせめ》にたえず、彼《かれ》が十五に成《なり》けるを質《しち》にして又異所《またことところ》に仕《つか》へしむ、夫《それ》より打《うち》つゞきて生業《なりワひ》よからず、男子《をのこ》乃二人ありけるをも皆人《ミなひと》乃奴《やつこ》となし、田畠《たはたけ》をも又皆《またミな》うりてければ其家《そのいへ》の貧《まづし》き事いはんかたなし、せん深《ふか》くこれを憂《うれ》へ、いかにもして家《いへ》に帰《かへ》りて父母《ちゝはゝ》を養《やしな》ハまほしく思《を》ひけれども、たやすく其営《そのいとなミ》もならで、空《むな》しく月日を過《すこ》しぬ、されといろ〳〵に心《こゝろ》をくだき年《とし》二十三乃時《とき》、漸《やうやく》身《ミ》を贖《あがな》ひて家《いへ》に帰《かへ》り、自力《ミづからちから》をきハめ、身《ミ》をつくして父母《ちゝはゝ》を養《やしな》ひけり、春《はる》ハ菜《な》を摘野老《つミところ》をほり、秋《あき》

ハ木」の実《ミ》を拾《ひろ》ひて食《しよく》とし、或《あるひ》は人《ひと》に雇《やとハ》れて其賃《そのちん》を得《え》、又蒟蒻《またこんにやく》といふ物《もの》をつくりて久住《くぢう》乃町にひさぎ、或《あるひ》ハ豊後《ぶんご》乃国竹田《くにたけだ》の城府《じやうか》にうりて、其価《そのあたい》をもて粮《かて》を買《かひ》て父母《ちゝはゝ》を養《やしな》ひけり、其道《そのみち》三里《り》バかりもありとなん、然《しか》るをせん雨《あめ》に風《かぜ》に、夜《よる》となく昼《ひる》となく、行《ゆき》かよひて露《つゆ》も苦《くるし》とする色《いろ》なし、かゝりけるに父《ちゝ》はからずも目《め》をつきてしゐたり、母《はゝ》また血《ち》の道の病《やまひ》有て起《をき》ねも安《やす》からず、父母倶《ちゝはゝとも》に床《とこ》にあり、せん常《つね》に其傍《そのかたハら》に侍《はべ》りて、面《おも》もち和《やハ》らかにして其起《そのおき》ね立居《たちい》を助《たす》け、いたハりあつかふ事至《こといた》らさる所《ところ》なし、外《ほか》に出《いづ》る時《とき》は」父母《ちゝはゝ》乃くふべき物《もの》それ〳〵にはからひ置《をき》、やがてこそ帰《かへ》り候ハめと念比《ねんごろ》に暇《いとま》を乞《こひ》、帰《かへ》れバ其《その》まゝま見へて何《なに》くれと物《もの》いひ慰《なぐさ》む、又道《またみち》のゆく手《て》に落枝《おちえ》を拾《ひろ》ひ、柴《しば》を折《をり》てたくハへ置《をき》、寒《さむ》き夕《ゆうべ》ハ是《これ》を火《ひ》にたきて父母《ちゝはゝ》をあたゝむ、人《ひと》にやとハれつかへて外《ほか》にある日も、只父母《たゞふぼ》を思《をも》ひしたふ事《こと》のふかきが、おのづから色《いろ》にもあらハれ詞《ことば》にも出《いで》けれバ、人皆感《ひとミなかん》じあへりとぞ、或《あるひ》ハかミなる音《をと》いさゝかも聞《きこ》ふれバ、いそぎ家《いへ》に帰《かへ》りて父母《ちゝはゝ》を守《まも》りてそ居《い》ける、事公《ことおほやけ》にきこえ、享保七年の四月親《をや》にも子《こ》にも衣一宛《きぬひとへづゝ》と、米壱俵を賜《たまハ》り、又《また》」其《その》八月に至《いた》りて米三俵を賜《たまハ》り、猶其冬《なをそのふゆ》より米七俵宛《づゝ》を賜《たま》ハると乃命《めい》くだりぬ、同十一年に父身《ちゝミ》まかりぬ、年《とし》七十四、同十六年に母失《はゝうせ》ぬ、年《とし》七十七、せんは身終《ミをハ》る迄人《までひと》にもゆかず、父母《ちゝはゝ》乃墓《はか》に詣《もふで》、香花《こうはな》を手向《たむく》るを事《こと》としけるとぞ

（七）　東海東村《ひがしかいどうむら》　せき

益城郡《ましきこほり》河江《がうのえ》乃郷《がう》東海東村《ひがしかいどうむら》に孝女《かうちよ》あり、名《な》をせきといふ、父久《ちゝひさ》しく病《やまふ》にふして足《あし》たゝず、母《はゝ》ハはやうより目《め》しゐたり、其上男子《そのうへなんし》はなく娘《むすめ》のミふたりなりけれバ、其侘《そのワび》しき事《こと》いふもおろかなり、父生《ちゝうま》れつき極《きハめ》」てかだましく、

図四

わづかにも心《こゝろ》に叶《かな》ハざる事《こと》あれバいかりのゝしりけり、されとせきハ常《つね》に面《をも》もちうらゝかにして打《うち》むかひ、もしいかりにあへバ深《ふか》く其罪《そのつミ》をうけてさかハず、事《つか》へて怠《おこた》らず、よろづ其心《そのこゝろ》にしたがへり、姉《あね》ハ人《ひと》に仕《つか》へて、其身《そのミ》の代《しろ》を送《をく》りて父母《ふぼ》乃養《やしな》ひを助《たす》く、せきハ家《いへ》にありて自田《ミづからた》をたがへし畑《はたけ》をうち、或《あるひ》は夜《よ》をこめて柴《しバ》を山《やま》にとり、萱《かや》を野《の》に苅《かり》て、小川《おがハ》と言所《いふところ》乃市《まち》にうりて、其価《そのあたひ》を得《え》て父母《ちゝはゝ》を養《やしな》ひけり、市人皆彼《いちひとミなかれ》が孝《かう》ふかきに感《かん》じて、其来《そのきた》るを待《まち》て価《あたひ》を増《まし》てぞ買《かひ》ける、彼其得《かれそのえ》たる銭《ぜに》の内《うち》をいさゝかづゝ」（図四）分《わか》ちて人《ひと》に預《あづ》け置《をき》、たくハへあつめて後《のち》、衣《きぬ》を買《かひ》て父母《ふぼ》にあたふる事《こと》しバ〳〵なり、市人《いちひと》其名《そのな》を唱《とな》へずして皆孝行殿《ミなかうかうどの》とぞ呼《よび》ける、彼市《まち》に出《いづ》る毎《ご□》に必《かならず》くだも乃を買《かひ》て帰《かへ》りて父母《ちゝはゝ》に供《そな》ふ、又或《またあるひ》ハ酒《さけ》を求《もと》めて父にすゝむ、或日《あるひ》いかゞしけん、例《れい》の菓《くだもの》を携《たづさ》へずして遅《をそ》く帰《かへ》りけれバ、父悦《ちゝよろこ》びず、せき深《ふか》く悔恐《くいをそ》れたるさまにてありけるが、やがて小川《をがハ》乃市《まち》にいたりて飴《あめ》を買《かひ》て帰《かへ》りて父《ちゝ》にあたへけるとぞ、小川《をがハ》ハ其所《そのところ》より一里《り》バかりもありける、しかるを女《をんな》乃身《ミ》にて日暮《ひくれ》て帰《かへ》りて直《たゞち》に再《ふたゝ》び行《ゆき》ぬるハ、是《これ》いかなる孝心《かうしん》ぞ」や、時《とき》に寛保二年乃文月《ふミつき》一人扶持《ふち》をかづけて其孝《そのかう》を賞《しやう》し給《たま》へり、其明《そのあけ》の年父《としちゝ》身まかりぬ、因《よつ》てせき其賜《そのたまもの》を辞《じ》す、是其心《これそのこゝろ》、父既《ちゝすで》に死《し》して母独《はゝひとり》にしあれバ、自《ミづから》養《やしな》ふに安《やす》かりなん、しかるに御賜をうけおらんハ恐《をそ》れ多《をゝ》かる事《こと》なりとおもひけるとぞ、されど其米《そのよね》ハせきに賜《たまハ》りし物《もの》なれバ、其身存命《そのミながらへ》おらん程《ほど》は受奉《うけたてまつ》るべきよしかさねて命《めい》せらる、其後《そのゝち》ハ心《こゝろ》よく母《はゝ》を養《やしな》ひていよ〳〵孝行《かう〳〵》をはげましけるとなん

（八）　横嶋村《よこじまむら》　つや」

孝婦《かうふ》名《な》をつやと呼《よ》べり、玉名郡小田《たまなこほりをた》乃郷横嶋村《かうよこしまむら》乃孫七といふ民《たミ》の妻《つま》なり、孫七久《ひさ》しく病《やまふ》にふして生業《すぎわひ》つとむべ

きやうもあらで、家《いへ》日〲に貧《まづ》しくなれり、母《はゝ》あり、年《とし》いたく更《ふけ》たり、つや身にハ常に全《また》き衣《きぬ》だになくて、寒《さむ》き嵐《あらし》乃はげしき日《ひ》も、海辺《うみべ》に出《いで》て貝《かい》を拾《ひろ》ひて、人《ひ》にうりて其価《そのあたい》を求《もと》め、あるひは人《ひと》に雇《やと》ハれて其賃《そのちん》を得、夜昼《よるひる》安《やす》き心《こゝろ》なく勤《つと》め動《うご》きて少《すこ》しも苦《く》とする色《いろ》なく、只身《ただミ》を盡《つく》して姑《しうとめ》と夫《をつと》とを養《やしな》ひける、そのふたりに進《すゝ》むは常《つね》に精《□ハし》く、己《をの》が用《もち》ゆるハ至《いた》り」てあらし、享保十七年乃夏《なつ》の初《はじめ》つかた孫七病重《やまふをも》りて身《ミ》まかりぬ、つやが兄弟彼《きやうだいかれ》が年《とし》月夫《つきおつと》乃病《やまひ》を労《いたハ》り姑《しうとめ》を養《やしな》ふて身《ミ》を苦《くるし》めける事《こと》をあハれミて、汝今夫《なんじいまをつと》死して子《こ》なし、又今《またいま》四十にも至《いた》らざれば、再《ふたゝ》び人《ひと》にまミゆまじき年《とし》にもあらず、はやく家《いへ》に帰《かへ》りてともかふもはかるべしといへバ、つやきゝて泣《ない》て答《こたへ》ていはく、夫《をつと》乃在《あり》し時《とき》だに其苦《そのくる》しミに堪《たえ》て姑《しうとめ》を養《やしな》へり、今姑年老給《いましうとめとしをひたま》ひて、ことに子《こ》を失《うし》ひよるかたおハしまさず、かくたのミすくなくなり給《たま》ひし姑《しうとめ》をすてゝ家《いへ》に帰《かへ》りて、我身《わがミ》乃為《ため》をはからん」事《こと》ハ本意《ほんゐ》にもあらさるべし、姑《しうとめ》かくておハしまさん程《ほど》ハ、いか成艱難辛苦《なるかんなんしんく》に堪《たえ》ても養《やしな》ふべし、只我志《たゞワがこゝろざし》を遂《とげ》しめ給《たま》ハるべしと、ひたすらに侘《わび》あへりけり、兄弟猶《きやうだいなを》さま〲にいひすかしけれど、更《さら》にうけ引気色《ひくけしき》もなし、かくてつやは夫《をつと》乃生《いけ》る時《とき》よりも弥《いよ〱》あつく姑《しうとめ》をいとふしミ、萬《よろづ》の事其心《ことそのこゝろ》のごとくならずと言事《いふこと》なし、姑《しうとめ》も又婦《またよめ》をいつくしむ事《こと》ことに深《ふか》し、姑《しうとめ》むすめ乃高瀬《たかせ》と云所《いふところ》に嫁《よめり》して居《を》りければ、これより先《さき》にハ折《をり》〲行《ゆき》て、一夜《や》も二夜《や》も宿《とまり》けれ共《ども》、孫七死《し》しぬる後《のち》ハ一夜《や》も宿《とま》らず、婦《よめ》も姑《しうとめ》が一夜《ひとよ》も」家《いへ》にいまさぬことをいたう□《虫損》（う）れハしく思へり、姑《しうとめ》かしこに行《ゆき》てたま〱宿《とま》ることあれハ、婦夜《よめよ》の明《あく》るを待詫《まちわび》て行《ゆき》てむかふ、姑《しうとめ》も又婦《またよめ》が来《きた》るを遅《をそ》しと倶《とも》に打連《うちつれ》て帰《かへ》る、慈愛《じあい》かたミにふかき事大《ことたい》やうかく乃ごとくなり、孫七死《し》しぬる後《のち》ハ家《いへ》をも地《ち》をも皆人《ミなひと》に売《うり》て居《を》るべき所《ところ》もなくて、人《ひと》乃家《いへ》のかたはしをかりて、姑《しうとめ》を居《を》らしめ、日《ひ》ごとに聊《いさゝか》ばかりのくた物《もの》など持《もち》て、かなたこなたの里《さと》〲に行《ゆき》めぐり、人《ひと》乃憐《あハれ》ミを受《うけ》て姑《しうとめ》を養《やしな》ひけるに、其出《そのいづ》るごとに必姑《かならずしうとめ》がことを近《ちか》き辺《ほとり》乃人《ひと》に頼《たの》ミ置、扨行《さてゆき》ぬるさき〳〵にても、しバらくも足《あし》」（図五）をとゞめずして急《いそ》きて帰《かへ》る、つや家《いへ》にだにある程《ほど》は、昔今《むかしいま》乃事《こと》ども何《なに》くれとかたり笑《ワら》ひて、姑《しうとめ》か心《こゝろ》を慰《なぐさ》めければ、外《ほか》より聞《きゝ》てハ人乃多《おほ》くつどひあつまりて、酒《さけ》など呑《のミ》居るやうに、初《はじめ》のほどは人《ひと》も皆《ミな》あやしミ思《をも》ひけるとぞ、又聊《またいさゝか》なる食物《しよくもつ》にても人《ひと》の与《あた》へぬれバ、必先姑《かならずまづしうとめ》にすゝめて、余《あま》りあらざれバ己《をのれ》はくハず、一とせ西国《さいこく》すべて実《ミ》のらずして饑饉《ききん》す、九州《きうしう》ことに甚《はなハだ》し、或《あるひ》ハ途《ミち》に餓《うへ》たる民《たミ》あり、然《しか》るにつや女《をんな》乃身《ミ》にして老《おい》たる姑《しうとめ》を養《やしな》ふて、倶《とも》に死《し》をまぬかれぬる其苦《そのくる》しさおもひはかるべし、是《これ》また」彼《かれ》が孝徳《かうどく》を天地神明《てんちしんめい》乃冥助《めうじよ》し給《たま》ふにあらずハ、いかでともにいくることを得《え》んや、或《ある》ときつや例《れい》乃物《もの》を持《もつ》て小天《おあま》と言所《いふところ》に行《ゆき》けるに、田尻《たじり》某が家《いへ》に至《いた》りぬ、其家《そのいへ》の母是横嶋《はゝこれよこしま》の孝婦《かうふ》なることを知《し》りていと懇《ねんごろ》にもてなし、物《もの》など多《おほ》くあたへけり、其後《そのゝち》つや其《その》あたりに行《ゆき》けれども、其家《そのいへ》にハ至《いた》らざりけるとなん、時《とき》に同《をなじ》き二十年の十二月それの日公《おほやけ》の命に曰《いはく》、つや夫死《おつとし》して志《こゝろざし》を守《まも》りてあらためず、姑《しうとめ》に事《つか》へて孝《かう》を盡《つく》しぬる事《こと》を賞《しやう》して、壱人扶持《ふち》を下《くだ》し賜《たま》ふとなり、つやおもらへらく、かゝる」公《おほやけ》乃御恵《おんめぐミ》を蒙《かうふ》り奉《たてまつ》りて、聊《いさゝか》なる物《もの》をもて人《ひと》の憐《あハれ》ミを受《うく》ることハ有《ある》まじき事《こと》なるべしと、夫《それ》より後《のち》ハ其事《そのこと》をやめて再《ふたゝ》びせざりけるとなん、姑病《しうとめやまふ》に寝《いね》て危《あやう》し、つや深《ふか》くうれへて心《こゝろ》を盡《つく》して薬《くすり》を用《もち》ひけれどもしるしなく、元文五年乃夏終空《なつついにむな》しくなりぬ、年七十八、彼歎《かれなげ》き悲《かなし》めることいはんかたなく、しバしが程《ほど》ハ息《いき》も絶《たゆ》るばかりなりけり、見る人泪《ひとなミた》をもよふさゞるはなし、扨《さて》しもあるべき事《こと》ならねバ、近《ちか》き辺《ほと》りに葬《ほうむ》り、懇《ねんごろ》に跡《あと》を吊《とふら》ひ、墓《はか》に石《いし》のしるしを建《たて》ぬ、かくてつや賞賜《しやうし》乃米を辞《じ》しけれ」ども、是《これ》も又其《またその》まゝ賜《たま》ハると云

図五

（九）西郷村《にしさとむら》　つや

阿蘇郡小国郷西郷村《そのこほりをぐにのがうにしさとむら》乃孝婦《かうふ》をつやといへり、瞽者了三《こしやりやうさん》が娘《むすめ》なり、父《ちゝ》ハはやく死《し》して母《はゝ》と居《お》れり、孝心《かうしん》ことに深《ふか》し、かくて世《よ》わたるよすがなけれバ、同《をな》じ瞽者《こしや》《めくら》某といへる者《もの》を養《やしな》ひて壻《むこ》とし、名《な》を又了三《またりやうさん》と改《あらた》め、父《ちゝ》が業《ワざ》を継《つが》せけり、母《はゝ》ハ生《むま》れつき腹《はら》あしゝ、其上目《そのうへめ》しゐたりけれバ、怒《いか》り腹《はら》たつこと弥多《いよ〳〵おほ》し、されとつやハ面《をも》もちやハらかにして、打悦《うちよろこ》びて事《つか》へけり、つや近《ちか》きワたりに行《ゆく》にも、母《はゝ》にとひ伺《うかゞ》ひて其《その》」心《こゝろ》にまかす、或《あるひ》ハ人《ひと》より物《もの》を得《え》る事《こと》あれバ、すな□□虫損（はち）必母《かならずはゝ》にそなへて、人《ひと》乃母《はゝ》に与《あた》へしやうにいひきかせて其心《そのこゝろ》を悦《よろこ》バせける、万《よろつ》にかくなんありけれバ、後《のち》ハ母《はゝ》が心《こゝろ》もおのづからのどやかになりて、腹《はら》たつ事《こと》も少《すくな》かりしとぞ、其家至《そのいへいた》りて貧《まづ》しけれど、つやとかく営《いとな》ミ出《いで》て、其乏《そのとぼしき》を母《はゝ》にしらしめず、母寺《はゝてら》に詣《もふず》る時《とき》ハ、つや必《かならず》したがひ行《ゆき》て手《て》を引《ひ》く、道《ミち》のぬれてあしき所《ところ》ハ、足駄《あした》携《たづさ》へ行《ゆき》て是《これ》をはかす、あつき日ハ其身《そのミ》をあふぎ、或ハ涼《すゞ》しげなる木陰《こかげ》を撰《ゑら》びていこはせ、道《ミち》すがらも何《なに》くれと物《もの》いひかたりて其心《そのこゝろ》を慰《なぐさ》む、」冬《ふゆ》乃いたう寒《さむ》き時《とき》ハ必負《かならずおふ》て、お乃が衣《きぬ》のすそをかへして母《はゝ》の足《あし》をつゝめり、其心《そのこゝろ》を用《もち》ゆる大やう此類《このたぐひ》なるべし、時《とき》に延享五年の文月《ふミつき》の末《すへ》の五日、其孝《そのかう》を賞《しやう》し給《たま》ひて年《とし》ごとに一石八斗宛《づゝ》の米を下《くだ》し賜《たま》ふ、かくて母《はゝ》ハ長月《ながづき》の中《なか》乃九日に身《ミ》まかりぬ、つや思《をも》へり、かゝる御恵《をんめぐミ》を蒙《かうむ》り奉《たてまつ》りて、母《はゝ》いくほどなくて身《ミ》まかりぬ、しかるに其御賜《そのをんたまもの》を己独《おのれひとり》うけをらん事ハ、いと恐《をそ》れ多《おほ》き事《こと》なりと辞《じ》しけれども、是《これ》も又其《またその》まゝ受《うけ》しめ給《たま》へりけれバ、先其米《まづそのよね》をもて京より仏《ほとけ》乃御影《ミゑい》を請《しやう》じ」下して家《いへ》に安置《あんち》し、朝夕香花《てうせきかう》を供《そな》へて父母《ふぼ》乃冥福《めうふく》を祈《いの》り、跡《あと》の吊《とふ》ひどもいよ〳〵心《こゝろ》を盡《つく》しけるとなん、年経《としへ》て西村《にしむら》作左衛門と言人此郡《ひとこのこほり》乃事《こと》を司《つかさど》りて、其所《そのところ》を見めぐりける時《とき》、つやをよび出《いだ》して対面《たいめん》し、彼《かれ》が孝行《かう〱》乃事《こと》ども、くりかへして称嘆《せうたん》し、かゝる善良《ぜんりやう》なる人《ひと》ある所《ところ》を司《つかさど》る命《めい》を蒙《かうふ》るは、我身《ワがミ》に於《おい》て深《ふか》きよろこびなり、其身《そのミ》乃悦《よろこ》びを述《のぶ》るしるしなりとて、物《もの》を多《おほ》く与《あた》へて帰しけると云

（十）　川崎村《かハさきむら》　孫次郎　」

孫次郎ハ玉名郡坂下《たまなごほりさかした》乃郷川崎村《がうかハさきむら》乃民《たミ》なり、初《はじ》め立石《たていし》某の家士《かし》渡辺《わたなべ》某に仕《つか》へ居《い》ける時《とき》、立石《たていし》某古主《こしう》乃障《さハり》ありて、中比《なかごろ》しばらく禄《ろく》をはなされて国《くに》を去《さり》、大坂に趣《をもむ》きければ、家士《かし》某ハ山鹿《やまが》と言所《ところ》に引籠《ひきこも》り、医《い》を生理《すぎハひ》とぞしける、夫《それ》より孫次郎ハ己《をの》がさと乃新右衛門と言民《たミ》に身《ミ》をゆだねつかへけり、其間折〱《そのあいだをり》物《もの》を贈《をく》りて渡辺《ワたなべ》某を助《たす》ける事《こと》もありしとなん、新右衛門一とせ多《をゝ》くの年貢《ミつぎ》をかぎて苦《くるし》めり、孫次郎坐《ゐ》ながら見るにしのびず、則出《すなハちいで》て立石《たていし》某に仕《つか》へ七年《ねん》の身《ミ》乃代《しろ》をもて其債《そのおひめ》を償《つくの》ひけり、其子《そのこ》新助が時に」至《いた》りて又年貢《またミつぎ》をかき、子《こ》の八郎兵衛と言も乃□虫損（を）人に仕《つか》へしめ、物《もの》をかりて其責《そのせめ》をふさぎぬ、此時《このとき》も又《また》孫次郎立石《たていし》某に仕《つか》へ、其身《そのミ》の代《しろ》をもて償《つくの》ふこと前《まへ》のごとし、とかくしけるに新助生理《すぎわひ》もやゝゆたけく成《なり》ければ、孫次郎に妻求《つまもとめ》しむ、孫次郎辞《ことハり》していはく、妻《つま》を具《ぐ》しなバ此家《このいへ》を思《をも》ふ心《こゝろ》の疎《うと》くならんもはかりがたし、其上《そのうへ》八郎兵衛いまだ妻《さい》なければバと、すゝめて娶《めと》らしむ、新助死《し》して八郎兵衛年猶若《としなをわか》し、よりて又産《またすぎわひ》をやぶりて八郎兵衛兄弟倶《きやうだいとも》に出《いで》て人乃奴《やつこ》となり、其妻子《そのさいし》ハ皆《ミな》孫次郎にゆだねけり、」其時《そのとき》に至《いた》りてハ、孫次郎も年老力衰《としをひちからおとろ》へて、身耘《ミくさぎ》り耕《たがへす》に堪《たえ》ざりければ、或《あるひ》ハ馬草《まぐさ》を苅《かり》て人に売《うり》、或《あるひ》ハ市《まち》に物《もの》をひさぎ、又《また》ハ人《ひと》に雇《やと》ハれて其賃《そのちん》を得《え》、様々《さま〱》に身《ミ》を尽《つく》してか乃妻子《さいし》を養《やしな》ひける、立石《たていし》某いハく、親《おや》に事《つか》へ

て孝《かう》なる子《こ》ハ猶《なを》あるべし、四代《よだい》乃主人《しゆじん》に仕《つかへ》てかく忠《ちう》なる臣《しん》は尤《もつとも》類《たぐひ》少《すくな》かるべしと、銭そこばくを与《あた》へて賞《しやう》せり、里人《さとびと》又《また》具《つぶさ》に申出《いづ》れバ　君聞《きこ》し召《めし》てふかく賞《しやう》し給《たま》ひて、毎年《まいねん》三石五斗宛《つゝ》乃米を賜《たま》ハり、又《また》八郎兵衛兄弟《きやうだい》二人が身《ミ》乃代《しろ》をも下《くだ》し賜《たま》ひぬ、時《とき》に貞享二年なり、かくて八郎兵衛ハ身《ミ》を」贖《あがな》ひて家《いへ》に帰《かへ》りぬるが、いく程《ほど》なく身《ミ》まかりに□□《虫損》（けり）、孫次郎猶其妻子《なをそのさいし》を養《やしな》ふて少《すこし》もたゆまず、弥《いよ〱》心□《虫損》（を）盡《つく》せりと云、元禄十二年に死《し》す、年《とし》七十余《よ》

（十二）　荒仕子《あらしこ》　久助

久助ハもと松尾《まつを》半兵衛と言人《ひと》乃下部《しもべ》なり、半兵衛為《ため》に謀《はか》りて久助を官《くハん》の奴《やつこ》となしぬ、かくて後《のち》寛文の初《はじめ》つかたいかなる故《ゆへ》かありけん、半兵衛官禄《くハんろく》をはなされて夫婦《ふうふ》よるかたなし、久助己《をの》が方《かた》に迎《むか》ひ来《きた》らしめて、力《ちから》を極《きハ》めて養《やしな》ふ、十二年に半兵衛死《し》す、其妻年老《そのつまとしをひ》て後病《のちやまふ》に寝《いね》て手足叶《てあしかな》ひがたし、久助家《いへ》に」（図六）ある時《とき》はミづから心《こゝろ》を用《もち》ひて労ハる、出《いづ》る時《とき》ハ妻をして慎《つゝし》ミ事《つか》へしむ、二とせばかりありて久助□□《虫損》（が妻）も亦病《またやミ》て手足叶《てあしかな》ハず成《なり》けり、久助すべきやうなく其子《そのこ》乃人《ひと》につかへて居《い》けるをよびかへして、労《いたハ》らしむ、其心《そのこゝろ》を盡《つく》す事断《ことこゝ》に至《いた》りて二十年あまり、少《すこし》も初《はじめ》に異《こと》なる事《こと》なし、貞享二年十二月　君是《これ》を聞《きゝ》給《たま》ひてふかく感《かん》じ給《たま》ひ、年《とし》ごとに米十俵宛《づゝ》をかづけ給《たま》へり、其《その》のちそれ乃年月《としつき》半兵衛が妻死《つまし》す、年《とし》八十余《よ》、久助もいく程《ほど》なく空《むな》しくなりぬと云」

図六

（十二）　阿蔵野村《あざうのむら》　やす

久住《ちう》の郷阿蔵野村《がうあざうのむら》に忠女《ちうぢよ》あり、名《な》をやすと呼《よび》けり、其所《そのところ》乃佐藤《さとう》某が家《いへ》のつかひ女《をんな》なり、そこなる母《はゝ》三十あまりの比《ころ》より病《やまふ》に臥《ふし》て、手足叶《てあしかな》ハざること三十年《ねん》バかりなり、やす其家《そのいへ》にきたりてつかへぬる比《ころ》、年《とし》十五六にても有けん、其母《そのはゝ》の病《やまふ》を労《いた》ハりあつかふ事至《こといた》りて厚《あつ》し、彼仕《かれつか》へ乃暇《いとま》をはかりて其傍《そのかたはら》に来《きた》りてたばこを進《すゝ》め茶《ちや》を与《あた》ふ、又其起寝立居《またそのをきねたちい》を助け、厠《かハや》に行《ゆく》にもいだきかゝへ、汚《けが》らひたる物《もの》は□□《虫損》(人の)しらぬやうに□□《虫損》(よる)〳〵□□《虫損》(洗ひて)清《きよ》□《虫損》(く)す、□□□《虫損》(また夜は)」側《そバ》に寝居《いねい》て、何《な□》くれと□《む》(昔)今乃物語□□□□《虫損》(ども打して)其病苦《そのびやうく》を慰《なぐさ》めけり、かくする事《こと》十年あまり□《虫損》(に)及《をよ》べり、されど己《をの》が努《つと》むべき事《こと》ハ一日もかく事《こと》なし、事聞《ことききか》ふ　君ふかく感《かん》ぜられ、元禄三年の七月廿七日主人《しゆじん》乃母《はゝ》によく事《つか》へて年月怠《としつきをこた》らざる事《こと》を賞《しやう》し給《たま》ひて、年毎《としごと》に五俵宛《づゝ》乃米を下《くだ》し賜《たま》ふ、やすハ其賜《そのたま》ふ米を受《うけ》て必《かならす》しも己《をの》が用《よう》とせず、主人《しゆじん》乃事《こと》に備《そな》ふる事《ことを、》多かりしとぞ、彼終《かれつい》に人《ひと》にも行《ゆか》ずして主人《しゆじん》乃家《いへ》にありけるか、享保十五年に死《し》せり、年六十七」

（十三）　波野村《なミのむら》　権三郎

権三郎は久住郷波野村徳之丞《くぢうがうなミのむらとくぜう》と言民《たミ》の下部《しもべ》なり、其人《そのひと》となり和順《わじゆん》にして人《ひと》と争《あらそ》ハず、心正《こころたゞ》しくして邪《よこしま》なる事《こと》を好《この》まず、主人《しゆじん》を敬《うやま》ふ事至《こといた》りて厚《あつ》し、徳《とく》之丞《ぜう》が居《い》る所《ところ》の上《うへ》をかりそめにも通《とふ》らず、常《つね》に農《のう》の事《こと》をつとめて身《ミ》乃いたハりをかへり見る事なし、里人皆《さとびとミな》おのが類にあらずと称《せう》し□《虫損》(あ)へりとぞ、かくて徳之丞久《ひさ》しく病《やまふ》に臥《ふし》て生業《すぎハひ》

図七

つとむべきやうもあらで、其妻子飢寒《そのさいしうへこゞへ》んとす、□□《虫損》(権三郎カ)いよ〳〵精力《せいりよく》を□《虫損》(は)げまし□《虫損》(耕候カ)て耘《くさぎ》り夜昼□□《虫損》(つとめ)」(図七)動《うご》ひて是《これ》を養《やしな》ひ、又深《またふか》く徳之丞が病《やまふ》を労《いたハ》る、やすと同し日其忠《そのちう》を賞《しやう》し給《たま》ひて彼《かれ》が作《つく》り来《きた》る所《ところ》乃田畑《たはた》七石九斗の年貢《ミつぎ》を、権三郎が身《ミ》を終《をハ》るまでに免《ゆる》し給《たま》へり、徳之丞死《し》して後《のち》権三郎彼妻子《かのさいし》に心《こゝろ》を用《もち》ゆる事益《ことます》〳〵あつし、かれ又《また》徳之丞が常《つね》に居《い》ける所《ところ》を、朝《あした》ごとに拝《をが》ミ居《い》けるとなん、宝永五年に死《し》す、年六十余《よ》、妻《つま》もなく子《こ》もなし

（十四）　大利村《おほりむら》　九蔵

九蔵ハ同し郷大利《がうおほり》村乃貧民《ひんミん》弥市が子なり、□□《虫損》(弥市)一とせ年貢《ミつぎ》をかきて其責《そのせめ》に□《虫損》(た)えず九蔵□□□□□《虫損》(が七つに成けるを)」山鹿村《やまがむら》乃民《たミ》孫右衛門と□《虫損》(言)者に仕《つか》へ□□《虫損》(しめ)、□□《虫損》(銭を借)て其負《そのおひ》めをつくのひけり、九蔵性至《うまれつきいた》りて忠□《虫損》(まめまめ)(し)く才《さい》ことにかしこし、常《つね》に孫右衛門につかへて心《こゝろ》を盡《つく》し身《ミ》をくだきけれバ、孫右衛門も又《また》ふかく好《よ》□《虫損》(み)して憐《あハれミ》を加《くハ》へぬ、彼年長《かれとしてう》ずるにしたがひ、仕への暇更《いとまさら》に力《ちから》を用《もち》ひて、畔《くろ》をほり野《の》をひらきて田畑《でんばた》となし、或《あるひ》ハ聊《いさゝか》づゝ乃物《もの》を集《あつ》め貯《たくわ》へ、終《つい》に身《ミ》を贖《あがな》ひて自家《ミづからいへ》を作《つく》り孫右衛門が宅《いへ》の傍《かたハら》に住《すミ》けり、それより弥心《いよ〳〵こゝろ》を用《もち》ひ、色々《いろ〳〵》にはかりて財《たから》をふやし、田畑《でんはた》を求《もと》めかひ、又牛馬《またぎゆうば》をもあまた持《もち》ぬ、されど身《ミ》を終《をハる》」まで妻《つま》を具《ぐ》せず、其心《そのこゝろ》ひとへに孫右衛門が家《いへ》を助《□□》けて、其恩《そのおん》を報《むく》ゆるにありけり、孫右衛門死《し》して其子《そのこ》武右衛門家《いへ》を受《うけ》つぐ、才《さい》つたなくして其任《そのにん》に堪《たへ》ず、年毎《としごと》に貢《ミつぎ》をかきて田畑《でんばた》をもうり失《うしな》ひ、又牛馬《またうしむま》をも人《ひと》にあハせとられて、既《すで》に生産《すぎハひ》を破《やぶ》らんとす、九蔵或《あるひ》ハ己《をの》が米《こめ》を出《いた》して其債《そのおひめ》の貢《ミつぎ》を償《つくの》ひ、又《また》ハ銭《ぜに》をかして田畑《で□ばた》を求《もと》め、牛馬《ぎうバ》を買《かひ》

て与《あた》へて、其生業《そのすぎわひ》を立《たて》しむる事《こと》しバ〱なり、されと終《つい》に其償《そのつくのひ》をとハず、武右衛門三人乃娘《むすめ》ありて男《をのこ》な□《虫損》（し）、九蔵自謀《ミづからハか》りて、其《その》二人□《虫損》（は）（牛《ぎう》）馬《ば》をもあ□□□□《虫損》（たへて人に嫁）」せしめ、猶《なを》たらざる所《ところ》□□（あれ）ハ、是《これ》を□□□□《虫損》（助く、又某）の□《虫損》（里）乃弥五右衛門と言者《もの》を壻《むこ》にとりて、季《すへ》の子《こ》にあ□□《虫損》（はせ）て家《いへ》をうけしめ、武右衛門は身《ミ》を安《やす》くのミあらしめて、家内《かない》の事《こと》ハ皆《ミな》弥五右衛門にそ司《つかさど》らせける、かくて九蔵弥五右衛門を助《たす》けて、専農業《もつハらのうげふ》をはげまし、家《いへ》の事《こと》に力《ちから》を用《もち》ひしめけり、公役《くやく》乃事馬《ことむま》のはミ《(食)》をかふ事までも、九蔵心《こゝろ》をそへ、又其家《またそのいへ》にある男女《なんによ》にもあハれミを加《くハ》へ、其《その》ほど〱にしたがひて物《もの》など与《あた》ふる事《こと》ありけれバ、皆心《ミなこゝろ》をかたふけて農事《のうじ》をつとめぬ、されば年月《としつき》を経《ふ》るにしたがひて、既《すで》に衰《おとろ》へぬる家再《いへふたゝ》び興《をこ》り、離《はな》れ散《ちり》たる田畑《でんばた》もあつまり、牛馬《うしむま》をもまた多《□□》く家《いへ》につなぎて上農夫《じやうのうふ》となれりけり、是皆《これミな》九蔵が力《ちから》なり、因《よつ》て弥五右衛門も常《つね》に九蔵を親《おや》のやうになん尊《たうと》ミ事《つか》へけるとぞ、寛延三年七月廿三日九蔵死《し》す、年《とし》七十二、彼《かれ》もとより妻子《さいし》なく、又親類《またゆかり》なし、されバ其葬の事跡《ことあと》乃吊《とふら》ひ、ミな弥五右衛門是《これ》を司《つかさど》り、其外《そのほか》乃兄弟《きやうだい》などよりつどひ、力《ちから》をきハめて営《いとな》ミ助《たす》けけり、扨《さて》九蔵が家に貯《たくハ》へし田畑牛馬《でんばたぎうバ》やうの物《もの》も、皆《ミな》弥五右衛門がはからひと成《なり》□《虫損》（け）るとなん、西村《にしむら》某此郡《このこほり》乃事司《ことつかさ》どりける時《とき》、赤馬《あかば》□□《虫損》（場の）権□□《虫損》（三郎）」（図八）が孝《かう》伝中巻にあり此《この》九蔵が忠《ちう》を聞《きゝ》て深《ふか》く感《かん》じ、野田《のだ》某と謀《はか》り追賞《ついしやう》の事《こと》を官府《くハんふ》に請《こ》ふ、其略《そのりやく》に曰《いハく》、九蔵は其身《そのミ》既《すで》に死《し》して三年に及《をよ》べり、されバ今官府《いまくハんふ》より物《もの》を下《くだ》して其墓《そのはか》に石碑《せきひ》を立《たて》、忠節《ちうせつ》の名《な》を永《なが》く世《よ》に伝《つた》へ給《たま》ハヾ、独其善《ひとりそのぜん》をあらハすのミにあらず、是《これ》を見きく人相悦《あいよろこん》でいはん、既《すで》に死《し》しぬる人《ひと》乃善《ぜん》を賞《しやう》し給《たま》ふ事《こと》すら斯《かく》のごとし、まして今生《いまいけ》る人《ひと》乃善行《ぜんかう》をやと、上《かミ》の善《ぜん》を好んじ給《たま》ふことを信《しん》じて、下《しも》の風俗《ならハし》もいつとなく善《ぜん》に移《うつ》るべし□《虫損》（と）懇《ねんごろ》にこひ求《もと》めけれバ、官府是《くハんふこれ》を可《よし》として銭□□《虫損》

図八

（そこばく）を下《くだ》し」給《たま》へり、宝暦三年正月初の四日の事なり、□〔虫損〕（弥）五右衛門其賜《そのたまもの》を受《うけ》て則石碑《すなはちせきひ》を建《た》つ、碑《ひ》乃銘《めい》□〔虫損〕（儒）官潜渓先生作《くハんせんけいせんせいつく》れり、左《さ》乃如《ごと》し

阿蘓郡大利村九蔵之墓

九蔵ハ者山鹿村孫右衛門カ駈口也、既ニ喪メ孫右衛門ヲ而属ス武右衛門、孫右衛門カ子執ルコト勤メヲ益固シ、暇ノ時別ニ為シ調度ヲ、耕発シ草土ヲ、遂ニ以贖ヒテ身ヲ、廬シ干舎外ニ、」尚ヲ存シテ羨余ヲ、而不娶ラ妻ヲ、武右衛門有レハ失フ業ヲ者、必仮貸シテ不討ハ償ヒヲ、有女及笄スルニ者、皆為ニ擇レテ壻嫁ス之ヲ、身念惟報ユル恩ヲ已、既ニ没スル之三年ニシテ、而郷人猶称ス忠ヲ、時ニ西村信古野田幸近始メテ領シ郷事ヲ、得テ審ニスルコトヲ行実、至ル為スニ感泣ヲ、乃請追賞シ忠魂表旌シテ善行ヲ以樹ヲ風声於無極、有司依准シテ賞賜シ緡銭ヲ□（俾）ムニ子ヲシテ如クナラ其□□□（言親郷）」私ニ謂、一夫之有可キコト欲者、人無能聞焉、詩ニ云、民之秉ル彝（ママ）ヲ好ムトハ是懿徳、其レ斯之謂ヒ歟、九蔵原籍大利村ノ人、初父彌市家貧力屈、割テ情ヲ為駈口ト、時ニ年甫メラ七歳、孫右衛門収恤保養ス、蓋恩義ノ所ト存スル云、寛延己巳之秋七月二十三日没ス、得年七十二、維レ彼如シ是、嗚呼是可表ス已草野親郷撰」

宝暦三年癸酉七月二十三日

西村信古
野田幸近　立

（十五）　関町《せきまち》　戸《と》八

玉名郡関《たまなこほりせき》の町《まち》に安藤如石《あんどうじよせき》と言《いへ》る医師《くすし》あり、其下部《そのしもべ》を戸《と》八と呼《よ》べり、幼《いとけな》かりし比《ころ》より其家《そのいへ》に仕《つか》へて心《こゝろ》を盡《つく》せり、宝暦元年乃夏如石病《なつじよせきやミ》て死《し》し□《よごれ》（ぬ）、妻《つま》と十五なるおのこと至《いた》りて幼《いとけな》き娘《むすめ》あり、家《いへ》□□《虫損》（もと）」より貧《まづし》くして又頼《またたの》むかたなし、戸《と》八身《ミ》にハ常《つね》に□□《虫損》（全き）衣《きぬ》だになけれと更《さら》に苦《くる》しとせず、寒《さむ》き朝《あした》あつき日《ひ》木草《きくさ》を山《やま》にとりて市《まち》にうり、又雨《またあめ》に風《かぜ》に人《ひと》に雇《やと》ハれて其賃《そのちん》を求《もと》め、夜昼《よるひる》をわかずこま〳〵に心《こゝろ》をくだきて、か乃三人を養《やしな》ひける、其志《そのこゝろざし》を感《かん》じてひそかに物《もの》をあたへて力《ちから》を助《たすく》る人《ひと》も有《あり》けるとぞ、戸《と》八主人《しゆじん》の家《いへ》かくおちぶれ、飢寒《うへこゞへ》乃憂《うれへ》をまぬがるゝハ、皆己《ミなをの》が力《ちから》によるといへども、聊《いさゝか》それを功《こう》とする心《こゝろ》なく、只是《たゞこれ》をうやまふ事更《ことさら》に初《はじめ》にことならず、出《いで》て外《ほか》にあるといへど、しば〳〵帰《かへ》りて水《ミづ》を汲薪《くミたきゞ》をわりて、主人《しゆじん》乃苦労《くらう》を」たすく、同三年の十二月それ乃日、其忠《そのちう》を賞《しやう》して銭そこばくを与《あた》へ給《たま》ひぬ、如石《じよせき》もと筑後《ちくご》乃国《くに》の人《ひと》なりければ、そのゝち妻子《さいし》も戸《と》八も本土《ほんど》に帰《かへ》りぬと云

（十六）　唐人《とうじん》町　いわ

いわハ沼山津《ぬまやまつ》の郷河原村《かうかはらむら》乃半右衛門と言民《たミ》の娘《むすめ》にて熊本唐人町《くまもととうじん》茶屋《ちやや》徳右衛門と言商家《しやうか》のつかひ女《をんな》なり、徳右衛門年《とし》いまだ四十にも至《いた》らざりけるが、病《やまふ》にふして手足叶《てあしかな》ハず生理《すぎわひ》つとむべきやうもあらで、年月《としつき》を経《ふ》るにしたがひ家日々《いへひゞ》に貧《まづし》くなりて、後《のち》ハ朝夕《あしたゆうべ》の煙《けふり》もたえまがちなりけり、されど□□《虫損》（親し）」きゆかりの助《たすく》る人《ひと》もなし、母のあるハ老《おひ》たり、□□《虫損》（妹は）形至《かたちいた》りて醜《ミにく》く才又《さいまた》ことにつたなし、いわ或《あるひ》ハ人《ひと》に雇《やと》ハれ、或《あるひ》ハ人《ひと》乃衣《きぬ》を縫《ぬい》

図九

て其賃《そのちん》を求《もと》め、又《また》ハ洗粉《あらひこ》といふものを作《つく》りてうり、其価《そのあたひ》を得《え》て日《ひ》ごとに粮《かて》を買《かひ》て彼《かの》三人を養《やしな》ひけるに、其養《そのやしない》たらざる事《こと》あれバ、夜《よ》な〳〵ひそかに出《いで》て人《ひと》に物《もの》をこひけり、人ミな其志《そのこゝろざし》を感《かん》じて其求《そのもと》めに応《おう》じ、又彼《またかれ》かくふべき物《もの》など更《さら》にあたふれバ、己《をのれ》ハくふまねして食《くハ》ず、ひそかに携《たづさ》へ帰《かへ》りて必主《かならずあるじ》と其母《そのはゝ》とに進《すゝ》む、宝暦三年のそれ乃月日銭《ぜに》そこばこを与《あた》へて其忠《そのちう》を賞《しやう》し給《たま》ひ」（図九）ぬ、いわ彼家《かのいへ》にあること二十四年に及《をよ》べり、其間《そのあいだ》□《虫損》（の）艱難辛苦《かんなんしんく》思《をも》ひやるべし、人或《ひとあるひ》ハ疑《うたが》ふ、いわがかくてあるハ、己《をの》が行《ゆく》かたなく、又男女恩愛《またなんによをんあひ》の情《なさけ》にひかれてなるべしと、然《しか》るにかれ里《さと》に兄弟《きやうだい》ありてよるかたなきものにもあらず、又《また》徳右衛門が病《やまふ》にふしぬる後《のち》に来《きた》り仕《つか》へ、其上形《そのうへかたち》いたう品《しな》くだりて男女恩愛《なんによをんあひ》乃ちなミあるにもあらず、只其家《たゞそのいへ》乃飢寒《きかん》を助《たすく》る人《ひと》なきを見て、すてさるに忍《しの》びず、年月《としつき》かくてありけるとなん、人皆是《ひとミなこれ》をしりて弥《いよ〳〵》深《ふか》く感《かん》じあへりと云

（十七）　新町《しんまち》弐丁目　半七　」

半七ハもと飽田郡八嶋村《あきたこほりやしまむら》の民《たミ》吉之丞《ぜう》が子《こ》にて熊本《くまもと》新町弐丁目沢屋《さハ》平三郎と言商家《しやうか》に仕《つか》ふ、平三郎が祖父《おほぢ》を重右衛門と言、書籍《しよじやく》をあきなふて家富《いへとみ》、おとこ女《をんな》もあまたつかひけり、半七も其《その》一人なり、そのかミ油屋何某《あぶらやなにがし》と言者公《ものおほやけ》に罪《つミ》を得《え》けるに、重右衛門も其《その》親類なりけれバ、其事《そのこと》につらなりて数多《あまた》の財《たから》を出《いた》してつくのひけり、夫《それ》より後《のち》も尋常《よのつね》ならぬ禍《わざわい》どもしきりに至《いた》りて、其子《そのこ》平三郎と言《いふ》□《虫損》（者）の時《とき》に及《をよ》びてハ□《いへ》（家）の財悉《こと〴〵》く亡《ほろ》びうせ、男女《なんによ》もミなあらずなりぬ、かくて後《のち》平三郎ハ剃髪《ていはつ》して名」を云為《うんゐ》と改《あらた》め、世《よ》の営《いとなミ》を心にいれず、常《つね》にかくろ□《虫損》（ひ）たる所《ところ》にこもり居つゝ、歌《うた》よミ物《もの》書ことを翫《もてあそ》び、家《いへ》の内《うち》の事《こと》ハ皆《ミな》半七に打《うち》まかせてぞおきける、半

七ハ主人《しゆじん》乃家《いへ》のかく衰《おとろ》へて外《ほか》に助《たすく》る人《ひと》なきを捨《すて》てさるに忍《しの》びず、唯其家《たゞそのいへ》にありて物《もの》をも得《え》ず、妻《つま》をも具《ぐ》せず、年月身《としつきミ》をゆだね力《ちから》を極《きハ》めて其家人《そのけにん》を養《やしな》ふ、或《あるひ》ハ柿《かき》を渋《しぶ》と言物《もの》に作《つく》り、又《また》ハ竹《たけ》乃皮籠《かハご》など張《はり》てうりて生理《すぎわひ》としけれバ、其家《そのいへ》の貧《まずし》き事《こと》ハ思《をも》ひはかるべし、云為《うんゐ》はじめ子《こ》も数多《あまた》ありけれ共皆幼《どもミないとけな》くて死《し》けり、年《とし》七十に近《ちか》くて男子《なんし》をまふけ」平三郎と名《な》づけて深《ふか》く愛《あひ》せり、半七心《こゝろ》を盡《つく》して是《これ》を労《いた》ハりそだて、手《て》を習《なら》ハせ書《しよ》を読《よま》せて、終《つい》に其材《そのさい》を成《な》さしむ、宝暦五年正月廿七日、半七主人《しゆじん》乃家《いへ》三代《だい》に仕《つか》へて忠《ちう》を盡《つく》し、ことに幼《いとけなき》を養ひたてゝ人《ひと》となし、終《つい》に家《いへ》を継《つが》しめぬる□〔虫損〕（事）を賞《しやう》し銭そこばくを賜《たまハ》りけり、同十三年に死《し》す、年《とし》八十六、彼其家《そのいへ》にある事実《ことまこと》に六十八年なり、是《これ》よりさき平三郎は大番頭沢村《おほばんがしらさハむら》某乃家《いへ》に□《つか》（仕）へ、其の子弟《してい》□〔虫損〕（に）句読《くとう》を授《さづ》け、書義《しよぎ》を講《かう》ずる事《こと》を職《しよく》とす、外《ほか》に教《おしへ》を受《うく》る子弟《してい》も又多《またをゝ》し、こゝにいたりて」姓名《せいめい》を木山平之丞《ぜう》と改む、或人《あるひと》平之丞に問《とふ》、半七が忠《ちう》あげて賞《しやう》ずべき事多《ことをゝ》からん、いかん、平之丞答《こたふ》、父母《ふぼ》老《おひ》て倶《とも》に飢寒《きかん》乃憂《うれひ》をまぬかれ、又我《またわれ》かくて今日《こんにち》に至《いた》るものハミな半七か功《いさほし》なり、更に何をあげて称《しやう》せんやと、これをもて其忠《そのちう》乃大《おほい》なる事《こと》をしるべし

（十八）　新町《しんまち》弐丁目　彦助

彦助ハもと河尻新町《かハじりしんまち》乃五郎右衛門と言者《もの》の子也、熊本《くまもと》新町弐丁目米屋《こめや》助市が祖父《ぢゝ》権兵衛といふ者《もの》乃ときに来《きた》り仕《つか》へて、其子《そのこ》権左衛門、孫《まご》助市まで」（図十）三代《さんだい》に及《をよ》べり、助市先祖《せんぞ》ハ□《まへ》（前）の国主《こくしゆ》加藤氏のときより富栄《とミさか》へたる商家《しやうか》なり、太閤秀吉公朝鮮征伐《たいかうひでよしこうてうせんせいはつ》の時《とき》、加藤氏《かとうじ》乃為《ため》に軍《いくさ》の用意《ようゐ》をうけたまハり権兵衛と言称《いふな》も加藤氏《かとうじ》より賜《たま》ハりしとなん、それより後相継《のちあひつぎ》て皆《ミな》権兵衛とぞ呼《よび》ける、寛永九年　当家此国《とうけこのくに》を知《しろ》し召給《めしたま》ひし始《はじめ》、権兵衛を召出《めしいだ》

図十

して先代《せんだい》乃事《こと》ども問《とハ》せ給《たま》ひ、凡町中《をよそまちぢう》の事皆《ことミな》権兵衛一人に司《つかさ》どらしめ給《たま》ひぬ、同十四年嶋原《しまバら》に事《こと》ありし時《とき》も、前《まへ》の吉例《きちれい》に任《まか》せられて軍《いくさ》の用意《ようゐ》をも命《めい》ぜられて権兵衛是《これ》をつとむ、又手舩《またてぶね》三艘《ざう》を出《いだ》して其《その》」事《こと》にしたがひ、嶋原《しまバら》にもしバ〱至《いた》りて拝謁《はいえつ》しければ、御《おん》おぼえも尋常《よのつね》ならず、其家《そのいへ》にも入《いら》せられ又妻子《またさいし》をも召出《めしいだ》し春慶《しゆんけい》乃茶入《ちやいれ》などいふ名器《めいき》をも賜《たま》ハり、手《て》づから茶《ちや》を下《くだ》されぬる事《こと》もありしとなん、其《その》のち代々乃　君もまたしバ〱其家《そのいへ》に入《いら》せられ、異《こと》なる恩顧《をんこ》をたれさせ給《たま》ひ、又月毎《またつきごと》に米《こめ》そこばく賜《たま》ハりけり、然《しか》るに時《とき》うつり事《こと》さりて家《いへ》やう〱衰《おとろ》へけり、されど祖父権兵衛が比《ころ》まで□《虫損》猶其《なをその》かたちを失《うしな》ハざりけれども、其《その》子権左衛門 故ありて権兵衛を改む か時《とき》に至《いた》りてハ其家《そのいへ》を□《虫損》壊《こぼ》ち除《の》け、数多有《あまたあり》ける」男女《なんによ》も皆離《ミなはな》れちりて只彦助のミぞ残《のこ》り居《い》ける、其家世《そのいへよ》を累《かさ》ねて富《とミ》けるならハしによりぬるにや、其家の主《あるじ》の族《やから》皆《ミな》世《よ》の営《いとなミ》にいたう疎《うと》く、常《つね》のふるまひも多《をゝ》く商家《しやうか》の則《のり》に叶《かな》ハずして其貧《そのまづ》しき事《こと》いはんかたなし、独《ひとり》彦助のミ其営《そのいとな》ミに力をくたき、ミづから水《ミづ》を汲薪《くミたきゞ》をわり、又は園《その》をひらきて畑《はた》とし、其時《そのとき》にしたがひて物《もの》を植《うへ》て養《やしない》の助《たす》けとし、よく其苦《そのくるしミ》にたへて幼《いとけな》き助市を生ふして居《い》けるに、宝暦元年助市が十五に成《なり》ける時《とき》、父《ちゝ》権左衛門は身《ミ》まかりぬ、いかなる故《ゆへ》にや世々《よゝ》賜《たまハ》りける米《よね》を、助市に至《いた》りて賜《たまハ》」らず、彦助深《ふか》く是を憂《うれ》へていろ〱に謀《はか》り先祖《せんぞ》の訳《わけ》を詳《つまびらか》に申顕《あらハ》して、公《おほやけ》に憐《あハれ》ミをこひけれハ、その明《あけ》乃年《とし》七人扶持《ふち》を賜《たまハ》りけり、是《これ》ひとへに彦助が心《こゝろ》を盡《つく》しける故《ゆへ》なり、時《とき》に同五年半七と同し月日同しさまに賞《しやう》し給《たま》ひぬ、同十一年に死《し》す、年《とし》八十一、其事大《そのことたい》やう半七に同し

（十九）川口村《かハのくちむら》　傳兵衛

傳兵衛は阿蘇郡菅尾《あそのこほりすけのを》の郷《かう》川乃口村の長《をさ》なり、□《よゝ》（世々）富り、傳兵衛常《つね》に公《おほやけ》を重んじ里人《さとひと》を賑《にき》ハすをもて心《こゝろ》とせり、其所《そのところ》の土地《とち》□《虫損》（や）せて稲《いね》をうふる田《た》なし、」彼地《かれち》の利をはかりミづから□《虫損》（力）を用《もち》ひて田《た》そこばくを開《ひら》けり、上下其利《そのり》ありと□《虫損》（云）、其里《そのさと》寛文の初《はじめ》つかたよりしきりに実《ミ》のりよからずして民《たミ》つかれ苦《くるし》めり、傳兵衛民《たミ》の為《ため》に其祖税《そのそせい》をゆるべられんことを官府《くハんふ》に訴《うつた》へ、且己《かつをの》か役《やく》につきて得《う》る所《ところ》の物《もの》を受《うけ》ずして、一里《ひとさと》の民《たミ》に是《これ》を施《ほどこ》さん事《こと》を請《こへ》り　君聞召《きこしめし》て深《ふか》く感《かん》じ給《たま》ひ、其所の租税《ミつぎ》そこばくを永《なが》く免《ゆる》して大に民《たミ》を恵《めぐ》ミ給《たま》へり、かくて傳兵衛常《つね》に心《こゝろ》を用ひて民《たミ》を労《いた》ハる事《こと》を賞《しやう》し給ひて、作《つく》り来《きた》れる畑《はた》乃内五石、其身《そのミ》を終《をハ》る迄賜《たま》ハり、又江戸に交代《かうたい》し給《たま》ふとき、」子孫《こうまご》まで阿蘇谷《そだに》に出て拝謁《はいゑつ》すべき事を命ぜらる、同六年六月乃事なり、そのかミ祖父《おほぢ》又四郎と言者其里《いふものそのさと》の長《をさ》たりしに、元和の初《はじめ》奈須《なす》山に事ありて、そこなる民《たミ》十二人、男女《なんによ》五十人あまりを率《ひき》ひて□《きた》（来）りて憐《あハれ》ミを乞、又四郎皆是《ミなこれ》に所《ところ》をあたへて民《たミ》たらしむ　当家《とうけ》此国《このくに》を知《しろ》し召《めし》て後《のち》、此事を聞召《きこしめし》て又四郎を高瀬《たかせ》と言所《ところ》に召出して対面給《たいめんたまハ》り、彼《かれ》は事《こと》あらんとき功《こう》をも立《たつ》べきも乃なりとほめて、其折《そのをり》しも着給《きたま》ひし小袖《こそで》をぬきてあたへ給《たま》ひけるとなん、其□《その虫損》（小）袖《で》今に伝《つた》えて家乃」重《をも》き宝《たから》とせりと云、其□□《その虫損》（子仁）左衛門嶋原の軍《いくさ》□（に）も奈須山《なすやま》より来《きた》りける民《たミ》九人に鉄鉋《てつほう》を持《もた》せて率《ひき》ひて従《したが》ひけるといふ、其家《そのいへ》乃初《はし》めハ知《し》るべからず、元和より後今《のちいま》に至《いた》るまで百七十年ばかり、やうやくに衰《おとろ》へたりといへども今猶《いまなを》数十口《すじつこう》ありと云《いふ》

（二十）　御領村《ごれうむら》　喜左衛門

宇土郡松山《うとのこほりまつやま》の郷《がう》御領村《ごれうむら》乃民《たミ》を喜左衛門といへり、父母《ちゝはゝ》に事《つか》へて孝《かう》なり、其親《そのをや》に事《つか》ふる心《こゝろ》を推《をし》て家人《けにん》に及《をよ》ぼし、

又里人《またさとびと》を慈《いつく》しむ事深《ことふか》し、」かゝりけれバ初《はじめ》より仕《つか》ふる者《もの》ハ去《さる》ことを欲《ほつ》せず、他《ひと》に□《つか》（仕）ふる者《もの》は其家《そのいへ》に来《きた》らんことを願《ねが》へり、其里久《そのさとひさ》しく衰《おとろ》へて民《たミ》ちり土地《とち》あれたり、喜左衛門里《さと》の長《をさ》と成《なり》てより深《ふか》く是《これ》を憂《うれ》ひ、唯民《たゞたミ》を救《すく》ひ其里《そのさと》を賑《にぎ》ハさん事《こと》を思《をも》へり、されバ色々《いろ〳〵》に心《こゝろ》を用《もち》ひ、或《あるひ》ハ貧《まづ》しき者《もの》に籾《もミ》をかし、又《また》たなつ物《もの》をあたへてうふるに時《とき》におくれしめず、或《あるひ》ハ米或《こめあるひ》ハ銭《ぜに》を□《虫損》（か）して民《たミ》をすくふ、かへす者《もの》は是《これ》をうけ収《をさ》め、しからざる者《もの》ハ其償《そのつくの》ひを責《□□》ず、又《また》ハ出《いで》□《虫損》人《ひと》の奴《やつこ》となりて居る者《もの》にハ其身《そのミ》乃代《しろ》を借償《かしつくの》ひ□《虫損》(て)家《いへ》にかへらしめ、或《あるひ》ハ馬《□□》をか□□《虫損》（ひて）あたへて農耕《のうかう》をは□《虫損》（け）」（図十一）まさしむ、万《よろづ》にかく心《こゝろ》を用《もち》ひけれバ、月《つき》をかさね年《とし》□《虫損》（を）積《つむ》にしたがひて、民《たミ》あつまり土地《とち》ひらけ、田畑《たはた》よく実《ミ》のりて其里《そのさと》大ににぎハへり、一とせ温疫流行《うんえきはやり》て、近き里《さと》〴〵死《し》する人多《をゝ》し、喜左衛門其里《そのさと》の為《ため》にミ□《虫損》(づ)から丹精《たんせい》をこらして、神《かミ》に仏《ほとけ》に祈《いの》りけれバ、隣《となり》をさかひて、彼《かれ》が治《をさむ》る里《さと》にハ病《やめ》る民《たミ》一人もなし、人皆其誠《ひとミなそのまこと》のいたす所《ところ》と感《かん》じ悦《よろこ》びあへりとぞ、喜左衛門年老《としをひ》身もやましくなりてげ《（ママ）》れバ、里《さと》の長《□□》を辞《し》しなんとおもへり、里人是《さとびとこれ》□□《虫損ふか》（を深）く憂《うれ》ひてなげき□□《虫損》（とゞ）むること嬰児《をさなご》乃母《はゝ》を□□《虫損》（したふ）がごとし、又一里《またひとさと》□《虫損》（の）人□《虫損》（皆）」喜左衛門が行状《ふるまひ》ども詳《つまびらか》にしるして公《おゝやけ》に告訴《つげうつ》□□□《虫損》（へん事）をおもへども、斯《かく》のごと□《虫損》（き）ハ彼《かれ》が常《つね》乃志《こころざし》に□□□□《虫損》（あらざる）ことをしりて、おのづから恐懼《をそれはゞかり》てかくもなし得《え》ず、又徒《またたゞ》にもやミがたかりけるにや、ひそかに郷《□う》の長《をさ》などには、其《その》はし〴〵いひ出《いで》けることもありとなん、事終《□□つい》に　君に聞《きこ》え貞享二年喜左衛門が作《つく》り来《きた》る田畑《たはた》十石乃貢《ミつぎ》を、其身《そのミ》を終《をハ》るまでにゆるし給《たまハ》□《虫損》(り)、又彼《かれ》が買《かひ》て民《たミ》にあたへける馬《むま》九疋《ひき》乃代《だい》そこバくをもかづけ給《たま》ひにけり、凡《をよそ》貞享二年　君聴《ちやう》に達《たつ》して褒賞《ほうしやう》を賜《たま》ひし、孝子忠臣《かうしちうしん》十人余《よ》に及《をよ》べり、」其内此《そのうちこの》喜左衛門と大見村《おほみむら》四郎兵衛とハ異《こと》なる命下《めいくだ》りて、かれら二人死《し》しぬることあらバ、

図十一

すミやかに官府《くハんふ》に告奉《つげたてまつ》るべきとなり、是《これ》ひとり親《をや》に孝《かう》なるのミにあらず、民《たミ》に功《いさほし》あるを以《もつ》てなるべし

總論

弘《こう》文院乃学士春斎《さい》先生嘗て孝子芦田《あし》為《ため》助が伝を撰せり、其論に曰、人の行ひ孝より先なるハなし、されバ孝なれバ賤きが至りといへど人なり、孝□《虫損》（な）らざれバいとやんごとなききハといへど□《虫損》（人）ならず、舜□□《虫損》（の聖）なる、曽子《そうし》乃賢《かしこ》き、皆孝に本ずき給□□□《虫損》（ハずや）、」宣《のたま》ふ、わが行ひ孝経《きやう》にありと、孝経《きやう》幸に□□□□□《虫損》（家々にありて）人ごとに読めり、読ども孝ならされバ、鴉乃□《虫損》（鳴）□□《虫損》（蝉の）噪《さハぐ》に異《こと》ならず、しかるを此為助、其養ひやんことなき人にもまさり、其つかへ文よむ輩にもこえたり、誰か是を誉《ほめ》ざらんと、是をもて顧《おも》ふ、此伝に載《□す》る所其人は皆至て賤し、其する所も又極めてうるさし、されど其心は専《もハら》親を愛《いつくし》ミ、君を敬ふ乃誠□《虫損》（に）出て天下の善行なり、人に貴賤の別ありて、善に上下乃異なるなし、もしやんごとなき人此伝を読見給ひて、賤き民すら其する所かくの□□□《虫損》(ごとし、おの)」れ素《もと》より士大夫《したいふ》にして、其親に事へ君につかふまつる乃心、彼に恥る所なからんやと、身に省求《かへりミ》めて憤《いきとをり》を発し、志を励《はげま》して実に力を用ひ給ふ事あらバ、則此伝独民間児婦《かんじ》の玩《もてあそび》に止まらざら□《虫損》（む）も乃歟

肥後孝子伝前編下終」

肥後孝子伝後編　追而板行出来

天明五乙巳年二月

肥後熊本　吉文字屋勘右衛門

弘所　大坂　柏原屋與左衛門

」

肥後孝子伝　後編　上

肥後孝子伝序

東肥ノ処士忠亭中村翁所撰スル孝子伝前后編成矣、藩学祭酒（＝大学頭）藪君士厚遥ニ送リ其稿ヲ、授ニ予ニ以ス右簡ヲ、予受ケ読ミ未」卒ヘ編ヲ、泫然隕シ涕ヲ（涙を落とす）、輒《たちま》チ揜《おお》ヒ巻ヲ嘆シテ曰、嗟哉蒸民天稟之懿、不待タ学ヲ而爾リ、所謂フ不為メニ尭ノ存セ、不ル為メニ桀ノ亡ヒ者是也、善夫忠翁纂輯之勤メ、可以」風シ一時ヲ而貽《のこ》ス則ヲ於後世ニ矣、但秉彝《へいい》之性、業已ニ古今同ウス之ヲ、則四海之広人民之衆、其特出之美、往々接スル聞見ニ固ヨリ也、然ニ今ニ而独鍾《あつ》ムル秀ヲ於」東肥ニ、何若ク此ノ之夥シキ耶、蓋シ吾聞之ヲ也、肥藩自リ上祖二公克ク文克ク武、樹《うえ》ル基ヲ深厚、其風有自ル、旌表之典、奕世弗墜《おと》サ、数伝至リ霊感公ニ、恭倹持チ」己ヲ任シ賢ニ不疑カハ、大ニ崇トビ儒術ヲ覃《おお》クシ思ヲ乎治道ニ、迺《すなわ》チ設ケ庠黌ヲ礼シ俊士ヲ、躬親カラ臨視シ率ムネ以為常ト、故ニ士大夫以下至リ府史胥徒《しょと》（＝小役人）ニ、莫シ不ルハ横タヘ巻ヲ挟マ冊ヲ、文教駸々」然以興ル推シ及ヒ黎庶《れいしょ》（＝庶民）ニ、労徠《ろうらい》振徳能殫《つく》シ其方ヲ片善必収メ寸長不遺サ、故ニ四境之内孝子順孫貞婦良奴、翹《ぎょう》然抜興膺ル褒賞ニ者、比々相望ム、詩ニ云、」群黎百姓徧ネク為爾徳ヲ此レ之謂也、君徳之美、風化之懋《ぼう》、皆可キ知也ル已ミ、是即チ鍾《しょう》秀之所由ル、而民頼ル其慶ニ四十年所、其規模宏遠、足ル以四スルニ」常奥黄備三公之賢ヲ焉、猗《い》與盛ナル矣哉、予也豈不ン楽シマ與天下道フヲ之ヲ乎、雖然藪祭酒右簡之需メ、則蹙《しゅく》然不ル敢当ラ也、蓋藩学之隆如此クノ、祭酒而下、」能言之士林立相揖、朝觚暮牘（觚牘《ことく》＝書物）雲合ヒ霞蒸シ、而此書各編祭酒所モ叙スル亦備ハル矣、更ニ取總序ヲ於別手ニ與、在リ泮ニ献スル功ヲ、匪乏カラ其人ニ、胡フ必仮ン孱《せん》（＝か弱い）鈍寡」陋《ろう》之言ヲ于煙濤千里之外ニ焉哉、已ニ而曰、有ル是哉祭酒之需也、魯之頌スル僖公ヲ詞義荘重、而後人議スルニ以ス史克之夸《こ》（＝誇）張ヲ矣、今肥藩之盛ナル、其倫」固ヨリ絶ツ乎魯僖ニ、然ニ藩臣而極メ筆ヲ賛スル其実ヲ者、纍（＝累）然以出ン乎、退譲君子之衷或ハ将病ント於夫夸ニ焉、、乃謬マリ推シ予ヲ以為口ニ有ト微辞、且知予カ頗耳キ藩事ヲ、」又喜譚民間之懿ヲ並ヒニ有ルヲ素也、蓋謂フ夫レ也呶々《どど》ス、足ル以示スニ信ヲ于世ニ矣、與其取給ヲ於已、毋寧仰カ成ヲ於人ニ、迺チ忠翁良工獨（独）苦シム之心、詳カニシ于事状ニ、而」不ルモ溢レ于言辭ニ、亦益可以白ス焉、是所以有ル域外之請也ル耶、予也尚何終ン於固辭ニ、於テ是ニ乎蹶然以起チ、払フ簡ヲ而書ス」

天明八年戊申之冬

浪華竹山居士中井積善撰并書

印 印 印」

肥後孝子伝後編序

天明甲辰本藩孝子伝成愨《かく》為之序今茲丙午後編成、又属序於愨愨《かくかく》乃再拝稽首興而歎」曰、嗚呼是先公徳化之書也、然一書而作両序両序出於一手不亦幾於煩而涜乎、愨宜固辭而不辭者」抑有以也、蓋先公在世恭倹退譲不許臣下称揚功徳而本編之成成於

公在之日故臣愨欲言」而不敢言、此前序之所以有遺憾也、後編之成成於
公薨之後今而不言、後世何述此後序之所以」不可而已、臣愨之所以不敢辭也、遂謹為之序曰、古昔明王之導民
也、必本之於身身之所行以教其家家之所倣以」令其国而民有懿徳高行出於衆者又従而旌表焉、是以令出而民莫
不従賞行而民莫不勸、夫上之所行既足以使」民観感而興起、又況加之以労来作新之政乎、此明時之民所以日進
於善而不能已也、然人能知声色号令之可以」導民而鮮能知恭已躬行乃為之基本也、恭惟我
先公襲封以来凡所以教令于国中者一莫不」出於其躬行之余也、既又擢其孝子悌弟忠臣貞婦最可嘉尚者而賞之、
三十九年之間積至五百余人於戯盛矣、近」古侯国所未聞也、夫以我藩封彊雖大不過一侯国
先公臨国雖久不満四十年而善民之衆至于」如此、此雖曰政教之相関而実頼
先公徳化之使然焉詩曰、牖民孔易
先公之謂矣若夫我藩」治蹟世有公論故臣愨獨論国中善民之衆、蓋有所本云爾、天明六年丙午七月熊本府学祭酒
藪愨勤序　　印　印」

肥後孝子伝後編序

前編《ぜんぺん》ハ寛文《くわんぶん》六年に始り宝暦《ほうれき》五年に終る、其間九十年　其人六十二人、此編ハ同六年より天明五年に至、其間三十年　其人五百五十四人豈盛《あにさかんな》らずや、是延享《ゑんきやう》の末つかた
先君御代を継せ給ひてより去年乙巳の冬《ふゆ》に至るまで、殆《ほとんど》四拾年、其初一ケの臣《しん》を抜擢《ばつてき》し、官禄《くハんろく》を盛《さかん》にして国家《こくか》

の政《まつり》を委任《いじん》し給ひ、且学校を設《もうけ》て孝悌《こうてい》乃教《をしへ》を施《ほどこ》し、ひとりも善良《ぜんりやう》なる民あれば必褒賞《ほうしやう》して衆《しう》に顕《あらハ》し給ふ、然しよりこ乃かた政教《せいきやう》」日々《ひゞ》に新《あらた》に百廃《ひやくはい》こと〴〵く挙《あが》り、百姓各《ひやくせいをの〱》 其所を得て各其利を利とし、孝子忠臣月々に勧《すゝ》ミ、民皆向《むか》ふ所を知りて大に仁厚《じんかう》の風行《ふうをこな》ハる、是今天地淳厚和順《しゆんかうわじゆん》の気乃行ハるゝ時にして、おのづから然る歟、抑はた　君臣相得《ゑ》るの致《いた》す所に本つくも乃歟、孔《こう》子曰、為政在人、取人以身、脩身以道、脩道以仁と、所謂仁とハ何ぞや、曰親を親《したし》むの謂ならし

天明六年丙午仲春日　　中村正尊謹識

」

凡例辨疑

○或人問、伝を撰《せん》するの法則《のり》如何、曰是固《もと》より市中野外皆其所乃長《をさ》より官府《くハんふ》に達《たつ》せし文案《ぶんあん》を本とし、間《まゝ》また人の直《じき》に見聞《みきゝ》して語《かた》り伝《つた》ふるも乃を雑《まじ》へ、其間に於て或ハ齟齬《そご》し、或ハ疑《うたがハ》しきものあれバ更《さら》に又其所の父老に問糺《とひたゞ》して、而後取舎《しゆしや》を定《さだ》む、猶心に信し得さるものハ、至て親切《しんせつ》なる行《おこない》也といへども姑《しばら》く闕《かい》て妄《みたり》に録《ろく》せず、是其情状《じやうじやう》乃的当《てきとう》を得すして、たとひ盡《つくさ》ざる所ありとも、」わづかも其無所《なきところ》を誤《あやま》り加《くハ》へて善良《ぜんりやう》乃民をして虚名《きよめい》をとるの患《うれひ》なからしめんが為也、盡さゝるの罪《つみ》ハ己《をのれ》に帰《き》す、誤《あやま》り加ふるの過《あやまち》は善良乃実を累《わづら》ハし、且人を欺《あざむ》くに至る、故に予おもへらく、寧此《むしろこの》罪を犯《をか》すとも決《けつ》して彼《かの》過をなさしと、是事の遺漏《いろう》《のこり》多き所以也、前編も亦然り

○又問、前後乃編専《もつハら》孝子伝と称《しよう》して挙《あぐ》る所特《ひとり》孝に止《とま》らさるものは何ぞや、曰孝経に曰、天乃道《みち》を用ひ、地の利に因《よ》り、身を慎《つゝし》ミ用を節して」父母を養《あぐ》ふ、此庶《しよ》人乃孝也と、曽《そう》子も亦云、身ハ父母の遺体《ゆいたい》也、敢《あへ》て敬《けい》せざ

らんや、居所《きよ》荘《をごそか》ならざるは孝にあらず、君に事《つかふまつ》りて忠ならざるは孝にあらず、官《くハん》に臨《のぞミ》て敬せさるハ孝にあらず、朋友《ほうゆう》に信《しん》ならざるは孝にあらず、戦陳《せんぢん》に勇《ゆう》なきハ孝にあらず、此五ツ乃もの成らされハ戴《わざハひ》必其親に及ぶ、敢て敬せさらんやと是を以視《ミ》れバ、孝道の統《すぶ》る所広大《くわうだい》にして、独親《ひとりおや》に事《つかふ》るの間のミに止《と》まらさることしるべし、是忠臣貞婦《ていふ》及力田精業《りよくてんせいぎやう》の民に」至るまで并挙《ならびあぐ》る所以なり

○又問、為すんバ已《やミ》なん、既《すで》に伝を撰ずるならバ悉《ことく〲》挙《あげ》て壱人も遺《のこ》す事なかるべし、然るに今遺す所のも乃多して挙る所十が一二に及《をよ》バさるものハ何ぞや、曰懶斉《らんさい》先生当時《そのかミ》本朝孝子伝を撰して今世二十人に止る、自《ミづから》其多からさる所以を論して曰、此編常人乃為に謀《はか》りて学者といふに足れる者なし、常人の情ハ大やう煩《ワづらハし》きに堪《たへ》ず、故に多きときハ厭《いと》ふ、もしいとふて読《よま》さる時ハ積て巻帙《くハんちつ》をなすといふとも何乃」益《ゑき》あらんやと、是をもてはかれハ此編猶多し、然共其人の多事本彼かごとくなれハ、今又斯《かく》乃ごとくならざることあたハず、是五十余人に及ぶ所以なり

○又問、かの文案《ぶあん》を考《かんがふ》るに、其行状至て親切《しんせつ》なるもの猶多して此編にもらし、反《かへつ》て彼に及さる者を挙《あぐ》る事ハ何ぞや、曰此編専簡約《かんやく》を努む故に是を減《げん》じて又是を減《げん》じ、人は其跡の尤異《こと》なる者のミを挙て相似《あひに》たるものは皆もらす、事ハ其大旨を述て細《さい》目乃ごときハ或ハ畧《りやく》す、素《もと》より善良の優劣《ゆうれつ》をわか」つて取舎するにあらず、処士沢村某か年米拾俵、田代村はつか三俵、坂本某か加禄、下分田村曽介か月俸《ふちかた》を得るの類措《おゐ》て挙ず、是を以て賞賜《しやうし》の多少によらさる事亦しるべし

○又問、徃昔《むかし》の賞賜ハ其人乃終身《しうしん》に及ぶもの多くして一時一旦に止るもの少し、近世ハ是に反《はん》す、是其善行の

浅深《せんしん》、政事乃厚薄《かうはく》に由《よ》る者か、曰然らず、往昔ハ数年にして二人三人、多くして九人十人に過ず、今世ハ一年にして十数人、或ハ廿人三十人に」及ぶ、試《こゝろミ》に延享より前を以往昔とし八十七年、其後を今世として四十九年、全編に考ふべし

○又問、前編の序文を以考ふれハ、此編天明二年壬寅乃秋に終るべくして同五年癸巳《(ママ)》の冬に至る其故何ぞや、曰然り、然るに二編の草稿《さうこう》既《すで》に成るといへども、予年来《ころ》の眼病益甚しく訂《てい》正を一時に加ふること能ハず、因循《いんしゆん》して月日を経《ふ》る乃間褒賞《ほうしやう》を蒙《かうふ》るもの亦百数十人に及べり、其内異行寄志《いぎやうきし》乃もの有《あ》れハ、唯其姓名のミを記して」止ミがたく、其尤異なるもの丶伝を撰して更に加へ、其前に草をなすもの丶内におひて、猶相類《るい》すべきも乃は略す、是其人数の衆多《しうた》に及び巻帙《くハんちつ》乃増すことを以てなり、然して乙巳の冬に終るも乃は、其意大場《バ》が伝の末文を見てしるべし

○又問、此編のごとくにして足《た》れるか、曰然らず、其人を盡《つく》し其事を具《つぶさ》にする時ハ、善を盡し美《び》を全《まつた》くして、又加ふる所なけん、然るに予年老神《としおひしん》」疲《つか》れ、殊に眼眛《くらふ》して斯《こゝ》に及ぶ事能ハず、冀《こひねがハく》は懿《い》徳を好むの君子其全功を為し、且相継《つい》て今より後乃善良の伝を撰して永く世に伝へ給ハヾ幸甚ならんと云」

総姓名録

○　孝悌敦睦《かうていとんぼく》之印　　□　忠烈貞節《ちうれつていせつ》之印

△　力田精業《りよくてんせいげふ》之印　　△⃝　徳兼業《とくけんげふ》之印

△　業兼徳《げうけんとく》之印　　⬭　廉清勤務《れんせいきんむ》之印

凡て士席以上ハ皆與らす、其以下及倍（陪）臣

□　柏原九八郎家来　小森　嘉右衛門
○　柏原九八郎家来　江藤　右文次
○　井上　宇傳
○　山口　猪介
○　江口　孫右衛門
○　江戸定詰　土橋　大介
○　江戸定詰　吉田　昌八
◎　小林　武平太
○　村本　半介
○　高田　安之允
○　池松　丹次
○　高崎　吉兵衛
□　稲津五郎三郎家来　高郡仁九右衛門
⬭　財満　銀平

□　清水数馬家来　若林　岡右衛門
○　小森市右衛門娘いち
○　西三郎介娘かつ
○　小林　壽平太　」
○　坂本　助次
○　尾本　武平
○　藤木　忠右衛門
○　江崎　惣太
○　中山　曽右衛門
○　田尻　奥平
○　園田　千蔵
○　田中　和平太
⬭　中尾　嘉平次　」
○　馬渕　惣吉　伝有

○渡辺左蔵
(△)笹川郡七
○伊藤正蔵
○緒方両右衛門　中村兵馬家来
○窪田杢平次
○井芹武右衛門
⬭津野田儀介
⬭福嶋和左衛門
⬭安武順右衛門
○佐伯道明　伝あり
○工藤郡次
○大場伊三娘つち　伝あり

○横田留右衛門
○林田両介
○伊藤太左衛門
○山下
⬭藤井平七
○柴田林右衛門
○高木恵介
○竹崎圓蔵」
○野田傳蔵娘
○西沢武三郎
○荒木宇平太伯母ふり　伝あり

但位の高下年月乃先後にかゝわらず漫《みだ》《めった》りに記之、下同し

熊本小路

○杣方左七
○長柄者久七」

○荒仕子　仁右衛門
○同　源右衛門
○城内方　小介

熊本町 凡て上下〳〵と次第す、其心得にて同町同丁と記すもの見るべし、下の郷村亦同し

新町

△⃝壱町目《壱町目懸り》　伊介
△⃝同町　万吉
◬同町《同》　平右衛門
◬弐丁目《弐丁目懸り》　嘉平次
△⃞同町《同》　弥太郎　伝あり
○同町《同》　ゆひ
△⃝同町　弥次郎
◬同町　長吉」
○海津《同》　嘉右衛門　伝あり
○同町　嘉右衛門
◬同町　宇右衛門
○魚屋町《同》　勘三郎
○馬借町《同》　三太郎
◬同町　壽太郎
○段山町《同》　喜右衛門
○三丁目《三町目懸り》　庄次郎叔母いさ
◬同町　安五郎
△同町　長平
○同町　武右衛門
○同町　甚平
◬同町　嘉平次
○同町　甚兵衛

△ 塩《同》屋町 熊次郎
△ 同町 源太郎
△ 同町 源次郎
○ 鳥《同》屋町 庄 吉
△⃝ 同町 惣 吉
○ 同町 左七并妻
△ 同町 伊右衛門
△⃝ 同町 庄右衛門
○ 同町 宇 平
○ 同町 五郎兵衛
△⃝ 同町 清五郎」

古町

△⃝ 細工壱丁目《細工町懸り》 孫三郎
○ 同町 義右衛門
○ 同五丁目 庄次郎娘さつ

△⃝ 同町 又次郎
△⃝ 同町 半次郎」
○ 同町 甚兵衛
○ 同町 藤七娘りさ
○ 蔚山町《蔚山町懸り》 茂兵衛
○ 同町 文 蔵
◬ 職人町《職人町懸り》 久 七
△ 同町 孫 三
◬ 同町 松次郎
△ 同町 徳右衛門
○ 同弐丁目 権太郎
○ 同四丁目 善 吉
○ 高《同》麗門町 弥太郎

○ 西古町懸り 呉服弐丁目　善七
△⃝ 同三丁目　理右衛門
△⃝ 同町　市郎介
○ 同 東阿弥陀寺町　小平次　小次郎
○ 同 同町　嘉平次
△ 同 同町　圓次郎
□ 同 同町　庄三郎下女すま
○⃞ 同 同町　五郎兵衛
△⃝ 同 同町　次兵衛
△⃝ 同 同町　新次郎
△⃝ 同 同弐丁目　清八
○ 同 万弐丁目　きん
△⃝ 同 古魚屋町　太次郎
○ 同 同町　助三郎　吉三郎
○ 同 小沢町　嘉三次
○ 西古町懸り 同町　りよ

○ 同町　甚平姪いろ　きん
○ 同 古桶屋町　市郎兵衛
○ 同 川端町　源太郎
○ 同 西阿弥陀寺町　権九郎
○ 同 古鍛冶屋町　兄弟三家　「伝あり」
○ 同 中唐人町　善九郎
○⃤ 同 同町　松次郎
○ 同 西唐人町　惣七娘ふさ
△ 中古町懸り 米屋壱丁目　茂兵衛
△⃝ 同 同町　宇兵衛
○ 同 同町　惣七郎
△⃝ 同 古大工町　源次郎
○ 同町　源次郎
△ 同 板屋町　善五郎　」
○ 同 同町　仁三郎
○ 同 同町　傳次郎

○ 同《同》町　惣左衛門
△ 同《同》町　仁平次
△⃝ 船場《東古町懸り》壱丁目　源　吉
△⃝ 同《同》弐丁目　源兵衛
□ 同《同》町　伊右衛門下女よし
△⃝ 古《同》川町　辰　蔵
○ 新《同》古川町　ち　よ
○ 新《同》大工町　九平次　才吉
△ 同《同》町　次右衛門娘よね
○ 同《同》町　次兵衛
□ 室《同》町　儀三次妻
△⃝ 同《同》町　孫平娘りよ
○ 同《同》町　吉右衛門
○ 同町　平三郎
○ 同《同》町　惣　六
○ 同《同》町　惣　吉

○ 同《同》町　勘四郎娘はつ
□ 通《同》町　松三郎妻
□ 同《同》町　七右衛門
△⃝ 同《同》町　圓　次
◬ 同《同》三丁目　助　七
△⃝ 同《同》町　喜藤次
◬ 同《同》町　長右衛門」
△⃝ 同《同》町　次右衛門
○ 同《同》町　ま　ん
△ 同《同》町　弥平次後家
○ 同《同》町　理三郎
△⃝ 同《同》町　辰次郎
△⃝ 同《同》町　又三郎妹ちよ
○ 同《同》町　彦六姪志ち
○ 同《同》町　新三郎妻
△⃝ 新《同》鍛冶屋町　伊左衛門」

(△)　同《同》町　庄介娘りゑ
○　同《同》町　理三郎
○　同《同》町　又五郎
○　同《同》町　太右衛門　安右衛門
○　同《同》三丁目　弥　市
△　紺《同》屋横町　武七并姉
　　紺《同》屋今町　又三郎
○　同《同》町　万　吉
○　同《同》町　源蔵　又五郎
(△)　同《同》町　弥　吉
⬭　同《同》町　善右衛門
▣　同《同》町　七次郎
○　同《同》町　弥　平

京町

□　壱丁目　五郎兵衛

(△)　紺屋壱丁目《紺屋町懸り》　清兵衛
▣　同《同》町　喜　平
○　同《同》弐丁目　庄三郎并妻
(△)　同《同》町　次　吉
⊙　紺《同》屋阿弥陀寺町　甚四郎
◎　同《同》町　甚平次
　　同《同》町　新次郎
○　同《同》町　太右衛門
○　同《同》町　三右衛門娘りせ」
(△)　同《同》町　平太郎
○　同《同》町　理兵衛
▣　同《同》町　甚四郎

□　弐丁目　嘉兵衛

○今京町　久右衛門
△出京町　弥三郎後家
□同町　佐平次後家」

本坪井町

○本坪井町　小七
○同町　次介
△同町　忠平
△同町　兵吉
△同町　久五郎
△同町　弥作
△同横町　夫平
△同町　文右衛門
△同町　吉蔵
△同上三丁目　理三次
△同下三丁目　又次郎
△同魚屋町　弥次郎
△同町　幾平
○同町　義助娘りの　りせ」

新坪井町　一度賞賜を蒙りし良民九十歳以上乃老人には所の別当釘沢吉井永山某等相継て年々銭若干充賦与す

○六間町　平次郎
○同町　又四郎并妻
△⃝同町　伊之介　嘉次郎
◬同町　又次郎

○⃤　同町　平　蔵

△⃝　同町　太次平

△⃝　同町　平　吉

○　米屋町　彦三郎

△⃝　魚屋町　次三郎

○　同町　才　平

△⃝　同町　才　市

○　同町　忠兵衛

○⃤　寺原町　介　七

○⃤　弐丁目　善五郎

川尻町

○　新田町　嘉平次妹多め

○⃤　岡町　左　吉

○　新町　吉介娘志ち

○⃤　同町　源左衛門

□　同町　半　蔵　伝あり

△⃝　鳥町　権次郎

△⃝　同町　伊　平

△⃝　同町　久　平

□　職人町　半　蔵

○　同町　太右衛門」

○　堀端町　松次郎

△⃝　紺屋町　孫太郎

○　同町　才　吉

□　同町　善　七

▭　外城町　壽八郎

○　同町　新右衛門妻

○　大渡町　市郎兵衛　伝あり」

□　同町　忠次郎妻

○小路町　平三郎

高瀬町

○八日町　与右衛門

高橋町

△喜三郎娘三人　伝あり

○川端町　善四郎

八代町

○徳渕町　喜　平

○塩屋町　太平次

飽田郡

△⃝五町手永 長嶺村　善四郎

□同 山室村　貞婦　伝あり

⧇八百屋町　儀右衛門母

○伊右衛門

同町　清右衛門」

○本町　恵　介

○同町　又四郎

△同 柚木村　善左衛門

△池田手永 稗田《ヒエタ》村　藤左衛門

⬭　同　谷尾崎村　忠右衛門
○　横手永　春日村　吉右衛門
⬭　同　田崎村　忠左衛門
⬭　同　白石村　七右衛門

詫摩郡

△　本庄手永　本山村　伊右衛門後家
□　同　春竹村　源次郎
□　同　重富村　喜右衛門後家
△　同　中木部村　平右衛門妻
⬭　同　所嶋村　安兵衛

益城郡

○　鯰手永　砥川村　権右衛門後家
　　同　東上嶋村　五右衛門
□　同　同村　嘉右衛門

○　同　小嶋町　嘉八
△　同　同村　九右衛門」
⬭　同　権藤村　藤左衛門
○　銭塘手永　野田村　半右衛門
□　同　同村　孫七後家
○⃤　田迎手永　田井嶋村　喜介娘いよ
△⃝　同　笛田村　源左衛門
△　同　下牟田村　清左衛門
□　同　下江津村　文五郎後家」
□　同村　嘉右衛門妻
　　同　西上嶋村　林平
⬭　同　上仲間村　義平

◬　同 鯰村　曽右衛門
○　同 平田村　又吉并妻
⬭　同 安原村　傳兵衛
⬭　同 田原村　善右衛門
○　木倉手永 御船町　権兵衛
○　同 南田代村　はつ
△　同 木倉村　権四郎
○　同 今城村　甚九郎
⬭　同 下早川村《しもさうかハ》　善七
□　同 同村　幸介後家
□　同 大町村　伊右衛門後家
△　同 糸田村　儀三右衛門
□　同 枚村　嘉右衛門
□　同 藤木村　つや
○　同 蓍《めど》町村　義介　吉三郎　伝あり

○　沼山津手永 馬水村　ゆき
⬭　同 福冨村　庄右衛門
⬭　同 西牟田村　安右衛門
⬭　同 宮園村　傳兵衛
□　同町　忠次」
⬭　同 梅木村　三介
○　同 部田見村　又右衛門
⬭　甲佐手永 津志田村　藤介　伝あり
□　同 同村　五郎右衛門後家
⬭　同 同村　孫右衛門
○　同 同村　りき
⬭　矢部手永 田小野村　庄右衛門
△　同 濱町　惣右衛門
⬭　枕嶋手永 荷崎村　源七」
△⃝　同村　平兵衛

○⃤ 廻江手永(まいのゑ) 塚原村　つや　伝あり

○ 同 才木村　仁右衛門娘いろ

○ 同 同町　善十郎　伝あり

○⃤ 同 松橋町　忠七并妻　悴善七　娘てい

△⃝ 同 同町　徳右衛門

○⃤ 同 曲野《まかの》村　介市

○ 同 河江村　甚右衛門後家

○ 中山手永 白石野村　嘉介

△ 砥用手永 大久保村　弥介

⬭ 同 藤山村　八左衛門

⬭ 河江手永 小川町　傳右衛門

△⃝ 同 同町　清右衛門

△⃝ 同 同町　安兵衛

○ 同 同村　善右衛門

□ 同 下郷村　市右衛門娘たや

⬭ 同 萱野村　傳八」

○ 同 桑木野村　義介

宇土郡

□⃝ 松山手永 篠原村　兵右衛門妻

⬭ 同 佐野村　次介

△ 同 永尾村　孫市後家

○ 同 宇土町弐丁目　伊三次

⬭ 同 郡浦手代　嘉次右衛門」

⬭ 同 松合村　清左衛門

△⃝ 同 同村　市右衛門

⬭ 同 松山手代　伴右衛門

△ 郡浦手永 下細田村　九介

八代郡

⬭ 野津手永 上有佐村　清之允
○ 同 鹿嶋村　権介
○ 同 同村　久四郎
◬ 同 南野津村　次右衛門
△ 高田《かうだ》手永 奈良木村　助十郎
△ 同 上日置《へき》村　善四郎
△ 同 同村　彦七
○ 同 東河田村　平七娘いつ

⬭ 同 内田村　三郎右衛門
△ 同 下有佐《あらさ》村　三右衛門
⬭ 同 西河田村　庄右衛門
○ 同 北野津村　藤介并惣左衛門
○ 同 中津道村　又介并妻
△ 同 新牟田村　仁右衛門
○ 同 萩原村　岩介　伝あり
○ 野津手永 野津村　善太郎　伝あり」

葦北郡

○ 田浦手永 田浦村　善兵衛
○ 同 佐敷町　長平
○ 津奈木手永 中村　長左衛門
△ 同 津奈木村　利七

○ 佐敷手永 枚谷村　虎蔵
○ 湯浦手永 石間伏村　権三郎
△ 同 蔵谷村　理七
⬭ 同 小津奈木村　文四郎

⬭ 同 同村　市右衛門并弟吉作

⬭ 同 袋村　庄蔵

山本郡

○ 正院手永 加村　圓次

山鹿郡

⬭ 山鹿手永 湯町　金助　伝あり

○ 中村手永 方保田村　勘七

○ 同 新町　仁兵衛妻

○ 同 庄村　四右衛門妻

同 石渕村　善介

△ 同 中村　忠右衛門

玉名郡

○ 小田手永 南方村　やつ　伝あり

△⃝ 水俣手永 陳内村　惣兵衛

⬭ 湯浦手永 大野村　孫右衛門

△⃝ 同 津留村　藤次郎

⬭ 同 同村　四右衛門

○ 同 同町　三右衛門妻

○ 同 久原《くバる》村　権四郎　伝あり

○ 同 山内村　又右衛門妻

⬭ 同 下内田村　浄念

同 青野村　銀次　伝あり

○ 同 東北帳村　松次郎
○ 同 同村　新左衛門
○ 同 同町　甚右衛門娘
△ 同 米渡尾《めどのを》村　傳　介
⬭ 同 野口村　大工杢助
○ 中富手永 下分田村　曽　介
△ 同 同村　武右衛門後家
○ 荒尾手永 大嶋町　藤左衛門　伝あり
○ 同 長次町　惣　七
⬭ 南関手永 南関町　源　蔵

菊池郡

⊡ 深川手永 野間口村　作平
○ 同 同村　嘉三次母
⬭ 同村　大工善九郎
同 西寺村　清　八

○ 同 野部田村　武右衛門
○ 同 大濱町　理三右衛門
⊡ 内田手永 木葉町　惣　八
△ 坂下手永 滑石《なめりいし》村　市郎次
○ 同 古閑村　助市娘きや
△ 同 岩原村　七右衛門後家
△ 同 牟田村　兵右衛門
⬭ 同 高濱村　善兵衛　」
○ 同 宮崎村　さ　ん　伝あり
⬭ 同町　万　平
⬭ 同 深川村　源　蔵
○ 同 蠏穴(かにあな)村　又三郎
△ 同 水次《ミつき》村　源　蔵
○ 同 村田村　嘉右衛門

○　同　五海村　半右衛門

◬　同　本分村　太三次

⬭　同　同村　惣右衛門

○　同　同村　市　平

△　同　仁　介

○　河原手永　原村　善　介

○　同　隈苻町　吉右衛門

△　同　同町　助　七

⬭　正観寺村　安右衛門

」

合志郡

△　竹迫手永　竹迫《たかみ》町　浄　雲

○　同　同村　甚　蔵　伝あり

同　冨村　甚右衛門

△　同　同町　長介妻

○　同　竹　本　宣　仙

○　同　山崎村　甚右衛門并妻　妹きん　伝あり

」

○　同　辺田村　茂右衛門

㊀　同　南古閑村　清　八

○　同　大林村　い　ち

○　同　虎口《こく》村　傳右衛門

⬭　同　同村　弥三右衛門

◬　同　同町　伊次郎

㊀　同　木庭村　浄念并彦次郎　伝あり

○　同　弘生《ひろを》村　又平并妻

○　同　二子村　兵　介

同　竹迫町　徳右衛門

○　同　永村　平　吉

○　大津手永　中尾村　喜三次

○ 同 灰塚村　孫　市

阿蘇郡 」

⬭ 内牧手永 蔵原村　理　介
○ 同 役犬原村　理　平　伝あり
⬭ 同 湯浦村　七兵衛
○ 坂梨手永 北坂梨村　藤吉妻
△ 同 宮地村　助　市　権四郎

同郡　南郷

⬭ 布田手永 小森村　喜三右衛門
○ 高森手永 野尻手永 高森町　のわ
□ 尾下《くだり》村　弥　介
△⃝ 同 尾下村　惣次郎
⬭ 同 管尾　手代　惣　介

⬭ 同 的石村　長左衛門
⬭ 同 長草村　又右衛門
△ 同 岩野村　助　市
◎⬭ 同 野中村　文　九
△ 同 錦野村　忠右衛門
△ 同 同町　弥平次後家 」
◬ 同 河原村　新　七　伝あり
○ 管尾手永 大野村　久介娘みよ

同郡　小国

△ （北里手永）幸野村　金兵衛
⬭ （同）同村　伊佐吉　伝あり
△ （同）脇戸村　吉郎介
△ （同）赤馬場村　左兵衛
○ （同）西里村　義　仙
⬭ （同）万成寺村　義右衛門
◎ （同）同村　忠兵衛
□ （同）黒川村　権　平
◎ （同）高花村　左次右衛門并半七
○ （同）平野村　善太郎

△ （同）関田村　吉三郎
△ （同）萩原村　新右衛門
○ （同）下堀村　傳次郎并妻　伝あり
△ 同村　甚右衛門」
◬ （同）寺地村　金兵衛
△⃞ （同）黒渕村　傳次郎
○ （同）同村　太平次
□ （同）下城《しものじやう》村　つ　や　伝あり
○ （同）枚平村　作　弥　伝あり

久住　豊後国直入郡相雑ル、今皆肥後領分

△⃝ 山鹿村　増之介
□ 波野村　新之介後家　伝あり

□ 産山《うぶやま》村　三之允并姉つや」
⬭ 小池野村　善　次

豊後国
野津原　今肥後領

(△) 恵良村　儀介家内五人
野津原村　善兵衛
(△) 筒口村　吉右衛門并妻　伝あり
(◎) 野津原　手代　喜右衛門
豊後国
鶴崎 高田関　皆肥後領

○ 鶴崎町　幸　蔵　伝あり
○ 同町　四郎兵衛　伝あり
○ 西町　吉右衛門
△ 同 志村　五右衛門
□ 同 同村　三八　彦介　伝あり
⬭ 同 木田村　文兵衛
⬭ 同 同村　源左衛門
○ 同 西上野村　宇右衛門并妻
○ 同町　太右衛門」
○ 新町　いし　伝あり
○ 高田手永 国宗村　庄吉　伝あり
□ 関手永 政所村　弥蔵　伝あり
○ 同 木佐上村　四子　伝あり
○ 同 同村　文右衛門妻
△ 同 神崎村　理左衛門并吉右衛門
⬭ 佐賀関 引迫町　大工　甚八

舩　方」

○河尻　高見三之允
○同　新次郎
○同　藤　太
○同　権兵衛
□靍崎橋本亀之允　下女　志　津

○同加子　久四郎
○同　角　内
○同　辰三郎
○同　大　八

右五百五拾四人此比追考ふるに尚脱《もれ》たる者少からず、恐らくハ数十人に及バん、されど力《ちから》の爰に及ふへきなし、若続編《ぞくへん》を撰《せん》する人あらバ冀《こひねがハく》ハ遍《あまね》く其遺漏《いろう》を拾集《しうしふ》して其姓名美行（ママ）を其編に加へ《ハ》給ハヽ、幸甚」

追加

○靍崎国宗町　傳　蔵
○高田手永　鶴崎村　善吉娘きわ
□岩　竹　善　蔵
○同　新三丁目　藤　吉
○同　出京町　弥兵衛娘まさ
□関手永　政所村　嘉平下人文七

○高田手永　志村安平并妹もよ
□同　志　村　和　平
○熊本　出京町　仁　吉
□同　塩屋町　了念妻きく
○同　新桶屋町　伊　平
○河江手永　高橋壽右衛門

○ 南関手永 岩尾村　又左衛門

○ 木倉手永 高木村　久　平

○ 愛甲道庵并娘むめ

△ 内牧手永 小野田新村　文三郎

○ 松山手永 松合村　文右衛門後家はつ

○ 同手永 同村　和平妻たつ

○ 熊本 紺屋壱丁目　弥　八

○ 矢部手永 麻生村　茂　介

○ 熊本 新坪井鳥町　八五郎并娘たミ

○ 水俣手永 濱村　せ　ん

□ 熊本 小沢町　儀右衛門妻

○ 高田手永 竹中村　嘉　平

□ 久住手永 桐迫村　主　心

□ 同手永 赤仁田村　五　介

□ 同手永 赤仁田村　吟　介

△ 同村　儀　吉

○ 内田手永 木葉町　清　八

□ 熊本 新三丁目　権兵衛

○ 前　田　仙　蔵

○ 熊本 中古町　佐次郎

○ 郡浦手永 戸口崎村　佐次郎娘いち

○ 熊本 古米屋壱丁目　久左衛門

○ 鯰手永 陳村　七兵衛

○ 布田手永 外牧村　源八娘かめ

○ 橋　本　惣　次

□ 馬場兵蔵妻るさ

○ 廻江手永 中宮地村　宇平次」

○ 同手永 同村　たつ

□ 同手永 田尻村　安之允

□ 同手永 宮原村　伊　吉

△ 同手永 阿蔵野村　甚四郎

△ 同村　兵　吉

(△)同村　和吉
(△)同村　惣左衛門
○下城村　はつ
○石原　代介
△熊本上職人町　徳右衛門
◬同新馬借町　壽太郎
[△]同町　弥平次
△同村　弥五右衛門
(△)同村　金平
(△)同村　嘉平
○髙瀬蔵子茂三
○高田手永植柳村　理平次」
○同新坪井六間町　太次郎
○同新大工町　次兵衛
[△]久住手永彦山村　清右衛門
○行藤義学

右六十三人（年月の先後によって次第す）是天明六年より今年今月に至、固より続編に載《のす》べき所にして、此編の與《あづか》る所にあらずといへども、暫《しばら》く斯に記して続編の端をひらく□□（虫損）（と云）」

肥後孝子伝後編上目録

七　弘生村《ひらふ》　甚蔵
八　木庭村　浄念并彦次郎
九　萩原村　岩介
十　宮崎村　さん」

肥後孝子伝後編上

（一）野津村　善太郎

善太郎は八代郡野津郷乃民也、年五十二、父母に事《つか》へて孝《かう》なり、寛保二年に母死《し》す、年七十二、宝暦元年に父失《ちゝうせ》ぬ、年九十二、善太郎が孝状《かうじやう》そのかミ所の長怠《をさをこた》りて官府《くハんふ》に告《まうさ》ず、同六年に至て顕《あら》ハる、官府《くハんふ》是を追賞《ついしやう》して米若干《そこばく》を賜《たま》ふ、其孝状左乃ごとし、父齢《よハひ》かたふき病にふして手足も叶《かな》ハす成けり、善太郎深《ふか》く憂《うれ》ひてあした夕、其所の社《やしろ》にいたりて祈《いの》ること二十年あまり一日もかゝず、」毎朝《まいてう》早く起《をき》て薬《くすり》をせんじて父にすゝめ、家人を起《をこ》して父が事を委敷《くハしく》いひ置て後農業《のうげう》に出づ、出て外にありといへどもしバ〳〵帰《かへ》りて父を見る、或は程遠《ほどとほ》き所にて昼《ひる》乃程帰《かへ》ることあたハざらんとおもふ時は、つぶさに其由をさとし置き、暮《くれ》に及べバ必急《かならずいそ》ぎて帰《かへ》り直《すぐ》に父乃ふし所に行て其様子を伺《うかゞ》ひ、わづかも快《こゝろよ》きさまを見れバ、そ乃心のいさむやうなる事をいひ聞せて己《おのれ》も共に悦び、其日の食《しよく》せる所を家人に問《とひ》、多しと答《ことふ》れバ悦びて食を甘《あま》んじ、少しといへバうれひて物を食《く》ハず」（図一）或は食へども飽《あく》ことを得ず、父寺に詣《もふで》むといへば必負《かならずおひ》て至る、負《おふ》こともならざるさまなるときハ僧《そう》を家に招《まね》き、父の親《したし》き人などあまた呼つとへて説法《せつほう》を聞せ父に寺の思ひをなさしめて其心をなぐさめ、其病苦《びやうく》をゆるへけり、其父兄善太郎に妻《つま》をむかへ別《べつ》に家をたてんことをはかる、善太郎固辞《かたくじ》す、その意偏《いひとへ》に長く同居《とうきよ》して兄を助《たすく》るに

図一

あり、父すでに死《し》しぬる後は兄に事《つか》ふること父乃ごとし、其人がら至て朴実《ぼくじつ》にして言葉すくなく、出て人と交《ましハ》る事を好まず、常に家にありて父兄につかへ、か乃子」弟を率《ひ》ひて農業《のうげう》を事とせりと言

（二）　西古町　代物屋七左衛門　弥右衛門　九兵衛

熊本《くまもと》西古町に兄弟友愛《ゆうあい》ふかく、且家業《かげう》を励《はげま》す三人乃商家あり、兄を七左衛門といひ、次を弥右衛門といひ、季《すへ》を九兵衛と言、各〳〵《をの〳〵》別《べち》に一家を立、同し所に軒《のき》を並べて住ミ、皆其家乃名を代物屋と称《しよう》せり、父が時はことに貧《まづしく》して人の家を借《か》りて居りけるが、七左衛門十二三の比より商《あきない》の道にかしこく善力《よくちから》を用ひ、年長《せいてう》するに従《したが》ひ遠近を懸古着《かけふるぎ》やうのものを売買《うりかい》、身乃苦労《くらう》をいとハずして昼夜力を砕《くだ》きければ、年月を経《ふ》るにしたがひ、有余《いうよ》を存しけり、されバ兼《かね》て父が負目《おひめ》を問《と》ひ尋ね、其」筋〳〵を立て十余《よ》年にして若干《そこばく》の銭を償《つくの》ひ、終に新に家を買ひ蔵《くら》をも造《つく》るやうに成りぬ、されど衣服飲食《いふくいんしよく》より万の事奢《をごり》がましきことを禁《きん》じ専《もつハ》ら質素《しつそ》を守りて、唯売買の事にのミ心を盡《つく》し、凡《すべ》て遊山玩水《くハんすい》物見見物乃ために日を徒《いたづ》らに暮《くら》さず、人或ハ誘《さそ》ふ事あれバ何くれといひ断《ことハ》りて行ず、たま〳〵出遊ぶことある時ハ、兄弟三人相謀《はか》り皆障《さハ》りなき日を撰《ゑらミ》て相伴《ともな》ひ出て更《さら》に他の人を雑《まじ》へず、朝夕《あしたゆふべ》阝寺に詣《もふ》するにも互《たがひ》にさそひ合せて後《をく》れず先《さき》へたゝず、皆一同に打連《うちつれ》て至る、夜或ハ酒を飲《の》むときハ、いさゝかなる物を各携《をの〳〵たづさ》へ来り、三人一所に寄集《よりあつま》りてかたらひてたのしむ、常に三家たゞ貨《くハ》」（図二）財《さい》のミにあらず、器物雑具《きぶつぞうぐ》のたぐひまでも互に相通《かよ》ハし相たすけて一家《ひとついへ》乃ごとし、されと亦《また》其内おのづから分別《ふんべつ》ありてミだりなることとなし、其兄弟相したしミ家内睦《むつま》じき事大ようかくのごとし、余《よ》ハ推《をし》してしるべし、事聞ふ、宝

図二

暦六年彼等《かれら》三人を官府に召《め》され兄弟相親《した》しミ且産業《さんげう》を精勤《せいきん》する事を賞《しやう》して銭若干《そこばく》宛《づゝ》を賜ふ、時に七左衛門年六十八、弥右衛門年六十一、九兵衛年五十四、彼等皆其賜《たまもの》を拝《はい》し畢り、其賜《たまハ》りし侭《まゝ》にてふかく蔵《をさ》め置き、家乃重き宝として子孫に伝《つた》ふ、凡《すべ》て其風《ふう》今に残りて其家他の商家のたぐひに」あらずと言

（三）　政所《まんところ》村　三八并彦介

三八彦介兄弟は靍崎高田《つるさきたかた》乃郷《ごう》政所村の傳右衛門と言民《たミ》乃奴《しもべ》也、傳右衛門年〱に年貢《ねんぐ》を負《を》ひ其負《をひ》めに利足加《りそくくハ》りて後若干《のちそこばく》に成りけれバ、家屋敷を皆売《ミなうり》て是を償《つくの》ふといへども、猶足《なをたら》ざる所米六十俵あまり也、因《よつ》て三八が身一生を質《しち》にして償《つくの》ハむとす、時に三八年二十三、村乃長《をさ》にはかりて言やう、主人の為に我身一生を質《しち》にせん事は少しもいとひ候ハず、されどかくはかり侍ふとも恐《をそら》くハつくのふことあたハし、」又我出て人に仕《つか》へバ誰《たれ》か主人を見継《つぎ》候ハん、願《ねがハ》くハ今より後其負《おひ》めの米に利《り》を加《くハ》へず、元の儘《まゝ》にて償《つくの》ふことを許《ゆる》し給ハゞ、我等《ら》身を盡《つく》してこれをつぐのひ候ハんと、村乃長《をさ》其の志《こゝろざし》を感《かん》じて願ひのごとくす、夫より三八弟の彦介が未幼《いまだいとけな》きをつれて冬《ふゆ》ハ日向《ひうが》国乃炭《すミ》山に行て炭を焼《や》き、夏《なつ》は家に在《あり》て農業《のうげう》を励《はげ》まし、年月いろ〱に力《ちから》をくだきてつゐに其負《をひ》めをすませけり、其初め傳右衛門重《をも》く病《やミ》て危《あやう》し、三八是をいたハりあつかふ事至りて厚《あつ》し、傳右衛門将《まさ》に死《し》せんとするとき三八を枕《まくら》もとに呼告《よびつげ》ていはく、」我子乃宇三郎年わづかに十、はやく母に後《をく》れ今又我に離《はな》る不幸甚《ふかうはなはだ》し、願ハくは汝《なんじ》かれを生《を》ふし立てふたゝび我家を興《をこ》せと、三八泣《ない》て答《こたへ》て曰、我愚《ぐ》なりといへども兄弟こゝろをあハせて必今乃命《おほせ》をむなしくせじ、是を念《ねん》とせずして心よく終《をハ》りをとり給へと、傳右衛門既《すで》に死《し》す、三八悲《かなし》ミ歎《なげ》く

図三

こと殊《こと》に深《ふか》し、さて日向国に行んとしては先《まづ》宇三郎が事をよく斗《はか》らひ、且近《かつちか》き辺《ほと》り乃人々に念比《ねんごろ》に頼《たの》ミ置《おき》、彼所《かしこ》に在程《あるほど》も折《をり》〳〵物を送《をく》りて其養《やしな》ひを助《たす》け、又主人」（図三）夫婦《ふうふ》乃跡《あと》をとむらハしむ、宇三郎既《すで》に長成《ひとゝな》りたりといへども、生《うま》れつき病多《やまひおほ》くして、専力《もつはらちから》を農業《のうげう》に盡《つく》す事能《あた》ハず、亦其姉妹《またそのあねいもと》の人に行てあるは皆貧《ミなまづ》くして相助《あいたす》くる事能ハす、されバ唯《たゞ》三八兄弟《きやうだい》色《いろ》〳〵に心を盡《つく》して孤《みなしこ》を生ふし立、つゐに一家の民《たミ》と成して新に家を作《つく》らんとす、一里《ひとさと》乃人皆《ミな》其功《こう》を称《しやう》して倶《とも》に力を合せけれバ、日ならずして其家成りぬ、兄弟主人乃家の困厄危難《こんやくきなん》の間につかへて心を盡《つく》す事斯《こゝ》に至りて二十四年、始終《しゝう》其志《こゝろざし》をかへず、其さまやむこと」なき人乃忠節《ちうせつ》にも　ほとんど恥《はづ》る所なかるべし、時に宝暦七年兄弟を賞して米銭若干《そこばく》を賜《たまハ》る

（四）　河原村《かハはる》　新七

新七は阿蘇郡野尻《あそのこふりのじり》郷河原村の貧民《ひんミん》乃子なり、其父かれが十五に成りけるを質《しち》にして人に仕《つかへ》しむ、主人しバ〳〵彼《か》れに馬《むま》をひかせ、人にかして其賃《ちん》をとる、其行ことに必《かならず》銭五せん七せんをあたふ、新七受《うけ》て妄《ミだ》りに用ひず、又夏《なつ》と冬《ふゆ》とに衣一宛《づゝ》をさづく、新七年ごとに是を用ひずして或ハ其価《あたひ》を求《もとむ》、彼《かれ》又主人の田乃あぜ畑《はた》乃畔《くろ》にわづかも空地《くうち》あれバ、」必《かならず》物を植《うへ》てミづから其利《り》を収《をさ》む、かくいろ〳〵にはかりいさゝかづゝ乃銭をたくハへ、五年にして身をあかなふて帰《かへ》る、それよりさき父ハ身まかり家もなければ伯父《をぢ》がもとにかゝりぬ、かくてある内に牛馬《ぎうバ》の子三ツを買求《かいもと》め、八年ばかりありてもと父がすミける屋敷に家をつくりて耕作《かうさく》をつとめけるが、三年を終《をハら》ずして人をもつかふやうに成りぬ、それよります〳〵心を用ひ力《ちから》を砕《くだ》きて終《つい》に五十余石《よこく》の高地を受持《うけもち》、家人二十

図四

六人牛馬二十六疋を養《やしな》ふに至《いた》れり、新七初め人につかへてありけるとき、人と」(図四)共に耕作《かうさく》するに、人は皆休《みなやす》らひて昼飯《ひるめし》をくふ、新七ハその物を携《たづさ》へ持《もち》て田畑《たはた》の畔《くろ》を行めぐり、ゆく〳〵是を用ゆ、人これを笑《わら》へバ彼《かれ》いふやう、我耕作《かうさく》乃仕法苗《しほうなへ》の生立《おひたち》をミる、たのしミこれに過《すぎ》たる事なしと、是をもておもふに、彼《かれ》が大に家を起《をこ》しぬるハ、一朝《てう》一夕《せき》乃幸《さいわい》にあらずといふべし、かれ又母につかへて孝《かう》なり、母乃ために一間をしつらひて囲炉裏《いろり》をまふけ、床《とこ》の下には和《やハ》らかなるも乃をしきて身を安《やす》く居《を》らしめ、冬《ふゆ》はあたゝかにして夏《なつ》ハ涼《すゞ》しくす、あしたゆふべ其ふし所に入て寒暖《かんだん》をとひ」二便《べん》に行バミづから手をそへ腰《こし》をかゝへ、出るに申帰《かへ》れバまミゆ、たとへ急《きう》なる事ありといへども母をミざれば必家事《かならずかじ》に及ぶ事なし、又常《つね》に人を救《すく》ふことをこゝろとして、貧《まづ》しきを賑《にぎ》ハし飢《うへ》を助く、又人に物をかして其償《つくのひ》をせめず、あるひは力《ちから》をもて償《つくの》ハん事をこふ者あれバ、其願ひに任《まか》せて己より其分数《ぶんすう》を定《さだめ》す、糅粟《もミあハ》やうの種物《たなつもの》、又は耕作《かうさく》乃具《ぐ》を求め借人《かるひと》あれバ、必其用を叶《かな》へて己が事乃かくるをいとはず、殊《こと》に一里《さと》の人をすゝめて農業《のうげう》をはげまし、力《ちから》をそへて其時を失《うしな》ハしめず、常《つね》に年貢《ねんぐ》を納《をさ》め公役《くやく》を」つとむる事を先《さき》とし、あるひは公役《くやく》にあたりて昼飯《ひるめし》の用意に難義《なんぎ》する人あれバ必粮《かて》をあたへて是を助《たす》く、かく萬に心を用ひて相たすけけれバ人皆親《ミなしたし》ミ従《したが》へり、宝暦七年の秋農業《あきのうげう》をはげまして家を興《をこ》し、又よく母につかふ事を賞《しやう》しても乃を賜《たま》ふ、或人のかたりけるは、そののちいよ〳〵家さかえて牛馬もいやましけるに、其久しくつかひて年おひたる牛馬は、別《べち》に厩《むまや》を作《つく》りて一つに飼置《かいをき》、事に用ゆる事なかりしとそ、良民《りやうミん》乃名遠近《なをちこち》に称《しやう》せらるとなん」

図五

（五）　塚原村《つかハら》　つや

つやハ益城郡廻江《ましきこふりまいのゑ》の郷《がう》塚原村乃民《たミ》利右衛門といふ者の妻《つま》の妹《いもうと》なり、利右衛門死《し》して姉《あね》又病《やまふ》にふしぬ、つやミづから農業《のうげう》をはげまして母と姉とを養《やしな》ふ、其家受作《うけつく》る所乃高十六石に近《ちか》し、つや馬一疋を飼《か》ひ置て自《ミづか》ら田を耕《たがへ》し畑《はたけ》をすく、又稲《いね》をうへ粟《あハ》をまき、刈収《かりをさむ》ることも皆自らす、或は縄《なハ》をなひ俵をあミ、籾《もミ》をすり俵をこしらゆ、又いとまあるときは柴薪《しバたきゞ》を山にとる、其さま男といふともたやすく□□《虫損》（及ぶこ）と能《あたハ》じ、凡民《をよそたミ》乃する所一も自らせざる所なし、独公《ひとりおほやけ》」（図五）の蔵に年貢《ねんぐ》を納《をさ》め、又溝《ミぞ》をさらへ堤《つゝミ》を築《つ》くやうの公役《くやく》ある時のミ、人を雇《やと》ひて己あつかる事なしとぞ、事官府に聞《きこ》ふ、女の身にしてふかく農業《のうげう》に心を用ひ、且善母姉《かつよくはゝあね》を養ふことを褒賞《ほうしやう》ありて銭若干《そこばく》を給ふ、宝暦七年乃秋の事なり、其後子を養《やしな》ひ婦《よめ》をとり孫《まご》などいできて生理《すぎわい》もやゝ甘《くつろ》くと言、然るにあるひは健《すこやか》なる男《をとこ》乃農業《のうげう》に怠《をこた》り、父死《し》して後幾程《いくほど》なく家やしきをうしなふ者あり、豈恥《あにはぢ》ざらんや

（六）　久原村《くバら》　権四郎

権四郎は山鹿郡《やまがのこふり》中村乃郷《がう》久原村伊介といふ者の養子《やうし》也、養父母に事《つか》へて孝《かう》なり、其言所□□□《虫損》（一つも受）したがハずといふ事なし、ある時伊介あやまりて□《虫損》(家)乃うへより落《をち》て大に身をそこなひ、痛《いた》ミ甚《はなハだ》しくて自反側《ミづからねがへり》もなし得《え》ず、母又生《うま》れ付なやミがちにて、父が病《やまふ》をたすくる事能《あた》ハず、されバ独《ひとり》権四郎其側《そバ》にありて父をいたハりあつかふ、二便《べん》に行にも皆抱《いたき》（抱）かゝへ、汚《けが》らひたる物あれバ皆洗《みなあら》ひて清くす、たとひ農事《のうじ》に労《らう》して、

図六

いたうつかれ臥《ふ》したる夜《よ》といへども、父一声権四郎と呼《よ》べバ即答《すなハちこた》へて直《たゞ》ちに起《をき》て其事にしたがふ」（図六）父終《つい》に腰足痛《こしあしいた》ミ屈《くゝ》まりて歩行《ありく》ことかなハず成けるが、出て遊《あそ》バんといふ事あれバ、権四郎ふごやうの物に父を乗《の》せ人を雇《やと》ひて是を荷《にな》ひ、野にあれ山に□《虫損》（あ）れ父が欲《ほつ》する所に行て其こゝろをなぐさめけり、父かくてある事二十年あまり其つかへさらにたゆまず、宝暦七年褒賞《ほうしやう》ありて物多く賜《たま》ふ、大やう世の人情実《にんしやうしつ》の親《をや》の病といへども久しきに至《いた》れバ、其労《いたハ》りに倦疲《うミつかれ》れて後は怠《をこた》りがちなるもあるに、権四郎ハ本養子《もとやうし》にして斯《かく》ふるまひける事豈尊《あにたつと》からずや、誠《まこと》乃孝子《かうし》といふべし

（七）　弘生《ひろう》村　甚蔵

甚蔵はもと合志郡竹廻《かうしごほりたかバ》郷中林村乃民也、同郷弘生村平兵衛といふ者養《やしな》ひて子とす、甚蔵是に事《つか》へて孝《かう》なり、父死《ちゝし》して後《のち》母につかふ、母生れつき極《きハ》めてかたましく、甚蔵をつかふてわづかにも心に叶《かな》ハざる事あれバ、怒《いかり》のゝしり或《あるひ》ハ打《うち》たゝきけり、されど甚蔵ふかく其罪《そのつミ》をうけて唯和《たゞやハ》らぎしたがへり、其家ことに貧《まづ》しけれハ甚蔵出て人につかへ、其身乃代《しろ》をもて母を養《やしな》へり、妹《いもと》あり、人に縁《えん》を結《むす》びて置《をき》けるが、母いかゞおもひけん、其約《やく》を変じて離縁《りえん》せしめ、其妹《いもと》に聟《むこ》とり」て家を継《つが》しむ、人皆《ミな》是を安からぬことにおもひて、甚蔵に其家を去《さ》りて故郷《こきやう》にかへれといへどもしたがハず、しきりにすゝめけれバ甚蔵いへらく、一度来《きた》りて親《をや》とたのミ捨《すて》て帰《かへ》る乃理《り》あらんやと聞《きゝ》も入れず、とかくしけるうちに其婿《むこ》は病《やミ》て死《し》しぬ、其後《のち》甚蔵つかへを止《やめ》て家に帰《かへ》りて母をやしなふ、其さま初より母の慈《いつくしミ》なきをしらざるものゝごとし、時に宝暦六年それの月日賞《しやう》して物若干《そこばこ》を給ふ、凡《をよそ》世間《せけん》親子《しんし》

図七

乃間《あいだ》いろ〳〵のいひぶん出来《いでき》て親《した》しからぬハ、大やう其親《をや》のする所子乃こゝろに」(図七)合ぬ所を咎《とがむ》る心あるより起《をこ》る事《こと》なり、もし子たる者親《ものをや》に順《じゆん》なるは我当然《わがとうせん》乃道《みち》といふ所に心つき、我意《がい》を立ずして専《もつハら》父母の心をもて心としてしたがひ事《つか》へバ、悦《よろこ》びざる父母ハあるべからず、此二つの間尤省《もつともかへり》ミ慎《つゝし》むべき所なり、古人《こじん》も人乃臣《しん》たり子たる者《もの》、君《きミ》と父《ちゝ》とを弑《しい》するの大悪逆《あくぎやく》に至《いた》るも、其君父《くんふ》の不是《ふぜ》なる所を見るより初ると示《しめ》し給へり、然《しか》らバ甚蔵は母の不是《ふぜ》なる所を見ざる人歟、あゝ尊《たつと》ぶべし

(八)　木庭《こバ》村　浄念《しやうねん》并彦次郎

菊地郡《きくちこほり》河原村の郷《がう》木庭村に民《たミ》あり、剃髪《ていはつ》して」名を浄念といふ、年九十二、其家もと貧《まづし》かりければ、若《わか》き時《とき》より人に仕《つかやう》へ漸《やく》半白《はんはく》に至《いた》りて家にかへる、夫《それ》より専農業《もつハらのうげう》をはげまし、終《つい》に田畑《たはた》多《おほ》く求《もと》め買《かい》て生理《すぎハひ》やゝ甘《くつろ》ぐといへども、常《つね》に倹約《けんやく》を守《まも》りて家人《けにん》をして、かりにも分《ふん》に過《すぎ》たる事《こと》をなさしめず、殊《こと》に公《おほやけ》を重《をも》んじて掟《おきて》を背《そむ》かず、年貢《ねんぐ》をおさめ公役《くやく》を努《つとむ》ることを先《さき》として我身《わがミ》乃便《たより》を斗《はか》らず、齢既《よハひすで》にかたふきぬれバ家の事皆子《ミなこ》の彦次郎に任《まか》せて、己は一間《ま》なる所に引籠《ひきこも》りける、彦次郎是に仕《つか》へて孝なり、朝夕《てうせき》父がふし所に入て其寒暖《かんだん》を問《とひ》、」起寝《をきふし》を助《たす》く、事ありて出るときは其よしをつぶさに告《つげ》、帰《かへ》れバ又直《たゞ》ちにまミへて其趣《そのをもむき》を語《かた》る、かりそめに田畑《たはた》に出るといへども告《つげ》ずといふことなし、殊《こと》に称《しよう》すべきハ、深《ふか》く父が教《をしへ》をまもりて家法《かほふ》をミたらす、稲熟《いねじゆく》して既《すで》に刈収《かりおさ》めたりといへども、いまだ年□《ね□ぐ》(貢)を納《おさ》めざる程《ほど》ハ聊《いさゝか》も私乃事に用ひず、妻子《さいし》といへども衣《きぬ》を重《かさ》ぬることを許《ゆる》さず、初《はじ》めて貢《ミつぎ》を納《をさ》めて後《のち》□《虫損》(は)其程にしたがふ、又村役《やく》の者《もの》きたりて公事《こうじ》を触告事《ふれつぐること》あれバ、夜寝《いね》たりといへども必《かならず》お

図八

きて正《たゞ》しく座《ざ》し謹《つゝしん》で是を聞、すなハち其趣《をもむき》を家人《けにん》に示す、其上を」（図八）重《をも》んずる事かくのごとし、時に宝暦八年□□〔虫損〕（それの）月日賞《しやう》して父にも子にも物を賜《たま》ふ

（九）　萩原《はぎはら》村　岩介

岩介は八代郡《やつしろごほり》高田郷《こうだがう》萩原村乃助次郎と□□〔虫損〕（言者）の弟《をとゝ》也、父母に孝心《かうしん》ふかく兄《あに》にも又《また》よくつかふ、□□〔虫損〕（父久）しく病にふして危《あやう》し、兄弟心を盡《つく》していたハり財《さい》を惜《をし》まずして療養《りやうやう》を加《くハ》へ、人参《にんじん》やうの貴薬《きやく》をも多《おほ》く用ひけれども、しるしなくして終《つい》に空《むな》しくなりぬ、其負《おひ》め介（ママ）次郎が身におほハす、因《よつ》て岩介出《いで》て人につかへ其身の代《しろ》をもて是をつくのひ、」九年にして家に帰る、かくて別《べち》に家をつくり母をむかへて養《やしな》ひけるうち、兄《あに》又いたく病てなりハひ殊《こと》にあしく、多《おほ》く乃年貢《ねんぐ》を負《お》ひて家屋しきをも売てつくのハんとす、岩介座《ざし》ながら見るにしのびす則《すなハち》母と兄とにはかり、しバらく母を兄に預《あづ》けて養《やしな》ハしめ、己《おのれ》は又出て人につかへ其□□□〔虫損〕（身の代）を兄にあたへて其責《せめ》をふさがしむ、其人につ□□〔虫損〕（かへて）ある程も己ハいといたう艱難《かんなん》して、折〳〵《をり》兄に物を送《をく》りて母の養ひに力《ちから》をそへ、或《あるひ》はお乃がくふものゝ内をわかちて母にあたふ、其後《そのゝち》兄弟一ツ家にあ□□〔虫損〕（りて）」（図九）母を養ひけるに、或は味《あぢ》よき物を営《いとなミ》いでゝそなふれバ母独《ひとり》是をくハず、聊《いさゝか》なる物といへども必孫《かならずまこら》等に分与《わけあた》へて己はいつもあく事なし、兄弟深《ふか》くこれを憂《うれ》ひ相はかりて岩介ふたゝび別居《べつきよ》して母を養《やしな》ふ、其つかへ殊《こと》に厚《あつ》し、宝暦九年九月岩介母に孝《かう》なるのミならず兄にも悌《てい》なる事を賞《しやう》して物を□□《たま》（賜ふ）

図九

（十）宮崎《みやざき》村　さん

玉名郡《たまなのこほり》荒尾郷《あらをのごう》宮崎村の孝婦《かうふ》をさんと名づく、傳介といふ貧《まづ》しき民《たミ》乃娘《むすめ》なり、傳介外《ほか》に男□□《虫損》（子な）けれバ聟《むこ》とりて是にめあハせ、其身はいく程な□□□《虫損》（くて死）」しぬ、其家弥《いよ〳〵》貧《まづ》し、婿《むこ》すべきやうあらで、其男子□□《虫損》（二人）と共に出て人につかふ、さんは家にありて老《おひ》□□□《虫損》（たる母）と幼《いとけな》き子ふたりと、外《ほか》に伯父《をぢ》を養ひければ其貧《まづし》さハ思ひはかるべし、彼《かれ》日ごとに浜辺《はまべ》に出て□□《ざ》（雑魚）□《虫損》（鰯）やうの物を買て、近《ちか》き村里《むらさと》にひさきて生理《すぎわひ》□□《虫損》（とし）けるに、あるひは其魚売盡《うりつく》さすして残《のこ》りありといへども其実《じつ》をあらハさず、けふはいつにもまして思ひ乃外《ほか》なる利《り》を得侍《はべ》るといひ聞せて母をよろこばしむ、宝暦六年乃饑饉《ききん》にあひて養ひ既《すで》に究《せま》り、母に進《す〻》むる物のミやう〳〵営《いとな》ミ出、其外《ほか》ハ皆《ミな》あら」（図十）ぬ物を食てぞ居《い》ける、母是を見てこゝろさらに□《虫損》（た）のしまず、家乃内皆《ミな》己がくふものを用《もち》ひん事□□□《虫損》（を欲す）、されバ物くふときは、さん、さま〲〵にいひすかして子共等《ら》は皆外《ミなほか》に出し、己独《ひとり》家にありて母と同じ物をくふまねをして母の心を安からしむ、かくて□《つい》（終）に母を飢《うや》さん事を悲《かなし》ミ涙《なミだ》に打《うち》ひたりてありといへども、母乃前に出てハたゞ物ことあまりあるやうにのミいひ聞せて、聊《いさゝか》も其苦《くる》しミをしらしめず、其こゝろ乃うち思ひはかるべし、いと哀《あはれ》なる事なめり、ときに公《おほやけ》の蔵をひらきて民《たミ》の飢《うへ》を救《すく》ハれければ、」さんも其米を受粥《かゆ》を煮《に》て母に進《す〻》む、母のいはく、むまこらにもあたへよと、さん偽《いつハり》ていふやう、此米ハ老《おひ》たる親《をや》を養《やしな》へと上より賜《たまハ》りし物なれバ、かれらに喰《くハ》せ侍《はべ》らん事は成まじき事なりとわづかも其子にわかたず、さてさんハ母乃次第におとろへて、皃形《かほかたち》のさまかハりて頼少《たのミすくな》く成行を見て

図十

深くかな□□《虫損》（しみ）、いやまし心を用ひていたハり事《つか》へ、背《せなか》をなで脚《あし》をさすりて、このミ給へる物あらバ何やうの物をも望《のぞ》ミ給へといへど、母は家の至《いた》って貧《まづ》しきを知りてけ□□《虫損》（れば）更《さら》に好《このま》しき物なしとのミ答《こた》ふ、荐《しきり》にとふてのち」母漸《やうやく》いひけるハ、我若《わか》かりしとき鯛《たい》といふ魚《うお》を喰《□□》しに、其味《あぢハ》ひことに美《うる》ハしくて今にわすれず、願《ねがハ》くは今一度是を喰《くひ》てんかと、さん安き程の事なりと則《すなハち》買て進《すゝ》む、又素麪《そうめん》を好《この》む、また買てすゝむ、母又酒を好《この》めり、さん貧《まづ》しき事斯《かく》のごとしといへどもとかく□《虫損》（し）て日毎《ごと》に買て備《そな》ふ、凡《すべ》て母の好《この》むもの一つも其願《ねがひ》をミてずといふことなし、宝暦九年正月母死《し》す、其世に在《あり》しときのさんが孝養遂《かうやうつい》に公《おほやけ》にあらハれ、米若干《そこばく》をもて追賞《ついしやう》し給ふ」

肥後孝子伝後編上終」

肥後孝子伝　後編　中

肥後孝子伝後編中目録

肥後孝子伝後編中

（一）　南方村《ミなミかた》　やつ

孝女《かうじよ》あり名をやつと呼べり、玉名郡《たまなのこほり》小田の郷《がう》南方村乃貧《まづ》しき民《たミ》のむすめなり、父早《はや》く死《し》して世渡《よワた》る便《たよ》りなけれバ、母さま〴〵に身を苦《くる》しめ辛《からく》して娘《むすめ》を生育《そだて》て居《ゐ》けるに、五年バかりありて母又眼《め》を患《ワづら》ひて床《とこ》にふし終《つい》に目しゐにひとしく成りぬ、時に孝女《かうじよ》年十三、外《ほか》に男子《なんし》なく又親《した》しきゆかりの助《たすく》るも乃なく倶《とも》に飢寒《うへこゞ》へんとす、やつハ生《うま》れながらの孝子《かうし》にて朝夕《あさゆふ》母乃病をいたハり起寝《をきね》を助《たす》け」り、又日毎《ひごと》にいさゝかなるくだも乃或ハ貝《かい》やうの類《たぐひ》を販《ひさき》て其価《そのあたひ》を得て母を養《やしな》ひければ其苦《くるし》さ思ひやるべし、やゝおとなしくなるにしたがひて孝心《かうしん》いよ〳〵深《ふか》し、出て人に雇《やと》ハれぬる日も早《はや》く事を終《を》へ、又物を販《ひさき》てありく時も勉《つとめ》てとく売《うり》つくし、いまだ日影《ひかげ》の傾《かたふ》かざるさきに必家《かならずいへ》にかへり、夫より後《のち》ハしバしが程も母の傍《そば》を離《はな》れずして労《いた》ハり扱《あつか》ひ、立も居《ゐ》るも母乃心のごとくならずといふ事なし、或は手を引て寺へ詣《まいり》又は近《ちか》き辺《ほと》りに伴《ともな》ひ行て其心を慰《なぐさ》む、見る人其孝行《かう〳〵》を感《かん》じて婦《よめ》とし妻《さい》とせんと望《のぞ》む者も多《おほ》か」（図一）りけれども彼聞《かれきゝ》も入ず唯《たゞ》一筋《すじ》に母に仕《つか》ふ、宝暦九年の秋賞《せう》して年毎《ごと》に米三俵ツヽ、を賜《たま》ハりぬ、時歳二十三

図一

図二

（二）　関田村《せきだ》　伊佐吉《いさ》

伊佐吉は小国の郷《がう》関田村の民《たミ》なり、父母に仕《つか》へて孝《かう》なり、父母酒を好《この》ミ多葉粉《たばこ》をすきけれバ、伊佐吉至《いた》りて貧《まづし》といへどもとかくに営《いとな》ミ出て日毎《ごと》にこれをすゝむ、己もたばこをすきけれども買《かふ》事能《あた》ハざれハ、父母乃吸《すひ》がらなどを拾《ひろ》ひ集《あつ》めてそれを用ひけるとなん、斯《かく》て伊佐吉専ら農業《のうげふ》を励《はげミ》て年月怠《をこた》らざりけれバ、」後《のち》は家《いへ》に貯《たくハへ》あるに至れり、されども前の貧《まづ》しきを忘《わす》れず堅《かた》く倹約《けんやく》をまもりて妻子《さいし》といへとも聊《いさゝ》も分《ぶん》に過《すぎ》たる事をなさしめず、常《つね》に己《をし》を推て人の貧《まつし》きを賑《にぎ》ハし飢《うへ》を救《すく》ひ、且《かつ》人に物をかして高利《かうり》をむさぼらず、なりハひあしき年は其期《ご》をゆるへ或ハ其利をとらず、又毎《いつ》も年の終《をハり》には貧《まづし》き者に必ず物を与《あた》ふ、又道橋《はし》乃崩《くつ》れそこねて往還《わうくハん》の便《たよ》りを失《うしな》ひ、牛馬《きうバ》乃かよひ危《あやう》き所あれバ、自《ミづか》ら竹木を集《あつ》め心を用ひて修理《しゆり》を加《くハ》へて其村所の費《ついへ》となさず、彼《かれ》又よりく物を施《ほどこ》す所乃者多《おほ》しといへども、自《ミづか》ら秘《ひ》し」（図二）ていはざれバ委《くハ》しき事知がたし、其公に顕《あらハ》れたるも乃若干《そこばく》、宝暦六年の饑饉《きゝんよ》に因りて窮飢《きうき》乃民《たミ》を救者《すくふもの》数百人、皆其功《こう》の高下によりて各《をのく》褒賜《ほうし》あり、伊佐吉もあつかる、同九年よく親《おや》につかへ又よく農業《のうげふ》を励《はげま》す事賞し給ふ

（三）　津志田村《つしだ》　藤介

藤介は益城郡甲佐《ましきこほりこうさ》の郷《がう》津志田といふ村の長《をさ》也、其人がら心正《たゞ》しくて才賢《さいかしこ》し、是よりさき其所の風俗《ふうぞく》よからずして民皆《たミミな》其業《げふ》に怠《をこた》り、年貢《ねんぐ》を納《をさむ》る事速《すミやか》ならずして年毎《としごと》に公《おほやけ》の累《ワづらひ》と成る事久し、」藤介其所乃長《をさ》と成りし初めに、

図三

民の第一に心得べき道を説諭《ときさと》して法を正し、又耕作《かうさく》の術《じゆつ》を具《つぶさ》に教《おしへ》て深《ふか》く其力《ちから》を用ひしめ、朝夕自ら村中乃田畑《たはた》を打廻《うちめぐ》りて用功《ていれ》の精《くハし》きと疎《おろそ》かなるとを察《さつ》し、若疎《もしおろそ》か成田畑あれバ其主を呼《よび》て深《ふか》く其怠《をこた》りを責《せ》む、又常に心を用ひて其所の費《ついへ》をはぶき、年〳〵乃年貢《ねんぐ》及《をよ》び其所より出る米銭の員数《いんじゆ》を委《くハ》しく帳に書記《かきしる》して周《あまね》く一里《さと》の人にしらしむ、されば民皆信《たミミなしん》じ従《したがつ》てよく其教《をしへ》をまもり、風俗《ふうぞく》大に改《あらたま》りて耕作《かうさく》を励《はげま》し、年貢を納る事速《すミやか》にして滞《とゞこをり》なき」（図三）事三十年、斯《かく》て藤介老《おひ》なやミがち成りければ、其役《やく》を辞《じ》しぬ、一里乃民《たミ》郷の長某《おさそれがし》に訴《うつたへ》て曰、藤介が請《こふ》に任《まか》せて役《やく》を免《ゆる》して人を代《かへ》給ハゞ、誰《たれ》を用ひ給ふといふとも今のごとくなるべからず、願《ねがハ》くハ彼《かの》病おこりて事に堪《たへ》ざる時は姑《しバら》く人をして其事を勤《つと》めしめ、彼《かれ》ハ今乃まゝにて置《をき》給ハるべしと、郷《がう》の長《をさ》其趣《おもむき》を直《すぐ》に官府《くハんふ》に申、官府ふかく感賞《かんしやう》して藤介を郡代《ぐんだい》乃直触《じきぶれ》となし、又物多《おほ》く賜《たま》ひて猶《なを》其役《やく》を勤《つと》めしめ給ふ、宝暦九年某の月日也

（四）　浪野《なミの》村　いち　」

貞婦《ていふ》名をいちといへり、久住波《くぢうなミ》（ママ）野《の》村乃新之介と言者の妻《つま》なり、不幸《かう》にして新之介早《はや》く死《し》して後家《ごけ》と成れり、舅《しうと》其婦《ふ》がいまだ年若《わか》くして後家と成る事を憐《あハれ》ミ、親乃家にかへりて再嫁《さいか》せんことをすゝむ、いち泣《ない》て答《こたへ》ていはく、今家に帰《かへ》りて再《ふたゝ》び嫁《か》せバさき立し夫《をつと》に対《たい》して本意《ほんい》を失《うしな》ふなり、わらハ不背《ふせう》（肖）なりといへども是をするに忍《しの》び侍《はべ》らず、願《ねがハ》くハ爰《こゝ》にありて夫乃在《いま》せし時のやうに仕《つか》へまほしと、舅《しうと》いろ〳〵いひ聞せけれども更《さら》に聞入《きゝ》べくもなし、舅《しうと》も深《ふか》く其志《こゝろざし》を感《かん》し悦びて其願にまかせ」（図四）けり、夫乃弟《をとゝ》二人ありけれども皆人《ミなひと》につかへて家に居《を》らざれバ、いち自《ミづか》ら田作《たつく》りて幼娘《いとけなきむすめ》二人を生《おふ》しなから舅《しうと》をいたハりあつかふ事廿年あまり、其つ

図四

とめ露《つゆ》もたゆまず、彼弟《かのをとゝ》是より五年バかり前に仕へを止《や》めて同じ村に別《へち》に家をつくりて住《すミ》けるが、頻《しきり》に舅をむかへ養《やしな》ハん事を求《もと》む、貞婦《ていふ》うけがハずしていはく、我此年月くるしミにたえて舅《しうと》をやしなひ、ことし八十に過《す》ぎ給へり、然《しか》るを今更《さら》よそに迂《うつ》し遣《や》らん事は思ひもよらざる事なりと、いよ〳〵身を盡《つく》して事《つか》へけり、事公に聞ふ、舅に孝《かう》心ふかく、亡夫《ばうふ》」に操《ミさほ》を立る事を賞して米若干《そこばく》を給ふ、年四十八、宝暦九年十二月乃事なり

（五）鶴崎《つるさき》町　いし

孝婦《かうふ》名をいしといへり、鶴崎町勘右衛門といふ者の妹《いもと》なり、勘右衛門早く死《し》して家日々に貧《まづ》し、いし日毎《ひごと》に人に雇《やと》ハれ其賃《ちん》をもて母を養《やしな》ふ、母年老又積《しやく》の病《やまひ》ありて朝夕乃物も調《とゝの》へ得ず、いし常《つね》に調《てう》してすゝむ、因《よつ》て雇《やと》ハれぬる向《さき》にもあらかじめ其訳《わけ》を断《ことハ》り置《おき》てしバ〳〵家にかへる、其いとま乃費《ついへ》る事を思ひて殊《こと》につとめ働《はたら》きて是をつくなふ、されバ雇《やとひ》ぬる人も亦其帰るをいとハずして却《かへつ》て憐《あハれ》ミを加《くハ》へけり、母殊《こと》に病起《をこ》れハ一向床《いつかうとこ》にふして食《しよく》をたつ、石（いし）是を労《いた》ハりあつかふて夜帯《よるおび》を解《とか》ず目を合せざる事多《おほ》し、されど其さまを色《いろ》に顕《あら》ハさず、昼《ひる》ハ人に雇《やと》ハれ仕へて常に異《ことな》る事なし、母又痛《いたミ》やめば食を欲《ほつ》する事よる昼数《ひるかず》なし、若其設《もふけ》なきときハ、いし夜半《よハ》あかつきといはず近き辺《ほと》りにゆきて米を借《か》り粥《かゆ》を煮《に》てすゝむ、人皆彼《かれ》が孝心《かうしん》を知《し》りてけれバその もとめに来《きた》る毎《ごと》に食物あれバかならず与《あた》ふ、石しバ〳〵人の恤《あハれ》ミを受《うく》ることをいとハしく思ひ、」（図五）朝夕の食物己《おのれ》は一度食《くひ》て一度は喰《くわ》ず、それを貯《たくハ》へ置《をき》て母が不時乃求《もと》めに備《そな》ふ、冬《ふゆ》の夜乃殊《こと》に寒《さむ》く覚ゆる時は母の眠居《ねふりを》れるを伺《うかゞ》ひ、己が衣《きぬ》を脱《ぬぎ》て母のふすまに加へ、又眠《ねふり》乃さめんころをはかり、かの衣を取て着《き》て母をして是をしらし

図五

めず、其心を用ゆる乃深《ふか》き思ひはかるべし、母生《うま》れつき心ひが〳〵しく至《いた》りて腹悪《はらあし》し、ともすれバ無理《むり》なる事をいひて、けうとくいかり詈《のゝし》り、或《あるひ》ハ打《うち》たゝきけり、されど石聊《いさゝか》も逆《さか》ハず、面《かほ》もちうらやかにして打悦《よろこ》びてつかへけり、宝暦十年其孝《かう》を賞して壱人扶持《ふち》をかつ」け給ふ

（六）　新坪《つぼ》井町　半蔵

半蔵ハもと新坪井の産《さん》なり、後竹部《のちたけべ》松雲院《せううんいん》といふ寺《てら》の境内《けいだい》にうつり住《すみ》けるが、谷《たに》某につかへて二度江戸に至《いた》る、谷某かしこにて病《やミ》て死《し》しぬ、則芝《すなハちしバ》乃聖《ひじ》り坂功運寺《さかこううんじ》に葬《ほうふ》る、其後半蔵一度江戸に趣《をもむ》き古主《こしゆ》乃墓《はか》に詣《もふで》む事を思へども、家貧《まづし》くして心ならず過行《すぎゆき》けるに、宝暦九年谷某が十三回忌《くハいき》にあたれり、半蔵思へらく、彼所《かのところ》のならハし十年あまりとひ吊《とふ》らハざる墓《はか》は或ハ毀《こぼ》ち去《さる》事ありと、今既《すで》に十年に」過《すぎ》たれば、其墓の存亡《そんぼう》もはかりがたし、此折から行て其やうすをもうかゞひ見んと心を定めけれども、俄《にハか》に其用意《ようい》も出来《でき》ざれバ、己が住ける家を人に売与《あた》へ、又何くれ乃物とも売代《しろ》なして其価《あたひ》をたくハへ、男子の七つなるか母ハ早《はや》ふ死《し》してよるかたなきかありけるハ隣《となり》なる人乃許《もと》に頼《たの》ミ置《をき》、公《おほやけ》乃役《やく》にあたりて江戸に趣《をもむ》く人にしたがひ行、さてかしこに着《つき》てハ先彼寺《まづかのてら》に詣《もふで》て墓《はか》を見るに、ありしまゝにて恙《つゝか》なかりしかバ大によろこび、寺に物をさゝげて永《なが》く墓《はか》の患《うれ》ひなからしむ、彼《かれ》かしこに在《あ》る程は日毎《ひごと》に墓《はか》に詣怠《もふでをこた》らず、」（図六）十日ばかりありて役果《やくはて》て国に帰る人乃ありけれバ、又其人に従《したが》ひて五月の末《すへ》つかた家にかへりぬ、谷某はもとより彼《かれ》が世々恩《おん》を受《うけ》し主人といふにもあらざるに、斯《かく》ふるまひける事人々皆有がたき事に称《しやう》しあへりけれバ、頓《やが》て公に聞へ物を賜《たま》ふて其こゝろざしを賞し給ふ

図六

（七）　西里村《にしざと》　義仙《ぎせん》

義仙は小国《をくに》西里村に世を累《かさ》ねたる医師《いし》なり、その人がら篤実《とくじつ》にして怪《あや》しきいつハりたる事をいハず、常に正《たゞ》しく座《ざ》して手足をほしいまゝにせず、父死《し》して後其常《つね》に手馴《なれ》もてあそびしも乃皆ふかく蔵《をさ》めて等閑《なをざり》にせず、木履足駄《ぼくりあしだ》やうの物も紙の袋《ふくろ》に入てミだりに用ゆる事なし、又父が墓《はか》四町バかり隔《へだ》たりたる山乃麓《ふもと》にあり、義仙是に詣《まい》ること雨風《うふう》はげしきときといへども、あるひは事ありて夜中暁《やちゆうあかつき》に至《いた》るといへども必ず詣《まいり》て一日もかくことなし、斯《かく》する事こゝに至りて殆《ほとんど》二十年、其始め近き辺《ほと》りの人といへ共是をしらず、やう〳〵年月を経《へ》て後其事あらわれけるとなん、又義仙父乃生る時たかひに親《した》しくくして、更《さら》に異《こと》なる事もなかりけれバ、人皆等閑《なをざり》に思ひ過《すご》しける」（図七）が、父か死《し》ぬるあとより彼是《かれこれ》と思ひ合せ、其心を用ゆるのふかかりし事ども感《かん》じあへりとなん、明和二年其追孝《ついかう》を賞し給ふ、世には親の生ける時ことに好《す》き翫《もてあそび》し物をも其死後《しご》に至《いた》れバ或ハかひやりさまにするもあるに、義仙が為《なせ》る所斯のごとし、礼記《らいき》に曰、父没《もつ》して父の書読《よ》む事能《あた》ハざるは手沢存《しゆたくそん》して爾《しか》り、母没《はゝもつ》して杯圏飲《はいけんのむ》こと能ハざるハ口沢《こうたく》乃気《き》存してしかりと、それ近からんか

図七

図八

（八）　木佐上村《きさかみ》　四子　萬　吉　十太郎
三次郎　金三郎

靏崎関《つるさきせき》乃郷《がう》木佐上村に四人の孝子《かうし》あり、伯《さうれう》ハ萬吉」次ハ十太郎、次ハ三次郎、季《すへ》ハ金三郎、皆父母を愛《いつく》しむ事深《ふか》し、母は継母《けいぼ》なりけれども是における事実《じつ》の母のごとし、彼皆毎年竹田領《れう》乃炭山《すみ》に行て炭を焼《やく》ことを生理《すぎわい》とす、或年例《れい》のごとくゆきけるに父家にありていたく病めり、使《つかひ》をはせて告《つ》く、兄弟是を聞て大に驚《おどろ》き、相謀《はか》りて三次郎を留《とゞめ》て炭山をまもらせ其三人は直《たゞ》ちに帰《かへ》る、其道三十余里《より》昼夜《ちうや》を終《をはら》ずして家に至る、然るに父が病甚おもし、兄弟是を労《いた》ハり扱《あつか》ふこと至らざる所なし、後ハ小便閉《せうべんへい》して通《つう》ぜず、わづかにも通ずれバ聊甘《いさゝくつろ》くといへども通《つう》」（図八）する事稀《まれ》にして其苦痛《くつう》殊《こと》に甚し、兄弟身を置に所なく夜昼替《よるひるかハ》る〳〵小便道《せうべんとう》を吸《す》ふ、しるしなくして終《つい》に空《むな》しくなりぬ、其孝養具《かうようつぶさ》に官府《くハんふ》に聞へけれバ、明和元年十二月銭若干《そこばく》を賜《たま》ふ、古《いにし》へ唐土《もろこし》に庚《ゆ》（庾）黔婁《きんろう》と言人、父痢疾《りしつ》を患《わづら》ひければ其病乃軽重《けいぢう》をしらんが為に其糞《ふん》を嘗《なめ》ける事あり、此兄弟が為《なせ》る所豈遠《あにとを》からんや、其とき三次郎ハ炭山にありて父が看病《かんびやう》に預《あづか》らずといへども、平生の孝行《かうく》いちじるしきをもて倶《とも》に賞せらる

（九）　靏崎町　幸蔵」

幸蔵は靏崎町高田屋某が二男にて幼《いとけなき》より父母につかへて孝なり、其親類藤本屋某死《し》して子なし、因《よつ》て其養子《やうし》と成けるが程なく其養母も死《し》しぬ、かくて後実父病にふして手足も自由《じゆう》ならざる事五年ばかり、幸蔵明暮《あけくれ》其家に行其側《そバ》に在《あ》りて労《いた》ハり扱《あつか》ふ事殊《こと》にあつく、或ハ父が好《このミ》ぬる昔《むか》し今の物語《ものがたり》をし、ある時は近き辺《ほと》りにたすけ行て

図九

其心を慰《なぐさ》む、其病甚しうなりぬれハ心を用ゆる事殊《こと》に切《せつ》にして至らざる所なし、既《すで》に死《し》しぬれバ其悲《かなし》ミよ乃つねに過《す》ぎ、三年が間魚鳥の肉《にく》を喰《くら》はず、」(図九)髪《かミ》をそらず出て人と交らず常に家にありて慎《つゝし》ミ居けるとなん、今の世父母の喪《も》五十日を限《かぎ》りとす、夫を過《すぐ》れバ大やう肉《にく》をくらひ興宴《けうえん》に交《まじハ》り、或ハミづから舞謡《まひうたひ》て忌憚《いミはゞか》る所なし、人も亦怪《またあやし》とせず、然るに此人かくのごとし、是蓋《けだし》三代喪《も》に居る人の遺風《いふう》あるもの歟、明和二年賞して物を賜《たま》ふ

(十) 桧物《ひもの》屋町 弥太郎

弥太郎は、熊本新町桧物屋海津《かいつ》嘉右衛門が弟子《でし》也、年十三にして嘉右衛門が父某が時に来りて弟子となり専ら其業《げふ》を勤《つと》む、其人と成廉静柔順《なりれんせいにうじゆん》にして、」言葉《ことば》多《おほ》からず、又欲少《よくすくな》し、飲食衣類《いんしいいるい》ミな与《あた》ふるも乃を食《く》ひ、あたふる者(ママ)を着《き》て、聊《いさゝ》もミづから求《もとむ》る所なし、主人某死して嘉右衛門未幼弱《いまだようじやく》なり、弥太郎これをたすけていよ〱力を其業《げふ》に用ひて、其家人《かにん》数人《すにん》を養《やしな》ふ、其つとめ人の及ぶ所にあらず、朝《あした》ハ早《はや》く起《をき》て終日《ひめもす》其業《げふ》を営《いとなミ》ミ夜《よる》亥子乃刻《こく》に至る、日として然らざる事なし、朝夕《てうせき》の食時《しよくじ》といへども安《やす》んじ居らず、趾《あし》を跂《そバだて》て食ひ食終《しよくをハ》れバ直にたつて其事にしたがふ、人問《とふ》事あれバ答《こた》ふ、然らざれバ黙《もく》す、常に家にのミ在《あつ》て隣家《りんか》といへども行かず、唯《たゞ》家業《かげう》を勤《つと》」(図十)めて他事《たじ》ある事をしらざる者のごとし、明和二年十二月廿五日弥太郎を官府《くハんふ》に召《めさ》れ、年来《ねんらい》家業《かげふ》を精勤《せいきん》して主人に忠節《ちうせつ》を盡《つく》すことを賞して銭若干《そこばく》を賜《たま》ふ、かくて嘉右衛門弥太郎に妻《つま》をむかへ別《べち》に家を立しめん事をはかる、弥太郎是を聞て嘉右衛門が友某《ともそれがし》に謂《いひ》て曰、やつがれもとより其心なし、只《たゞ》今乃まゝにて身を終《をハら》ん事是

図十

我素願《もとよりねがひ》なり、今主人年四十を越《こ》し給へとも妻《つま》を具《ぐ》し給ハずして家事《かじ》とゝなハず、為《ため》に早く此事をはかりて給ハるべしと、遂《つゐ》にすゝめて娶らしむ、弥太郎病《やまひ》にふしぬ、」嘉右衛門ふかく憂《うれ》ひ心を用ひて色々療治《りやうじ》を加《くハ》ふといへどもしるしなく病日〳〵にあつし、或夜《あるよ》弥太郎親敷友《したしきとも》を呼《よび》、己《をのれ》久しく主人の恩顧《おんこ》をうけし事どもを物がたり、扨今ハいかに薬《くす》すとも生《いく》べからず、我死《し》せバ祇山《ぎさん》乃麓先弟《ふもとあにでし》弥七是又久しく其家にありて嘉右衛門をたすけ弥太郎を教しものなりが墓《はか》の傍《かたハら》に埋《うづ》ミ給るべしといひけるが、其夜の明るを待《また》ずして遂《つい》に空《むな》しくなりぬ、年六十五、其家にある事五十三年、唯《たゞ》主人乃家あることをしりて己が身有《あ》ることを知らず、専《もつハ》ら主人乃恩《おん》の深《ふか》きをおもふて己が功《こう》の大《おほひ》なるをわする、かくのことくの人豈□《あにえ》（得）易《やす》」からんや、天明五年九月嘉右衛門其遺言《ゆひけん》のごとく□《虫損》（に）して厚《あつ》く葬《ほうふ》ると言

（十二）　海津《かいつ》嘉右衛門

海津嘉右衛門ハ熊本新町二丁目乃年寄《としより》にて桧物《ひもの》屋を業《げふ》とす、其所の人心を得たるのミにあらず、他町の人といへ共深く信し服す、天明八年某の月日賞して三人扶持を賜ふ其所人数千人《にんじゆ》ばかりことに貧賤《ひんせん》なる者多《おほ》し、嘉右衛門是を治《をさむ》る事殆《ほとんど》四十年、仁愛《じんあい》をもととして法《ほう》を正《たゞ》し、自《ミづか》ら私用《しよう》を以ていさゝかなる事といへども終《つい》に公事《こうじ》を闕《かき》たる事なし、人ミな慎《つゝ》しミ従《したが》へり、官府《くハんふ》しバ〳〵褒賞《ほうび》を賜《たま》ふ、其人と成篤実廉直《なりとくじつれんちよく》にして人に対《たい》して妄《ミだ》りに家の有無《うむ》を」いはず、広《ひろ》く人を愛《あい》して陰徳《いんとく》を行ひ、又人の善を称《しよう》する事を好《この》ミ、殊《こと》に孝心《しん》ふかく家の内和《やハ》らけり、父は早《はや》く死《し》して嘉右衛門年十五六乃時より家を受継《うけつ》ぐ、其後《のち》家の住居《すまゐ》庭《にハ》の木石《ぼくせき》やう乃もの父がなし置《をき》し跡《あと》を守《まも》りて妄《ミだ》りに改《あらた》めず、一枝《し》をだにそこなハすして今猶旧《なをふる》きを存せり、有司彼《ゆうしかれ》が篤実《とくじつ》なるを好《よ》ミして其家業《げふ》をもて公《おほやけ》の用を勤《つと》めん事をはかる、嘉右衛門深《ふか》く其恩《おん》を謝《しや》し且辞《かつじ》して曰、父母嘗《かつ》て公用《こうよう》を家に請《うけ》ん事を欲《ほつ》せず、因《よつ》て命《めい》

に応《おう》じかたしと、有司《ゆうし》其利害《りかい》を説《とい》て荐《しき》りにすゝむ」といへども露も心をうごかす事なし、是独《ひとり》父母の志《こゝろざし》に違《たが》ハじとのミにあらず、已是を肯《うけが》ふときは今公《こう》用をなす人乃其利を失《うしな》ふが為也、彼《かれ》又姉《あね》なるも乃二人人に嫁《か》して有けるが皆《ミな》不幸《かう》にして家おとろへ生業《せいげふ》を成《な》し得ず、嘉右衛門元より生産《せいさん》足《た》らすといへども是をかへり見おもんはかる所なく、か乃姉等《ら》を呼《よび》むかへてふかく労《いた》ハり養《やしな》ひ、其女子は時に及《およん》で嫁せしむ、宝暦九年十一月母に孝心深《ふか》く姉《あね》にもよく仕《つか》ふる事を賞して礼服《れいふく》一領及《れうおよ》び金子若干《そこばく》を賜《たま》ふ、嘉右衛門年四十を越《こへ》て娶《めと》る其妻《つま》又孝なり、姑《しうとめ》」しく眼《め》しゐて家内乃自由《じゆう》もなし得ず、是を労《いた》ハりあつかふ事殊《こと》にあつく且家人によろし、天明元年母死《し》す、寿《ことぶき》九十一、ときに嘉右衛門年五十三、其戚《かなし》ミ哀《いた》める事さながら嬰児《ゑいじ》の母をしたふがごとし、見る人心を動《うご》かせり、頃年《としごろ》相続《つゞい》て国中饑饉《ききん》し米価《べいか》至つてたつとし、其上瘟疫盛《うんゑきさか》んに流行《りうかう》して民死《たミし》する者多《おほ》し、二丁目二つの患《うれひ》によつて飢《うへ》て死んとする者少《すく》なからず、嘉右衛門色々に心を用ひて取救《すく》う事数十日、遂《つい》に力及《ちからをよ》バず、已《やむ》ことを得ずして救《すくひ》を官府《くハんふ》に請《こう》、官府其所の用金をもてしバ〳〵」すくハしむ、是《こゝ》に於《おい》て嘉右衛門窮飢《きうき》乃者の浅深緩急《せんしんくハんきう》をわかつて施《ほどこ》しすくふ、其法公《ほうおゝやけ》にして私なし、又流行《りうこう》の病に罹《かゝ》りて死《し》する者数十人、其内七月亡魂祭《ぼうこんまつ》る時に至るといへども仏寺《ぶつじ》に一銭の供養《くやう》を成し得ざる者あり、嘉右衛門深《ふか》く是をあはれひ其所の志《こゝろざし》有輩《ともがら》に相斗《はか》りて銭若干を集《あつ》め夫《それ》を自《ミづ》ら四十余《よ》に封《ふう》じ分ちて、各死者乃俗名を書記し、其父母妻子の類ひに賦《くばり》りあたへて、各《をの〳〵》其情《じやう》を伸《のべ》しむ、又その所の困窮《こんきう》を賑《にぎ》ハし、且広《かつひろ》く饑民《きミん》を救《すく》ふもの他町に越《こへ》て多《おほ》し、萬屋太兵衛魚屋清右衛門吉文字屋勘右衛門、且本郷某が施薬のたぐひ皆一統の賞賜あり是皆彼が仁心に」（図十一）誘《さそ》ハれて然る者ならし、人皆いひけるハ二丁目嘉右衛門なかりせバ飢《うへ》て死《し》する者其数《かず》しるべからず、然るに一人乃此患《うれへ》なきものハ皆此人の力《ちから》也と、小職《せうしよく》といへとも宦府其人を得給ふ事見るべし

図十一

凡此饑饉《ききん》につきて国中の冨家数百人、各金銀《をの〳〵》 幾百目より幾貫に至る 米穀《へいこく》 幾俵より幾百俵ニ至る を出して貧民《ひんみん》を賑《にぎ》ハし、或ハ粥《かゆ》を煮《に》て路頭《ろとう》乃飢民《きミん》に施《ほどこ》し、又官府《くハんふ》に納《おさめ》て官府国中の飢民を救給《すくひ》ふ助《たす》けをなす、官府其功《こう》の高下《かうげ》に随《したがつ》て皆各褒賞《ほうしやう》あり、 但此編の褒賞乃数にくハへず 其内予たま〳〵聞《きく》所に殊勝《しゆしやう》なる一人あり、筆の序《ついで》にこゝに其大やうを記《しる》す、熊本蔚山《うるさん》町菊や某」はやうより世を逃《のか》れて剃髪《ていはつ》し名を空山《くうさん》と改め、ふかく仏道を信《しん》して常によるかたなきものに施《ほどこ》す事をつとむ、其家もとより豪富《がうふ》といふにもあらず、其上近き年比相続《つゞ》きて生業《せいげふ》よからす、然るに空山路頭《くうさんろとう》にさまよふ飢民《きミん》を見て思へらく、いかなる珎器奇物《ちんききぶつ》も求《もと》めハ又もあるべし、かゝる饑饉《ききん》は又有べからずと兼《かね》て己が好《す》き翫《もてあそ》びし物、茶器《ちやき》などをも売代《うりしろ》なし、米を買て粥《かゆ》を煮《たき》、其上野菜甘藷《やさいさつまいも》やう乃ものを味噌《みそ》に和《くハ》して煮調《にとゝの》へて彼飢民《かのきミん》に施《ほどこ》す、其志《こゝろざし》に」感《かん》して或米銭、或は野菜《やさい》の類を送《をく》りて其施を助《たすく》る人有しとぞ

褒賞上におなじ

官府より飢民《きミん》を救給《すくひ》へること、府中の町ハ其所乃用銀 市中ハ町毎に年々若干ヅヽの銭を集め置、兼て饑饉の用に備 を用ひ、又ハ価《あたひ》を省《はぶ》きて米をうりあたへ、府外《ふぐハい》は其郷里《がうり》の籾《もミ》を出し、 郷毎に毎年若干ヅヽの籾を貯へ蔵にし置、兼て饑饉の用に備ふ、かくのごとく成もの国中に五十余ケ所 又は更《さら》に米をあたふ、又府中白川の辺り上河原といふ所に、仮《かり》に小家を作りて道路《ろ》にさまよふ飢民を居《を》らしめ、粥《かゆ》を煮て日〳〵に二度ヅヽ、是にあたへ、そこにありて病めるも乃ハ官医《くハんい》をして療治《りやうじ》をなさしむ、又回国乃《くハいこく》」僧《そう》やうのもの道路に病煩《やミワつら》ふ事あれバ其所の長《をさ》をして労《いた》ハり養《やしな》ハしむ、又凡《すべ》て民《たミ》乃寿九十に及《をよ》べハ祝《しゆく》して金帛《きんはく》或ハ酒肴《さけさかな》を賜ひ、百歳已上は年毎《ごと》に養老《ろう》米を給ふ、これらをおして其他思ひはかるべし

（十二）　湯町《ゆまち》　金介

金介ハ山鹿《が》郡湯町の商人《あきうど》なり、不幸《かう》にして生まれつきせくゞまり、其上幼《をさな》き時足をそこなひて蹇《ちんハ》となり、又八つ九つにて相続《つゞき》て母と父とを失《うしな》ひて孤《みなしこ》と成りぬ、それより隣《となり》あたり乃人々の憐《あハれ》ミにて生長《ひとゝなり》、年廿ばかりの比《ころ》より温泉《をんせん》の傍《かたハら》に店《みせ》を出して菓子くだものを」（図十二）売けるが、後ハ其所に仮《かり》に小屋を構《かま》へ、鉄の古き道具用乃物を商ひて生理《すぎわひ》とす、凡物《をよそもの》をうりかふて高利《かうり》を取らず、専倹約《もつハらけんやく》をまもりてつとめて陰徳《いんとく》を行《をこな》へり、彼父母の命日《めいにち》には毎月待《たい》（逮）夜《や》より心を用ひて厚《あつ》く寺に物を奉り、又父母乃恩《をん》をうけられし人乃生《い》けるにハ物を送《をく》り、死せるには其人々の寺にものを供《そな》ふ、己が恩《をん》を蒙《こふむ》りし人におけるも大やうしかり、其恩に報《むく》ひ旧《ふるき》を忘《わす》れざる事かくのごとし、姉乃人に行てありけるか、夫死《をつとし》して孀《やもめ》となれり、金介其娘のありけるハ人に嫁《か》せしめ、姉は己が方にむかへ養《やしな》ひ、これを」愛《いとを》しむ事殊《こと》に厚《あつ》し、姉酒を好ミければ或ハ買て進《すゝ》め又は其料《りやう》をあたふ、既《すで》に身まかりぬるのちハ、其忌日《き》〳〵に寺に物を供《そな》ふる事父母にひとし、金介甥《をひ》乃二人ありけるをもふかく慈《あハれ》ミ、ちからをそへて其生理《すぎわひ》をなさしむ、後に其甥《をい》の子七右衛門といふ者を子とさだむ、されバ朝夕《てうせき》乃食物をも皆其甥が家にて煮調《にとゝの》へ、七右衛門必彼小家に携《たつさ》へ行てこれをすゝむ、又商物乃出し入をも七右衛門是をつとむ、金介其米の料《りやう》を与《あた》へんとす、七右衛門堅《かた》く辞《じ》して受ず、金介其後おり〳〵其母に酒菜の料《れう》を与《あた》ふ、是其」恩《をん》に報《むくハ》んが為なるべし、湯町ハ自他《じた》乃国通行《つうかう》の大路なれバ回国《くハいこく》の僧など通る事多し、金介線香《せんかう》壱把銭一銭ヅゝを施《ほどこ》して一人も洩《もら》す事なし、其道の傍《かたハら》に出水《いづミ》あり、至《いたつ》ていさ清《きよ》し、道行人是を汲《くミ》て暑《あつさ》をさけ渇《かつ》を止む、然るに童部《わらんべ》やゝもすれバ其水口をそこなふ、金介是をうれひ、切石《きりいし》を用ひて其辺《あた》りを堅固《けんご》ならしむ、又湯町と吉田村熊入村乃間に流《なか》

図十二

れあり、吉田河国瀬《くにせ》川といふ、本小石を集《あつ》め土俵《どひやう》を居《す》へて往来《ゆきゝ》の便《たよ》りとす、されどわづかに雨降《あめふ》れバ、俄《にハか》に水増《まし》て土俵《どひやう》小石流《なが》れちりて、人其渡《わた》りのたよりをうしなふ、」金介切石三十余《よ》をつくりて居《すへ》て其患《うれへ》なからしむ、熊入村の民其川の傍《かたハら》に石を立て橋供養《はしくよう》金介と記《しる》せり、金介是を見て大に驚《おどろ》き、人是を見バ何といハんや早《はや》くとりのぞけ給るべし、いと恥《はづ》かしといへバ、里人答《こたへ》て是そこの功徳《くどく》を顕《あら》ハさんとにハあらず、かくのごとくならずんバ或は此石を盗《ぬす》む者あらん、それを恐るゝが為なりといひて止ミぬ、一年国の　儲君《もふけぎミ》初て東武《えど》へ趣《おもむか》せ給ふ時、国中の冨《とめ》る商家農民祝《しやうかのうミんしゆく》して物を奉らん事をねがふ、是近世仁政《きんせいしんせい》大に行れて、民各《ミんをの〳〵》其利を利とし各其所を安しけれハ、其国恩《くにをん》」を報《ほう》じ奉らんが為なり、金介も又是を訴《うつた》ふ、官府ゆるす、彼大に悦び聊《いさゝか》バかりの白銀を奉りて其志《こゝろざし》を致せり、其平日為《なせ》る所大やう此類《たぐひ》なり、明和八年十一月褒賞《ほうしやう》ありて物を賜ふ、年七十三

（十二）　山崎村　甚右衛門并妻とめ 妹さん

甚右衛門ハ菊池郡《きくちごほり》深川《ふかがハ》乃郷《がう》山崎村の民《たミ》なり、父母に事へて孝《かう》なり、常に父母の心を安くする事を以て心とす、妻もよくしたがひ妹《いもうと》も又和《やハ》らげり、父年七十余《あま》り、甚右衛門其立居起寝《たちいおきね》を助《たす》け、日毎《ひごと》に農業《のうげふ》に出るに必父の前に来りて其教《をしへ》を請《こふ》、帰れバ又直に」（図十三）まミへて其日乃事を語《かた》る、妻も妹も皆外に出て耕作《かうさく》しけるが、其さまおさ〳〵男のしハざにもおとる事なし、外に妹乃人に行て居けるが不幸《かう》にしてあしき病起《をこ》り、十二になる娘をつれて家に帰りてかゝりぬ、甚右衛門妻をさとしていへらく、妹ハ我より外に頼《たの》むかたなし、汝《なんぢ》はかへし去《さる》

図十三

事ありとも彼ハ捨去《すてさる》の理《り》なし、汝深《ふか》く此理を弁《わきま》へて常によろしく労《いた》ハり養《やしな》ふべし、譬《たと》ひ労《いた》ハり養ふともわづかもいとひうとむ心あらバ、其心自《ミづから》色に顕《あら》ハれて母の心易《やす》か□《虫損》（る）べからずとしバ〳〵戒《いましめ》ぬれバ、妻もよく其教《をしへ》を守《まり》りて」彼《かれ》等を愛《いとをし》む事更《さら》に内外なけれバ、母深《ふか》く是を悦びて折〳〵人にもかたり出て泪落《なミだおと》しけるとなん、其家にも十二と六つになる娘ありて、凡女七八人つとひ集《あつま》り居けれども、常に和らぎ睦《むつま》しくて聊《いさゝか》も争《あらそ》ひもとる事なし、安永二年の四月それの日甚右衛門に一人扶持《ふち》を賜り、妻にも妹にも銭そこばくかつけて、家内よく斉《とゝの》ひ又よく農業《のうげう》をなす事を賞し給ふと云

（十四）　山室《むろ》村　貞婦《ていふ》

貞婦は飽田郡《あくたのこほり》五町の郷《がう》山室村の民長右衛門が妻也、長右衛門病て死なんとする時其妻にいへらく、父今齢《よハい》」かたふき給ひ二人の娘皆幼《いとけな》し、我死せハ父よるかたおハしまさじ、汝《なんじ》　志《こゝろざし》を堅《かた》くして家を守《まも》り、父を養ふて天年を終《をハら》しめ、娘を生《あふ》し立壻《むこ》とりて我家を立よと言終《をハ》りて死《し》しぬ、それより貞婦此言葉をこゝろにしめて忘《わす》れず、舅《しうと》とともに力《ちから》を盡《つく》して田作《たつく》り、娘を生育《そだて》ありけるに、舅次第に衰《おとろ》へて後は農業《のうげふ》をもなし得ずなりけれバ、貞婦自ら独耕《ひとりたがやす》に力《ちから》の堪《た》ふ間敷をハかり、田畑《はた》乃七反斗《たんハかり》りありけるを、其ふたつを分《わか》ちて人に作《つく》らせ、己ハ其ひとつを作り、猶《なを》養ひの足らざる所ハ或ハ人に雇《やと》ハれて其賃《ちん》を求《もと》め、或は苧《を》をうミ綿《ワ□》を」（図十四）つむきて老たる舅を養ひ幼《いとけな》き娘二人を生育《おひそたて》ければ其艱難《かんなん》思ひやるへし、貞婦が兄弟玉名郡《たまなのこほり》迫間村といふところにありけるか、深《ふか》く是をあハれミ、貞婦にさとして曰、家に帰らバともによき謀《はかり》あるべしと、貞婦泣《ない》ていはく、夫死しぬる時、

図十四

舅を養ひ家を立んことを我に託《たく》せり、我既《われすでに》是をうけがふ、今其艱難《かんなん》に堪《たへ》ずしてそ乃かミの約《やく》を変《へん》じ、舅を捨参《すてまい》らせて家に帰りて我身の為を謀《はか》り候ハん事ハ、豈《あに》あるべき道ならんやと露も其志《こゝろざし》をかへず、弥身を盡《つく》しけり、事公《おほやけ》に聞《きこ》ふ、安永二年十月廿九日物を賜ふて其操《□□ほ》を」顕し給ふ、時に年三十七

（十五）　靏崎町　四郎兵衛

四郎兵衛ハ靏崎《つるさき》町乃商人にて其家の名を平野屋とぞよびける、父母につかへて孝《かう》なり、母年四十に近き比より不図《ふと》心乱《みだ》れて定《さだ》かならず、其ころ四郎兵衛ハ年廿バかりなりけるが深《ふか》く是を歎《なげ》き、心乃および療養《りやうやう》を加《くハ》へけれどもしるしなし、四郎兵衛是を労《いた》ハり扱《あつか》ふさまさながらおさな子を生《を》ふするごとし、何くれといひすかして日毎に髪《かミ》を結ひ湯を浴《あぶ》せて其身を清くし、又朝夕の物を供《そな》ふる時、母ことに物くるハしく見ゆれハ、四郎」兵衛或ハ小唄《うた》をうたひ或はおどりをし、己《おのれ》もよしなき戯《たハふれ》とも打して母の機嫌《きげん》をとり、心よく物をくへるやうにす、中ごろ得意《とくい》乃家より四郎兵衛を養ひて子とせんといふも乃ありけれども、彼聊《いさゝか》其富をかへり見るこゝろなく唯《たゞ》母の病を労《いた》ハるをのミつとめとしける、寛延のすへつかた人あり、かたりて曰、伊豆《いづ》国萩原《はきはら》村といふ所にかゝる病の妙薬ありと、四郎兵衛是を聞いかにもして行て求《もと》めまほしく思ひけれども、伊豆国は海山を隔《へだて》て遥《はるか》なる東《あづま》の方にしあれバ、家貧《まづしく》して心にも任《まか》せざりけり、されどもいろ〳〵にはかり己が衣服《いふく》やうの物を売代《□□》なし」（図十五）て、遂《つい》に彼所《かしこ》に至り、彼薬を求めてかへり母に用ひけれど其しるしもあらで、心を盡《つく》してはる〴〵行ぬるかひもなかりけるとぞ、其家次第に貧《まづ》しくなりて後ハ妻をやしなふ便《たよ》りもなけれバ、幼《いとけな》き男子のありけ

図十五

るをも妻に添て其親《をや》の元《もと》に預《あづ》けぬ、母かゝる病人成りけれバ二便《べん》に行にも心を用ひて労《いた》ハりたすけ、若汚《もしけが》らひたる物のあれハミづからすゝぎて清くす、是を見彼《かれ》を聞人々皆感《かん》じあへりとぞ、されバ其家に子や孫《まご》を手習《てならひ》物読《ものよみ》などに遣《や》りぬる人も多《おほ》かりしが、皆いひけるハ、是強《あなが》ちに物学《まな》び乃為といふにあらず、彼が明暮《あけくれ》其母に仕《つか》ふるやうを幼《いとけな》き者共が見かた」とらん事を思ひてなりと、時に安永二年十二月廿九日賞して一人扶持《ふち》を賜ハる、世《よ》の人大やう己が妻や子乃病をうれひて、身を苦《くる》しめ財《たから》を費《ついや》していとハざるは多けれども、親の為にするハまれなり、しかるに此人母の病を患《うれ》ひて年月心を盡《つく》して、遠《とを》き他の国まで行ぬる事豈類《あにたぐ》ひ希《まれ》なる孝心《かうしん》ならずや

（十六）　国宗村《くにむね》　庄吉

庄吉ハ靏崎高田《たかた》の郷国宗村の民なり、父ハ早《はや》く死《し》して母と居《を》れり、是を愛《あい》する事人に過《すき》たり、又よく兄につかふ、母人に物喰《くハ》せ又施《ほどこ》す事を好めり、庄吉家極《きハ》めて貧」といへども勉《つとめ》て其こゝろ乃欲《ほつ》する侭《まゝ》にして露も苦しとする色なし、彼年廿斗《ばか》りのときより靏崎町仲《なか》屋某が許《もと》に仕へて廿年あまり能慎《よくつゝし》めり、其初めしバ〳〵家に帰る、主人呵《しか》りて押《をさ》へとゞむといへども兎角《とかく》して止《や》まず、主人大にあやしミ思へり、是物を掠《かすめ》取りて行にもやあらんと、潜《ひそか》にうかゞひ見るに曽《かつ》て其故《ゆへ》にあらず、彼つかへ乃暇《いとま》をはかりて行て母に孝養《やう》をするにてありけれバ主人もふかく感《かん》し、それより後《のち》ハ心よくゆるしてぞやりける、母も又慈《いつくし》ミ深《ふか》く庄吉が来りて帰る毎《ごと》に、必彼が額《ひたい》に犬子《いぬのこ》といひて指《ゆび》にて鍋《なべ》のすミをつけぬ、是道にて」（図十六）狐《きつね》に迷《まよ》ハされざる其まじなひ乃ためとなり、庄吉是を慎《つゝし》ミ受《うけ》て消《け》さず其まゝにしてかへる、人の見て笑《わら》ハん事をはかる心なし、又寒《さむ》き夜は母庄吉が風におかさ

図十六

れん事をうれひて古《ふる》き綿帽子《わたぼうし》を彼が首《くび》に引まとひ、猶道《なをミち》の程送《ほとをく》らんといへバ庄吉さかハず其こゝろにまかす、母既《すで》に彼を送《をく》りて帰れバ、庄吉又母乃あとよりひそかに見送《をく》りて其家に至るを伺《うかゞ》ふ、其心に違《たが》ハざる事見るべし、安永二年賞して物を賜ふ、時に四十二

（十七）　役犬原村《やくいぬハら》　理平

理平ハ阿蘓郡内牧郷《あそのこほりうちまきのがう》役犬原村の傳七といふものゝ養子」なり、養父《やうふ》年九十六、常に床《とこ》にふせり、理平是に仕へて孝《かう》也、仮初《かりそめ》に出るにも必告《もう》し、帰れバ必面《おもて》をミせ寝《いね》るときも又告《つ》ぐ、朝早《あさはや》く起《おき》て父がふしどに入、其寝《いね》し傍《あた》りを掃除《さうじ》してうるさきさまを人に見せず、汚《けが》らひたる物ハ皆ミづからすゝぎて妻乃手にだに触《ふれ》しめず、年毎《としごと》に己が田そこばくを分《わか》ちて心を用ひて作りなし、其米を別《べち》に貯《たくハ》へ置《をき》て父が私用《しよう》に備《そな》ふ、年の終《をハ》り毎《ごと》にハかならずあらたに衣を作りて年の初めに是を着《き》せて春をことぶく、父久しく病けるが一日彼衣《かのきぬ》とも取出して、ミづから親《した》しき人々に分《わか》ちあたへてあとの形見《かたミ》とし、又あと乃」吊《とふら》ひ、先祖《せんそ》乃忌《き》日年忌の事まで詳《つまびらか》に理平に命《めい》じ置《をき》ぬ、父既《すで》に死《し》しぬる後理平其の遺言《ゆいげん》を守《まも》りて聊《いさゝか》も違《たが》ハず、彼又常に農業《のうげう》を励《はげま》して暫《しハら》くも時を空《むな》しくせず、出て田の水を引時といへどもそれのミに止らず、其畔《あぜ》にありて縄《なハ》をなふ、其こゝろを用る事見るべし、安永三年正月廿五日官府《くハんふ》これを賞して物を賜ふ、本朝孝子《てうかうし》伝肥前国嶋原乃孝子安永安次といふ者、年毎に己が田若干《そこばく》を分《わか》ちて心を用ひて作りなして父母が私の用にそなへけると記せり、理平がする所暗《あん》に彼と符合《ふがう》す、あゝ孝子親《しん》」（図十七）愛《あい》の情古今異境《じやうこゝんゐきやう》を以て異《こと》ならざる事しかり、然るに況《いはん》や理平ハ養子《やうし》なるをや

図十七

（十八） 下城村《しものじやう》 傳次郎并妻

小国の郷下城村に傳次郎といひて能《よく》父母に仕《つ□》ふる民《たミ》あり、妻も又舅姑《しうとしうとめ》に孝なり、父母既《すて》に老《おひ》て家を傳次郎にゆづりて己は別《べち》に住《す》めり、父母共に茶を好ミ酒をすきぬれバ、傳次郎夫婦朝毎《あさごと》に茶を煎《せん》じ、和らかなる物を煮調《にとゝの》へ、携《たつさ》へ行て父母にすゝむ、又傳次郎外に出行ことある時は必酒買て帰りて父母にすゝむ、又酒売家に便《たより》あれバ必買て貯置《たくハヘおき》、其好《この》める」時に随《したが》ひて是を備《そな》ふ、其家元より乏《とぼ》しけれバ朝夕の食物も毎にこき味《あぢ》を調《とゝのふ》る事能《あた》ハず、たゞあかさのあつものといふとも夫婦心を用ひて煮調《にとゝの》へすといふ事なし、或時傳次郎父にいへらく、強《しい》て物を少く喰《くひ》給へといふにハあらず食過《すぐ》れバ必命《めい》を傷《そこな》ふと承る、唯好《たゞこの》ミたまへる度毎《たびごと》にいくたびも喰《くい》て過《すご》し給ハず、恙《つつがな》なく一日も永く存命《ながらへ》おはしまし給ハるべし、是のミやつがれか願ひに侍《さふら》ふと、彼父とつれて行とき必勤《つと》めて父乃影《かげ》を踏《ふま》ず、又日のさしたる所に用を便《べん》ぜず、彼おもへり、凡人日の出るまで寝《いね》てあらん事ハ天道の冥罰《めうばつ》も恐《をそ》るべき」事なりと、夫婦ともにまた夜の明ざるに起《をき》て各其事にしたがふ、習《なら》ふて是を常とせり、彼父が居る所のうるさきことを常《つね》に心苦《くる》しく思ひけれども、更《さら》に営《いとな》ミ作るべき便《たよ》りもあらで心ならず過行《すぎゆき》けり、されどいろ〳〵にはかりて辛《から》ふして終《つい》に父が心のやうに家をつくりて与《あた》へぬ、久住《くぢう》の駅《ゑき》ハ其所より八里バかりとなん国君東武《とうぶ》の往来《おうらい》に彼所《かしこ》を通らせ給ふときハ、里人皆彼所に行て其公役《くやく》をつとむ、傳次郎生《うま》れつき健《すこやか》ならずして重荷《をもに》を負《お》ひ遠《とを》きをいたす事能《あた》ハず、一年例《れい》の通《とふ》らせ給ふに人あり賃《ちん》をとりて行て其労《ろう》に代《かハ》らむといへバ、」（図十八）傳次郎答《こた》へて曰、此公役は尋常《よのつね》の類ひにあらざれバ、たゞ賃《ちん》のミを出して己安く家に居《を》らん事ハ恐《おそ》るべ

図十八

き事也と、はる〴〵久住の駅《ゑき》に行、己が堪《たゆ》べき事ハ皆自《ミづか》ら勉《つと》め、力《ちから》のたゆましき事のミ賃《ちん》を出して人を雇《やと》へり、其公《おほやけ》を重《をも》んずる事かくのごとし、其妻又夫を敬《うやま》へる事賤《いやし》き民《たミ》乃しハざに類せず、たとひ急《きう》なる事ありといへ共傳次郎がふしたる枕《まくら》の辺《ほとり》を仮初《かりそめ》にも通らずとぞ、是を推《をし》て其余《よ》をしるべし、時に安永三年三月それの日賞して夫婦《ふうふ》ながら物多《おほ》く賜ふと云

（十九）保《ほ》田《た》窪《くぼ》村　ふり」

孝婦《かうふ》名をふりといへり、詫《たく》□（虫損）（摩）郡《こほり》保田窪荒木宇平太が□（虫損）（伯）母《バ》なり、父死して後独《ひと》り母に事へて孝心なり、其家極《きハ》めて貧《まづ》しけれバ、ミなくふものは至《いたつ》てあしゝ、唯《たゞ》母にすゝむる物のミとかくよろしきをいとなミ出、よく煮《に》とゝのへかならず其口にかなハしむ、母又酒を好《この》めり、孝婦進《すゝ》めんとするに物なし、されバ朝夕《てうせき》己がくふ物のうちを減《げん》じ、それを集《あつ》めて酒の料《りやう》とす、母年八十六、久しく病つかれ心惚《ほれ》て手足《てあし》もかなハず、二便《べん》も皆居《い》ながらにして其通ずるを覚《おぼ》へされバ、孝婦しバしが程も其傍《かたハら》をはなれずして心のかぎり労《いた》ハりあつかひ、汚《けが》らひたる」（図十九）物は日毎《ごと》に洗《あら》ふてしきかへさせけれバ、後ハ敷べき□（虫損）（物）もなく、己が着《き》ける衣を脱《ぬぎ》てミなしきものに成《な》しけれバ、身には全《まつた》き衣だになけれどいさゝかも苦《くる》しとせず、冬《ふゆ》乃寒《さむ》きにも夜昼《よるひる》身をつくしける、親《した》しき人是を見て今此身もと病多《やまひおほ》くして年亦更《またふけ》たり、若病《もしやまひ》おこらバ身乃ためはいふにやおよぶ、母のためにもあしかりなん、それをもはかり給ふべしといへど、露《つゆ》も我身をいとひかへり見る心なく、母乃終《をハ》れるまでいよ〳〵孝養《かうよう》をなしけり、安永三年の春賞して白銀若干《そこばく》を給ふ、年六十五」

図十九

（二十）　著《めど》町村　儀介并子吉三郎

益城《ましき》乃郡杦嶋の郷著《がうめど》町村に民《たみ》あり、剃髪《ていはつ》して名を教圓《きやうゑん》とよべり、齢《よハひ》百歳《さい》、其子儀介年七十四、孫吉三郎年三十四、又玄孫《ひまご》あり、教圓百歳におよぶといへ共心貞《さだ》かにしていまだ起居《をきい》も物うからず、儀介是に事へて孝なり、常に面持《かほもち》うらやかにしてうちむかひ、其いふ所に背《そむ》き戻《もど》る事なし、是にならひて妻子もよく事へ、よめも又和《やハ》らぎしたがひて家内ことに睦《むつま》し、教圓あながちに酒をこのむ、されバ義《（ママ）》介常に買てたくハへおき、其このミ望《のぞ》める時にしたがひ」（図二十）てすゝむ、或はたくわへし酒乃あらさる時飲《のま》んと求《もと》る事あれバ、吉三郎田に畑にありて事いそがしといへど、速《すミやか》に帰りて必買てすゝむ、或ハ鮮《あざらけ》き魚を好《この》む事あれバ求《もと》めてすゝめずといふ事なし、儀介ハ年七十に超《こへ》たりといへども猶《なを》身を安くをかず、草をとり畔《あぜ》をほり、妻子も皆□《虫損》（力）を合せて農事《のうじ》を勤《つと》む、されば受《うけ》作る所の田畑多《をゝ》からずといへども、諸作《しよさく》よく熟《じゆく》して利《り》多く、飢寒《うへさむ》きに至るの患《うれい》なし、其家孝順《じゆん》の風行れてむつまじく、又農耕《のうかう》を努《つとむ》る事を賞《しやう》して子にも孫《まご》にも物賜《たま》ふと言、安永四年正月十一日の事也

肥後孝子伝後編中終　」

図二十

肥後孝子伝　後編　下

肥後孝子伝後編下目録

肥後孝子伝後編下

（一）　政所《まんどころ》村　弥蔵《やさう》

弥蔵ハ靏崎関《せき》乃郷《がう》政所村の民《たみ》儀平といふ者の奴なり、儀平が祖父《ぢい》某《それがし》がときよりつかへて三代心を盡《つく》せり、安永

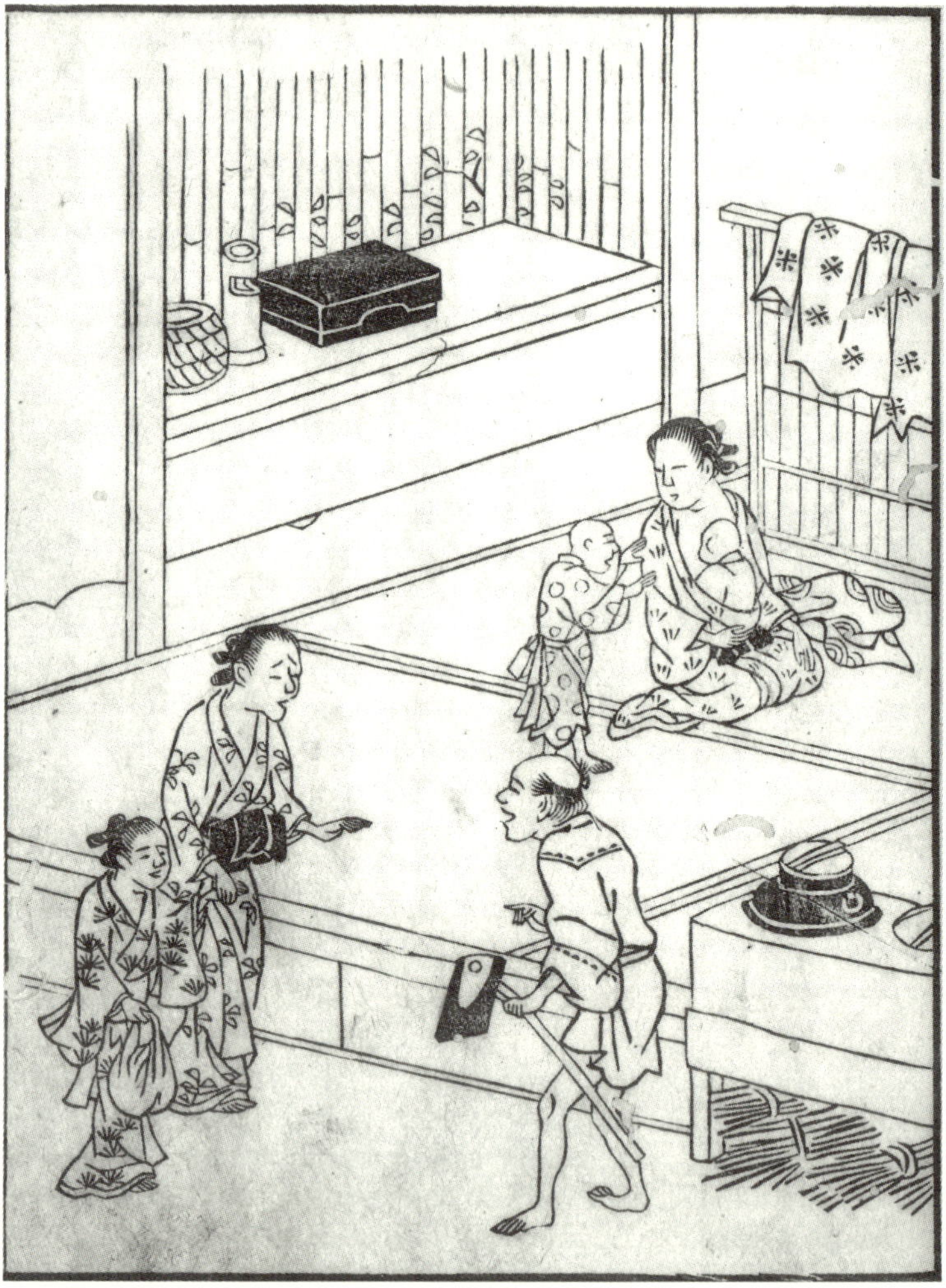

図一

四年正月廿九日官府《くハんふ》其忠烈《ちうれつ》を賞《しやう》して物を賜《たま》ふ、時に年六十三、其行状《ぎやうじやう》を考《かんが》ふるに、儀平が祖父某死して其子二人、兄は儀介妹ハ某皆いとけなし、弥蔵力を極《きハ》めて耕作《かうさく》をつとめて其妻子を養《やしな》ひ、遂《つい》に彼兄弟を人と成し、兄ハ父が跡《あと》を継《つが》せて妻をむかへ、妹ハ人に嫁せしむ、儀介又不幸《かう》にして年三十ばかりにして」死せり、其子二人兄は儀平弟ハ惣次郎ミな至りて幼《いとけ》なく、殊《こと》に惣次郎其身不具《ぐ》なり、かく家主《いへのあるじ》相継《つゞい》で死し亡《ほろ》び、其上寄託人《かゝりうど》も相添《そへ》けれども弥蔵露も其志《こゝろざし》をおとさず、己が妻又其家人をも皆率《ひき》ひて専農業《もつハらのうげふ》を励《はげま》しければ、儀平年十四五に成りけるときは生理《すぎわひ》もやゝ甘《くつろ》ぎ、田畑《たはた》をも買《かい》もとむるに至れり、又祖父が姉同し村乃三平といふ者の妻と成りて居《い》けるが、これより十年バかりまへに孀《やもめ》となり、娘をつれて儀平が家にきたりてかゝりぬ、弥蔵これをもよく労《いた》ハり、其田畑乃ありけるハ皆」（図一）心を用ひて一つにつくりなし、遂《つい》に三平が為《ため》に子を養ひて其娘にめあハせ、旧《もと》乃家を修覆《しゆふく》し、かの田畑をミなかへしあたへて三平が後を立けり、一里乃人皆称《しやう》して曰、弥蔵主人の家の危《あやう》きをたすけ保《たも》つのミにあらず、又親類《しんるい》乃人の家の既《すで》に亡《ほろ》びたるをふたたび興《をこ》しぬること、類ひ少《すくな》き忠臣なるべしと誉《ほめ》あへりとなん

（二）　川尻町　市郎兵衛

市郎兵衛ハ川尻大渡町《かわしりをわたりまち》乃商人にて、近きあたりの村里に物を販《ひさ》きて生業《せいげふ》とす、其人となり柔順《にうじゆん》にして」欲少《よくすくな》く、幼時《いとけなきとき》より人とまじハりてあらそひもとらす、殊《こと》に父母を敬《うやま》ふ事至りて深《ふか》し、彼《かれ》父母乃前にありて常に身をほしいまゝにせず、あつき日寒《さむ》き夜雨《あめ》に風に遅《をそ》く帰りていたくつかれたりといへども、正《たゞ》しく座《ざ》して父母に対

図二

し、父母いねざるほどハ己も寝《ね》ずして、其日〳〵乃事つぶさに語《かた》る、又其あけの日乃事どもミな父に問謀《といはか》りて、其おしへのごとくして一つも己かこゝろに任《まか》する事なし、安永四年十月十八日其孝を賞して銭若干《そこばく》をたまふ、とし三十四、本朝孝子伝を按《あんず》るに備前国横《よこ》井村乃」（図二）孝農《かうのう》其親を敬《うやま》へるを称《しやう》して、凡貧賤《ひんせん》の親をやしなふを見るに、愛《いつく》しミハふかきもあれど敬《うやま》ひハ必足《た》らず、此人まことに得がたしと、然らバ市郎兵衛もまた得がたき孝子ならんかし

（三）　枚平村　作弥

作弥は小国《をくに》の郷《がう》枚平村乃小民にて専《もつハ》ら農業《のうげう》を勤《つとむ》るを以飢渇《きかつ》を免《まぬか》るゝといふまでのことなり、されど人乃為といへバ、費《ついへ》をいとハす隙《ひま》をおしまず、心をつくして其事をなす事、自国他境《じこくたきやう》乃人、知《し》るとしらざるとを撰《ゑら》ふ事なし、父ハはやく死《し》して母と居《を》れり、」孝心ことにふかし、出るに申帰るに時を過《すぐ》さず、たま〳〵時《とき》過れバ母いとふ待わびて、若《もし》酒に酔《ゑひ》てもやあらんかとうれへおもへり、作弥もとより酒にふけるも乃にてハなけれども、彼《かれ》が父酒によりて病を受《うけ》たれバ、母これにこりてかくおもひけるとなん、作弥是をほのかに聞《きい》て、あるとき酒をかひさかなを設《まうけ》て、其里乃老《おひ》たる人彼是招《まね》きつどへて是をすゝめていふやう、やつがれいさゝかおもふこと侍らへバ今より酒を飲《のむ》ことを禁《きん》し侍《はべ》る、願《ねが》ハくハ此後たとへ酒ある所にまじハり侍ふとも、必しゐて飲事を」ゆるし給ハるべし、此事をあらかじめ告《つけ》奉らんがため、かくはからひ侍ると、夫より極《きハ》めて飲《のま》ず、或は家にて母のめと云バ少しく飲《のミ》て酔《ゑふ》に至らず、是皆母の命《めい》にそむかず、且其心を安くせんがためなり、伯父《をぢ》あり一年年貢《ねんぐ》

を負《を》ひ、人に物かりて其責《せめ》をふさぎけれども其償《つくのひ》をなし得ず、作弥いさめていはく、人に物かりては速《すミやか》にかへすべき事なり、ことに年貢のために借《かり》給へる物なれバ、しバらくもゆるくすべき所にあらずと、己が持《もち》たる牛《うし》を伯父《をぢ》にあたへてつくのハしむ、貸《かし》ぬる人是を聞《きい》てふかく感《かん》じ、其」牛《うし》を受《うけ》ずして曰、彼償《つくのひ》は兎《と》もかくも又成行《なりゆき》有べし、かく速《すミやか》にかへし給ふに及《をよ》バず、いかで此牛《うし》を受侍《はべ》らんと返《かへ》しぬ、作弥いろ〳〵にいひさとしてしひて受しむ、其人止《やむ》ことを得ずして牛を受、其価《あたひ》をまして其負《をひ》めをすませけり、又外《ほか》におぢありて家にかゝりて居《を》りけるをもふかく労《いた》ハり、常《つね》に弟をミちびきて農業《のうげふ》をなさしめ、程をはかりても乃などあたへて其志《こゝろざし》を励《はげ》ましけり、或は近《ちか》きほとり乃童部《わらんべ》を率《ひき》ひて野山をひらき、物を作《つく》らせてその利をあたへて世を渡る術《じゆつ》をしらせ、人は平日身を」逸《やす》く置《をく》べからざることをさとす、作弥固《もと》より上を敬《うやま》ひ国恩《こくをん》を報《ほう》ずるをもて宗《むね》とし、年貢《ぐ》を納《をさ》め公役をつとむる事を主とし、人をもすゝめて然らしむ、或は病に懸《かゝ》（罹）り、又は死喪《そう》の患《うれひ》ありて耕作《かうさく》時に後《をく》るゝ者あれバ、必力を添《そ》へて其事をなさしめ、路頭《ろとう》に病煩《やミワづら》ふも乃あるを見てはあつく労《いた》ハり、或は馬を借《か》して乗《の》せてミづから其家におくり帰らしむ、又かねて明松《たいまつ》を作りおひてミち行人にあたへ、あるひは道路《どうろ》乃石を除《よけ》て往来《ゆきゝ》にたよりす、己が独《ひとり》の力《ちから》に及バぬものは、若《ワか》き輩《ともがら》の」暇《いとま》の日をえて徒《いたづら》に居るをいざなひ行て、ともにちからを用ひて堀《ほり》のそく、ある年そ乃近村に瘟疫《うんゑき》はやりて人多《おほ》く病《や》めり、されど其病にふれんことを恐《をそ》れ相助《たすく》る者《もの》少《すくな》し、ひとり作弥いさゝかもおそれず、そ乃ために薬をとり薪《たきゞ》を贈《をく》りて、親《した》しく其家に往来《おうらい》して一つも避《さく》る所なしといへども終《つい》にそ乃病に染《そめ》ず、是天地神明乃彼《かれ》がまことを冥助《めいじよ》し給ふ物ならし、又一年ながら雨降続《あめふりつゞい》て水ひたたき其里の田畑多《おほ》く荒《あれ》て郷中《がうちう》乃徭役《ぶかた》を用ゆるにあらずハ修覆《しゆふく》しかたし、作弥一里の人と相謀《はか》」りて、今年ハかゝる非常《ひじやう》の天変《へん》あれバなミ〳〵に心を用ひてハ成《なす》べからず、年中《ねんちう》用ゆる牛馬《きうば》の綱《つな》、又はふごやうの物いつも正月の内にこしらへをく事なれども、此節《せつ》は夜〳〵つとめて是を営《いとな》ミ造《つく》り、昼《ひる》の程《ほど》ハかの荒地《あれち》に力を用ひ、其及《をよ》バざる所ハ一郷《がう》の力《ちから》を借《かる》べし、己手足をも動《うご》かさずして郷中《かうちう》の助《たすけ》を頼《たの》まん事ハ、安からざる所なるべしとさとしければ、ミな其儀に同じ、正月の初より功《こう》を興《をこ》しければ、事漸《やうや》く成りて郷中《がうちう》乃徭役《やうやく》をはぶく事半《なかバ》に過《すぎ》たり、又一年郷中の田畑実《ミ》のりよからずして村〳〵毛見《けミ》」（図三）損引《そんいん》を願へり、作弥いはく、いかほど豊作《ほうさく》乃年といへ共定数《ぢやうすう》の外《ほか》にわづかも上に取給ハず、さあるに今年なりハひよからずとて、妄《ミだ》りに毛見を願ハんことは恐《をそ》るべき事也、成べきほどハ定数にておさめ春に至りて飢に及ハゞ、山に入て葛蕨《くづワらび》を掘《ほり》て食《しよく》として、上乃わづらひにならぬやうにありたき事なりといひけれバ、人皆同意《い》して其村のミ毛見を願ハざりけるとなん、かゝる事どもいはゞ尽《つき》めや、其こゝろを用ゆる事凡此類《たぐひ》なり、安永六年六月五日官府褒賞《くハんふほうしやう》ありて銭若干《そこばく》を賜ふ、作弥是を受てひとり己に私」せず、ミな家人にわかちあたへて其賜《たまもの》を広《ひろ》む、其余《あま》りのありけるをもて鶴嘴《つるのはし》といふもの二つ造《つく》り、一つハ家にとゞめ、一つハ其村乃何某といふ者にあたへ喩《さとし》て曰、是を用ゆる度ごとに倶《とも》に御国恩《をん》を報《ほう》じ奉る心にて溝畔《みぞくろ》をも掘《ほる》べしと、此何某といふも乃平日によからぬ人がらなりけれバ、分《わけ》てこゝろを用ひておしへ諭《さと》しけるとぞ、凡《すべ》て作弥心行諷喩《しんきやうふうゆ》によりて、身乃おこなひをあらためて善に迁《うつり》たる人多《おほ》し、天明二年八月又褒賞《ほうしやう》ありて郡代《ぐんだい》の直触《じきぶれ》といふも乃にすゝめらる、これよりさき安永の半其郷《がう》の父老《ふろう》」北里董也《きたのさととうや》といふ人小国良民伝《をくにりやうミんでん》と云書を艸稿《さうかう》し、作弥が伝乃終《をハり》に、彼《かれ》今年二十八、此後益善《のちますく〳〵ぜん》に進《すゝ》まん、見る人詳《つまびらか》に紀《しるし》（記）置《おき》て世にあらハし伝へん事を願ふといへり、董也かく人乃善《ぜん》を称《しやう》することを好める事亦《また》見るべし、或人の語《かた》りけるハ、

図三

或時作弥を伴《ともな》ひて他領《たりやう》を通りけるに、日暮《くれ》て道路難義《どうろなんぎ》なりけれバ、ある家に入て明松《たいまつ》をこひぬるに、折節明松《をりふしたいまつ》こそなけれとあたへず、我作弥が名を呼《よび》てなくハ外《ほか》乃家にこふべしといひけるを、其家乃老人《ろうじん》寝《ね》て居《い》けるが是を聞《きゝ》とがめて、是ハ枚平村《すきだいら》の」作弥どのなるべし、彼人《かの》なれバそれにてハ成べからずとて、呼《よび》入て懇《ねんごろ》にもてなし、そこらあたり乃垣《かき》をこぼちて明松《たいまつ》を作りてあたへぬ、彼《かれ》が徳《とく》によりておもひがけなき幸にあひけると、見ずしらぬ他境《たきやう》の人々まで信仰《しんかう》せらるゝ事斯《かく》のごとしと、今年五月官府《くハんふ》又其孝友仁慈《かうゆうしんじ》を褒賞して、年ごとに米七俵を賜ハり、且民《かつたミ》を誘教《しうきやう》せん事を命《めい》したまふと云

（四）　馬渕《まぶち》惣吉

馬渕惣吉は秋《あき》のなりはひを試《こゝろ》ミ、年貢《ねんぐ》の高下《かうげ》を」はかる小吏《やくにん》なり、是を内検《けん》といふ、母あり年八十あまり、是に事《つか》へて孝《かう》なり、出るに申帰るに時を過《すぐ》さず、帰る時ハ必菓子《くハし》やうの物を買きたりて母にあたへてよろこばしむ、或は例《れい》の刻限《こくげん》に帰《かへ》る事あたハざらんと思ふおりは具《つぶさ》に其よしを告《つげ》て出、已《やむ》こと能《あた》ハざるより外《ほか》ハ、事未終《いまだをハ》らず、興《けう》いまだ盡《つき》ずといへども、とかくいひことわりてはやく帰りて母の心を安んず、又役《やく》にあたりて遠き村里に行に、譬《たとへ》バ三十日あまりも居《を》りなんと思ふときは、先母に十日ばかりといひ聞《きか》せ、其期《ご》に及《をよ》べバ又右乃ごとくいひやりて、初より其久《そのひさ》しき事をいはず、」（図四）若《もし》初より有のまゝに告《つ》げしらせたらんにハ、母其日数《かず》を経《ふ》ること乃久しきを心苦《くる》しく思ハんことを恐《おそ》れてなり、惣吉弟《をとゝ》ありて異所《こと》に住《す》めり、母或は其家に行て居《をる》べしといへバ、惣吉さかハず其弟の方に居《をら》しめ、あしたゆふべ夫婦《ふうふ》かはるぐ〳〵行《ゆき》て母をとひ慰《なぐさ》め、又程をはかり

図四

て伴《ともな》ひて帰《かへ》る、年おひ手足いたミて歩行《あるく》ことかなハず成りぬ、されバ惣吉日和《ひより》のよき比《ころ》は園《そのふ》乃辺《ほと》りにむしろをしき、母を負《を》ひ行てそこに居き（ママ）、あるひハ茄子《なすび》をちぎりて給ハるべし、又は菜《な》をつミて給ハるべしと」いへバ、母其あたりをいざりまハりて其事をいとなむ、又雨《あめ》乃ふりていたふつれ〲なる日は古《ふる》き双紙《さうし》をよミ、又ハ上るり本など取《とり》出しふしをつけてそろ〲かたりて聞《きか》しめけり、ミな是母の事にまぎれ病苦《びやうく》を忘《わす》れ、日を安く送《をく》らん事を思ひてなり、其心を用ゆるの切《せつ》なる事思ひはかるへし、安永六年八月十二日賞して白銀そこバくを賜ふと云

（五）高橋町　三女子

高橋町に賤《いやし》き商人あり、名を喜三郎といふ、女子の」ミ七人ありて其家ことに貧《まづ》し、されバ其年たけたる二人は人につかふ、其次《つぎ》をりくと名づく、年十二、次ハかね十、次ハりか八、其次は皆至りて幼《いとけな》し、母日ごとに其うるべき菓子《くハし》くだものを営《いとな》ミ出てあたふれバ、三人の女子朝《あさ》とく起《を》き其物を受取《うけとり》て己がさま〲にはしりまとひて売る、夜ハはなれ〲に行こと能《あた》ハざれバ、三人打つれて同しかたに伴《ともな》ひ行、漸宵過《やゝよひすぎ》て家に帰る、雨《あめ》に風に一日も怠《をこた》る事なし、事公《おほやけ》に聞《きこ》ふ、いまだ幼《いとけな》くことに女の子にして世のいとなミに力《ちから》を用ひ、父が養《やしない》を助《たすく》ることを賞」（図五）して銭多《おほ》く給ひて弥其志《こゝろざし》を励《はげま》し給ふ、時に安永八年正月廿五日なり、大やう幼《いとけな》き者のあとなきたハふれをして、日をいたづらに送《をく》るハ常《つね》乃ならハしなるを、かの三女子はしからず、ミづから身を苦《くるし》めて父が生理《すぎわひ》をたすけぬること、いと殊勝《しゆしやう》なる事なめり、又かゝる事までも精《くハ》しく察《さつ》して褒賞《ほうしやう》を行ひ給ふ事、尤《もつとも》や

図五

むことなき政《まつりごと》ならずや、さるに健《すかやか》なる男の家の業《げう》に怠《をこた》り、酒に耽《ふけ》り色《いろ》にまよひて、父母の養《やしな》ひをかへりミざる人ハ是いかなるこゝろぞや、豈《あに》此三女子に恥《はぢ》ざらめや」

（六）　大嶋町　藤左衛門

藤左衛門ハ玉名郡荒尾《あらを》大嶋《しま》町乃民《たミ》なり、父を藤市といへり、享保の初めつかた孝《かう》をもて賞《しやう》せられて三人扶持《ふち》を賜《たまハ》りぬ、伝前編にあり 其孝順《かうじゆん》乃風《ふう》家に行ハれて、其子藤左衛門又父母をいとふしむことあつく、家人も皆よく和《やハ》らぎ順《したが》へり、父既《すで》に死《し》し母齢《よハひ》かたふきて且病《かつやまふ》に伏《ふ》し、起寝《をきね》も叶《かな》ハざる事八年バかり、藤左衛門ふかくうれへ色々に療治《りやうじ》をくハへ労《いた》ハり扱《あつか》ふこと至《いた》らざる所なし、朝夕《てうせき》乃食物《しよくもつ》も心を用ひてミづから煮調《にとゝの》へ好《この》ミねがふ物あれバ必営《いとな》ミ」出て備《そな》ふ、藤左衛門貧《まづ》しといへども、必母のふし所に終夜《よもすがら》ともし火をかゝげて側《そバ》に臥《ふ》し、昼《ひる》のほどゝいへど家人かハる〳〵打添居《うちそひい》て暫《しバらく》も母をひとり居《を》らしめず、冬《ふゆ》は火をたきてあたらしめ夏《なつ》はあふぎて其身をすゞしむ、あるひは清らかなる所に席《むしろ》をまふけて母を居《を》らしめ、茶をすゝめ多葉粉《たばこ》をあたへて何くれとかたらひなぐさむ、又農業《のうげふ》いそがハしくて、家人皆田に畑《はた》に出行ときは、ゆかりの尼《あま》のあるを雇《やと》ひて母をまもらせ、つとめて他よりも早《はや》く事を終《を》へてミな家にか」（図六）へりて母につかふ、藤左衛門父が墓《はか》、道乃かたハらに在《あ》りて牛馬《ぎうバ》乃ためにけがさるゝことを兼《かね》てうれひけるが、其二十五年忌《き》にあたりける時、母に問《と》ひ僧にはかりて所を撰《ゑら》ひてあらためほうむり、又はじめ葬《ほうむ》り置《をき》し所にも土を高く築《つき》て、忌《き》日〳〵には必香花《かうげ》をそなふ、大やう民《たミ》乃ならひ親の生る程ハよくつかふると見ゆるもあれど、既《すで》に死《し》しぬる後墓《はか》など乃事に心を用ゆるハまれなり、

図六

藤左衛門固《もと》より書を読《よ》ミ其義理《ぎり》をわきまへたるにも有まじきに、墓《はか》の清浄堅固《しやうぐけんご》ならざるをうれひてか」くふるまひける事、おのづから聖賢《せいけん》の教《をし》へにもかなひていと尊《たつと》し、是ひとへに孝心《かうしん》乃至《いた》れるがいたす所ならし、安永八年六月某《それ》の日世々孝徳《かうとく》有をことに賞して一人扶持《ふち》を賜ハりぬ

（七）　小川町　善十郎

善十郎ハ益城郡《ましきこほり》小川町の商人なり、父につかへて孝なり、父既《すで》に身まかりけれバ、近《ちか》き辺《ほと》りに葬《ほうむ》り詣《まふで》る事一日もかくことなし、猶《なを》したハしさのあまりにや父が姿《すがた》をつくり、其生《いけ》る時乃髪《かミ》を用ひて粧《よそほ》ひ成《な》し、一室《しつ》に崇《あが》め置て朝夕《てうせき》物をそなふる事」（図七）猶生《なをいけ》る時乃ごとし、是本朝孝子伝に載《の》する伴直家主《ともの□さひやかぬし》がする所に同し、孝子の情古今《じやうこゝん》をもて異《こと》ならざる事又見るべし、然而生《いけ》るとき乃髪を用ゆといふは猶《なを》かれに勝《すぐ》れりともいはんか、兄乃二人ありけるが不幸にして一人は病多《おほ》く一人は其身不具《ふぐ》なり、善十郎是を労《いた》ハる事殊《こと》にあつく家の内又よく和《やハ》らげり、安永九年二月廿七日賞して物を賜ふ、時に年三十一

（八）　筒口《つゝぐち》村　吉右衛門并妻はつ

吉右衛門は豊後国野津原郷《がう》筒口村乃民なり、妻《つま》を」はつといふ、老たる母をもてり、吉右衛門夫婦《ふうふ》是をいたふしむ事人に過《すぎ》たり、母のいふ所受《うけ》したがハすといふ事なし、ある時母孫《まご》の二つ三つなるをいだきて囲炉裏《いろり》乃側《そバ》に居りけるが、立んとするときあやまりて孫を抱《いだ》きながら火の上に倒《たを》れぬ、吉右衛門夫婦大にあハてゝ母をい

図七

図八

だき起《をこ》して労《いた》ハり、扨彼子《さてかの》を取あげて見るに、いとうやけたゞれぬ、いとかなしくこゝろを盡《つく》していろ〳〵療治《りやうし》を加《くハ》へけれども、しるしなくて終《つい》に死《し》しけり、吉右衛門夫婦其かなしミを深《ふか》くかくして色にあらハさず、何くれと母をさとし」（図八）慰《なぐさ》めて其うれへをゆるへけり、彼等独《かれらひとり》もてる男子乃ことに非常《ひじやう》の死をなしぬれバ、其かなしミたふべくもあるましきを、母乃心を推《をし》ハかりてかくふるまひぬる心のうちおもひはかるべし、いと哀《あハれ》なる事ならずや、又其兄隣《あにとなり》に居《を》りけるか極《きハめ》て貧《まづ》しけれバ、吉右衛門しば〳〵粮《かて》をつゞけ、又ハ塩薪《たきゞ》やう乃物をあたへ、或は農業時《のうけふ》に後《をく》るゝ事あれば夫婦必倶《かならずとも》に行て是を助《たす》く、事つぶさに聞《きこ》ふ、吉右衛門母に孝《かう》なるのミにあらず兄にも悌成《ていなる》事を賞し給ひ、夫婦ながらに物多《おほ》く賜ふ、安永九」年の四月十四日乃事なりけらし

（九）　青野《あをの》村　銀次《きんじ》

銀次は玉名郡小田郷青野村幸三郎といふ者の子也、年十五、母につかへてことに孝《かう》なり、父ハ同じ郷桜井《かうさくらゐ》村といふ所乃長《をさ》と成て常《つね》にかしこにあり、家にハ祖父なる者従者《じうしや》五六人を率《ひき》ひて耕作《かうさく》す、銀次が母久しくあしき病をうけて居《を》りけるが、近《ちか》き比《ころ》よりいといとううるさくなりぬ、されバ別《べち》に家を作《つく》りて居《を》らしむ、銀次是につかふる事ことにあつし、あした夕乃食物《しよくもつ》も皆《ミな》ミづから携《たづさ》へゆきて」すゝむ、又纔《わづか》にも味《あぢ》よき物あれバ必あたふ、酒ある時ハ銀次祖父祖母《ちいばゝ》の目にたゝぬやうに心を用ひて取はからひ、たづさへ行てこれをすゝむ、母かゝる病なりけれバ、衣服《いふく》のけがれも多《おほ》かり、銀次ミなミづからすゝぎて清くす、又其寝《いね》し所の掃除《そうぢ》をもみづからなして、家人乃手にふれしむる事少《すくな》し、是母のうとましくけがらひたるを、人乃いとひ、にくまんことを思ひてな

図九

り、銀次かねて祖父祖母、母乃里の小民なるうへ、彼悪疾《あくしつ》あるをうとミて、母をすてんとするの心あるかとおもひけるにや、銀次七八つ乃」（図九）年よりハ母里にゆけバ必したがひ行き、母のかへらざるほどハ己もかへらず、祖父祖母銀次をしたひて人を遣《や》りて呼《よぶ》といへども、銀次母を残して己ひとり家に帰ることなし、祖父祖母やむことを得《え》ずして母を倶《とも》にすれバ、銀次すなハち帰る、其心のうちおもひはかるべし、時に安永九年六月十八日賞して物賜ふていよ〳〵其孝をはげまし給ふと云

（十）　下城村《しもじやう》　つや

忠女《ちうじよ》あり名をつやとよべり、小国《をくに》の郷《かう》下城村乃」七兵衛といふ民《たみ》乃家にて生育《そだち》しつかひ女なり、其家至りて貧《まづ》しけれハ、彼が十七に成りけるとき、銭十貫文乃質《しち》にして人につかへしむ、それよりつや仕へのいとまをはかりて色〳〵に心を用ひ、或ハ夜いたくふくるまでも一人おき居て苧《を》をうミ綿《ワた》をつむぎ、それを人にうりていさゝかづゝの銭を得てたくハへおき、十三年にしてミづから身をあがなひて家にかへりぬ、家いよ〳〵貧《まつ》し、因《よつ》て又彼を質《しち》にする事初めのごとし、いよ〳〵身を苦《くる》しめて六年にして又ミづからあがなひてかへる、」其折しも家に不幸《ふかう》多《おゝ》くして主人ことに苦《くる》しめり、つや居なから見るに忍《しの》びず、ミづから出て人につかへ、一年乃身の代《しろ》をおくりて其主人を助《たす》く、されど補《おぎな》ふに足《た》らず、つやおもへらく、かくてハ事に益《えき》なしと、又ミづから身を質《しち》にして銭十貫を得《え》て主人乃急《きう》を救《すく》ひ、身を苦《くる》しむる事いよ〳〵つとめて四年にして又ミづからあかなふて帰る、かへりて其家のやうをうかがふに、一つも甘《くつろ》くを見ずして日々に其迫《せま》るを見る、つや又ミづから身を質《しち》にする

事前のごとし、此時に至りてハ主人夫婦年」老力衰《おひちからおとろへ》て其身農業《のうげう》にたへず、されど外にたすくる人なし、つや是を深《ふか》く悲《かな》しミ、暑《あつ》き日寒《さむ》き夜身には全《まつた》き衣《ころも》だに着《き》ずして勤《つと》めうごき、色〱に心を用ひ身をくだき、二年にして又ミづからあかなひて家にかへり、専ら力を耕作《かうさく》に励《はげま》して主人夫婦を養《やしな》ふ、彼出て人につかふる事凡五度、としを経《ふ》る事二十六年、銭を得て主人をたすくること四十余《よ》貫皆自らあかなへり、そ乃艱難辛苦《かんなんしんく》おもひ遣るべし、主人彼《かれ》が身を苦《くるし》めて己《おのれ》夫婦につかへていま年四十を越《こへ》、終《つい》にやもめにして終《をハ》らんことを」憐《あハれ》ミ、其よるべ求《もと》めんとす、里人又彼が人がらを好《よミ》して迎《むかへ》んと云者多《おゝ》し、つや是を聞《きい》て泣《な□》て夫婦にいへらく、御志《こゝろざし》乃深《ふか》きことハいひやらんかたおはしまさず、されと今よハひかたふき給ひ、又貧《まつ》しきに苦《くるし》ミ給ふ事かくのごとし、それを捨《すて》まいらせて人に行、たとひ我身いかなる幸《さいわい》を得候とも何のいさミか侍《さふ》らハむ、かへりて我心の苦《くる》しミをますにてこそ侍《はべ》れと、さらに承引《うけひく》けしきもなし、夫婦いろ〱にいひさとせとも聞《きゝ》もいれず、とかくしける内に主人乃婦病《ふやまひ》に寝《いね》て手足叶《かな》はず成けり、つやかたハらに在《あり》て帯《をび》をもとかず目」もあハせず、昼《ひる》よるいたハり扱《あつか》ふこと八年ばかり、其事《つか》へさらにたゆまず、安永四年官府賞《くハんふしやう》して銭若干《そこばく》を賜ふ、かくて後主人夫婦相継《つゝい》て死《し》す、男子《なんし》なし、因《よつ》て人〱相謀《はか》りて武吉と言者を養《よう》子とす、つや是に仕《つか》ふる事又慎《つゝし》めり、武吉夫婦もふかく彼《かれ》を憐《あハれ》ミ、常《つね》に身を安く居《を》らしめんとすれどもつや是に安んぜず、倶《とも》に農業《のうげう》をなして主人を助《たす》く、其忠《ちう》いよ〱顕《あら》ハる、同九年の冬《ふゆ》官府又重《をも》く褒賞《ほうしやう》あらんとす、時にたま〱公《おゝやけ》に故《こと》ありて其事たゆとふ程に、つや病にいねて危《あやう》」し、郡代等《ぐんだいら》是を聞て深《ふか》く憂《うれ》ひ、銭を与《あた》へて其病用《ひやうよう》を助《たす》く、郷《かう》の長《をさ》および一里の心ある人々皆薬餌《くすりぐひ》を送《をく》り、或は人参やう乃薬をあたへ朝夕病を問《と》ひ、偏《ひとへ》に其生ん事をねがふ、郡《こをり》乃医師《いし》ハ招《まねか》ざるに来《きた》りて脉《みやく》を診《しん》し療治《りやうじ》を加《くハ》ふ、武吉夫婦も又深《ふか》く心を用ひて扱労《あつかひいた》ハる、つや打泣《うちな》て謝《しや》していへらく、ワらハ前の主人夫婦につかへ、其終《をハ》りを取給へるまでかたはらをはなれずして扱《あつ》ひけれバ、心におひて思ひ残《のこ》す所なし、又夫婦と同し年に死《しせ》ん事元《もと》より願う所なり、且《かつ》我おしむべき齢《よハひ》にあらず、若老朽《もしおいくつ》る迄、」（図十）存命居《ながらへゐ》て今の主人乃累《ワづらひ》とならバ、かへりて本意なき事なり、然るにいまつとめて薬を服《ふく》するも乃は、全《まつた》く命《いのち》の延《のべ》んことをねがふにあらず、わらハ至りて賤《いや》しき身にして、かくまで上下の人々乃恩顧《をんこ》を蒙《かふむ》りぬること、冥加《めうが》乃程恐《おそ》れ思ふところなり、病すこしくをこたる事を得バ、一たびかの人々乃もとに至りて一言乃礼謝《れいしや》を述《のべ》んがためなりと、こゝろを励《はげま》して薬を用ひけれどもしるしなく、病日〳〵に重《をも》りて天なる哉命《かなめい》なるかな、十二月の廿日をもて終《つい》にはかなくなりけり、年六十五、是を聞人〳〵しると」しらざると皆涙《なみだ》おとして惜《をし》ミあへりとなん、例《れい》乃人〳〵相はかりて、かれが為に石牌《せきひ》(碑)を建《たて》て其忠烈《ちうれつ》の名を世にあらハし、永《なが》く伝《つたへ》んことを官府に請《こ》ふ、官府許《ゆる》す、則《すなハち》其墓《はか》に石碑を立つ、其文府学《ふかく》の句読師《くとうし》嶋田《しまだ》 某《それがし》撰《せん》せり、左のごとし

女津也者、小国県下城村ノ奴産子也、以純忠聞于世、安永九年十二月廿日死ス、歳六十有五、葬ル于北河内原、遠近聞者莫シ不ルコト歎惜セ也、越翌年之春、里宰与父老議、欲ス建碣ヲ以表セント其忠ヲ、請諸」国府ニ国府許ス焉、予閲スルニ津也カ之行状ヲ、其主貧困、質津也ヲ銭十貫ニ、時津也、歳甫十七、辛勤勉厲、昼夜不怠、人皆就寝ニ、而後敢営ス私事ヲ、績麻ヲ織布ヲ、鬻之ヲ於人ニ、積十三年、而得銭十貫ヲ、自贖テ而帰ル事ルコト主愈恪ム、既而其主滋貧シ、又質津也ヲ如シ初ノ、津也辛勤六年、又贖テ而帰ル、是時主家死喪

図十

事故荐《しきり》ニ至ル、不忍坐視ニ、乃出テヽ為庸ト一年、得銭悉ク輸ス主家ニ、主家逋負既多シ、得之ヲ未贍《たすけ》テ、津也又自質銭十貫以補不ルフ足、辛勤四年、又贖テ而帰、而主家貧益甚シ、津也又不忍坐視ニ出質タルコト如初ノ、時ニ主人年老無子、夫妻困於躬耕ニ、津也思テ之ヲ弗措、其在質」家ニ也、冬月祁寒、身無シテ全衣而、辛勤倍ス於初ニ、未出二年ヲ、又贖テ而帰凡津也、鬻身ヲ五得銭ヲ四十余貫、皆為其主ノ也、至テ此ニ歳既四十余、主人憐之ヲ、謀テ欲嫁之ヲ、郷里又嘉シ其為リヲ人ト、欲聘之ヲ者衆シ、主人以強津也ニ、津也不シテ可曰、君等年老家貧シ、妾舎此ヲ而出嫁セ、仮ヒ得安逸ヲ適足以増スニ慼ヲ耳、終不肯テ嫁セ、服勤ス主家ニ躬秉耒耜ヲ、未幾、主人夫妻相継テ罹ル于篤疾ニ、津也不交睫ヲ、不鮮（解）帯ヲ、昼夜扶持ス、久（終）シテ而不懈《おこた》ラ及主人没スルニ、養同郷某ノ子ヲ為嗣ト、津也事之亦謹云、安永四年、

国府賜銭若干、以褒ス其忠ヲ、九年又将有殊賞、于時」公室有　太夫人之喪、事未及行ニ、津也罹疾ニ危篤、縣尹聞之、与銭若干、里宰齎貴薬ヲ而饋焉、里中之父老、朝夕省問、医之在邇ニ者、不待速キヲ而来診ス、蓋其忠節孚於人ニ也如シ此、嗣主夫妻、撫視極厚シ、津也泣而謂之ニ曰、前日妾幸ニ得侍於先主二人之終ニ、志願已畢、今也亦何愛生ヲ之有、喘々ノ之息、延テ及老耄ニ、是徒貽君累ヲ也、且主婦之没、近在是歳ニ、妾得ハ相継テ従于地下ニ、不亦幸ナラ乎、然猶且湯薬シテ庶幾一起ヲ者無他、妾以至賤之身ヲ、屢辱ス縣尹及父老之恩顧ヲ、故ニ欲一踵其門ニ躬自拝謝センコト而已、言之ヲ刺々トシテ不已、以至ル属纊」矣、嗚呼哀哉

銘曰

一婦居レハ敬ニ、万人興ス行ヲ、建片石ヲ兮

山ノ之幽ニ、勤メテ忠誠ヲ兮耀ス千秋ニ

島田温　撰

（十二）　佐伯道明《さいきどうめい》

佐伯道明は本藪《やぶ》某が部下《くみ》の足軽《あしがる》にて初の名を中村弁次とぞ呼ける、年十七にして始《はじめ》て役《やく》に丁《あた》りて東武《ゑと》に趣《おもむ》き、白銀《しろかね》の邸《やしき》に居《を》る事四年、ある時邸外《やしきのほか》に出て龍口《たつのくち》の邸乃朋友と酒肆《さかや》に会して」飲《の》む、龍の口道遠《とを》し、因《よつ》て門限《もんげん》を過《すぐ》さん事を恐《おそ》れて皆帰《ミなかへ》る、私に邸門を出る者日暮て帰るに刻限乃定あり、夫を過れば決して入れず、後ふたゝび邸に帰り、あるひハ国に到る時は獄にとらへて刑あり独《ひとり》道明白銀《しろかね》甚《はなハだ》近《ちか》きをもて帰らず、のこり留りて猶《なを》飲《の》む、終《つい》に酔伏《ゑいふ》して時乃移《うつ》るを覚へず、やゝ酔去《ゑひさ》り夢覚《ゆめさめ》め、驚《おとろ》き走《はしり》りて帰らんとすれバ既《すで》に鶏鳴《けいめい》に及《をよ》べり、千悔《せんくわい》すれどもかひなし、おもへらく、邸に帰りてミづから刑《けい》を受《うけ》んかと、又一心に思へり、一度九州《きうしう》の地に至らバ国に帰るの幸《さいハい》を得《う》る事或はあるべしと、遂《つい》に心を決《けつ》して趣《おもむ》く、固《もと》より僅《わづか》のたくハへなけれバ食を路頭《ろとう》に乞《こ》ひ、軒《のき》にイミ《たゝず》木陰《こかげ》に」臥《ふ》し、二月余《よ》を経《へ》て辛《からふ》して筑後《ちくご》乃国に至る、ミづからおもへらく、徃ものは追《おふ》べからす来るものハ猶《なを》追ふべし、国に帰りて母を見る乃謀偏《はかりをひとへ》に学《がく》を為《な》し、行《こう》を改《あらた》めて善をするにしかじと、伏《ふく》して書を読《よむ》事四年、筑前福岡《ちくぜんふくおか》の儒医《じゆい》亀井道斎先生大名ありて、危難《きなん》を水火乃中にすくふの仁心《じんしん》ある事を聞、行て謁見《えつけん》しつぶさに己が事を過《あやま》つ始終《しじう》を語《かた》る、先生其改励《かいれい》の志を感《かん》じ、又為《な》すべきの質《しつ》あることを好して、家に留《とゞ》めて学バしむ、夫より道明昼夜辛勤《ちゆうやしんきん》して学《まな》び、年を累《かさ》ねて怠《をこた》らず、遂《つい》に其」材《さい》（ママ）を成しぬ、或は公侯《こう〱》大家の招《まね》きありといへども辞《じ》して就《つか》す、其心偏《ひとへ》に身に犯《をか》せし罪《つみ》を恐《おそ》れ、且《かつ》一たび国に帰りて母を見るにあり、彼《かれ》東武を出《いで》走りし初め、母是を聞て深《ふか》くかなしミ　邦君の菩提寺《ぼだいじ》妙解寺《めうげじ》といふに因《よ》りて非常《ひじやう》の赦《しや》をねがふ、主僧《しゆそう》も是を憐《あハれ》ミてしバ〳〵官府に請《こ》ふ、是より前道明既《すで》に上書《じやうしよ》千百余言を制《せい》し、官府に達《たつ》せんことをもとむれどもあたハず、其文専《もつハ》ら過《あやまち》を悔《くい》身を咎《とが》め母のためにミづから刑《けい》を請《こふ》て国に帰らんことを述《の》ぶ、今や寺の訴訟《そせう》と倶《とも》に官府に達《たつ》す、天明五」（図十一）年七月官府前罪《ぜんざい》を許《ゆる》して国に帰る事を得せしめ給ふ、其詞《ことば》にいはく、道明初《はじめ》東武《とうぶ》に於《おひ》て門限《もんげん》を過《あやま》つて入ことを得す、遂《つゐ》に出奔《しゆつほん》すといへとも他《た》に犯《をか》せる悪事《あくじ》なし、其後ふかく学問《がくもん》に志《こゝろざし》前非《ぜんひ》を悔《くい》ミづからきたりて刑《けい》に伏《ふく》（ママ）せん事をおもふ乃中、既《すで》に才芸《げい》成り、他侯《たかう》乃招《まね》きありといへども身の罪《つみ》を恐《おそ》れ、又老母奉養《ほうやう》乃こゝろざし切《せつ》なるをもて辞《じ》して行ず、是奇特《きどく》の至りなり、且《かつ》御法会《ほうゑ》に対《たい》して前乃罪《つみ》を許《ゆる》すといへり

上書」

罪人弁、再拝謹テ言ス、罪人本抱関撃柝ノ之隷也、以明和三年春三月ヲ、祇役ス于東都白銀ノ之邸ニ居ルコト四歳、罪人無状、与二三ノ僚友自龍ノ口ノ之邸来ル者、共ニ出テ遊肆中ニ、呼酒為歓ヲ、僚友以路稍遠ヲ、故皆先還ル、罪人妄《ミタリニ》意以為ク距ルコト邸ヲ不遠、雖日已没スト、未シ至愆ニ期ヲ、更ニ酌而沈頓ス、既而醒寤レハ則不啼愆期ヲ、夜已郷フ晨ニ、投シテ袂ヲ而起、欲狂奔シテ而還ントス、私窃《ヒソカニ》ニ以為ク国邸闇禁之厳、僅ニ移スヲ数刻ヲ、尚有常刑、今己如此、雖帰テ苦ニ愬、不可復入ル也必セリ矣、仰天ヲ悔恨シ噬モ臍何ソ及ン、事既不可如何ス、進退維谷ル、欲自囚テ就ント罪ニ司敗ニ、亦逡巡未果、因計ル還帰シ西土ニ、偪処シ隣国、」以待時乎、幸

図十一

而遇ハ赦ニ或者可以入ル也、決意而西ス矣、罪人素貧窶、加ルニ以ス失産ヲ、嚢中県ニ罄《つ》キ、窮困已甚シ、或ハ寄寓シ廡下ニ、或ハ倚宿シ樹陰ニ、或ハ乞食ヲ路旁(ママ)ニ一タヒ閲シ月ヲ、乃始来于南筑ニ、罪人狂愚、未嘗閑教訓ニ、年少客気、不慎ノ機微ヲ、疎脱繆戻、果メ踏ム不測之辜ヲ、自求テ取禍ヲ、又復何ソ怪ン、已シテ而慨然トシテ以為ク罪已大ナリ矣、詬已甚シ矣、死則已ン、若尚未ンハ死セ、則勤学ヲ撿身ヲ、以補モ前行ヲ、未タ甚晩カラ也、因伏シテ読書ヲ四年矣、於是聞北筑ノ亀氏某者開門ヲ待四方ノ之士ヲ、能ク趨ルト人ノ急ニ、遂往謁見シ、請受教ヲ焉、并テ語ル、得ノ罪顛末ヲ、某不以セ罪人カ之不肖ヲ、而嘉シ有改励之志、以為ク孺子」可シト教也、延テ諸ヲ門客ノ之間ニ、教誨諄々日夜不倦、愛顧之厚、有踰ルコト骨肉ニ、罪人以為弁カ之所以償コト罪債ヲ者、於是ニ乎在リ、乃与二三ノ友生、講習討論、唯日不足、以テ至レリ今日ニ、然罪人譾劣、才短ク力薄ク、無異技能、豈足以陳スルニ諸ヲ大方ニ乎、但以君子乃所ロ教ル、朋友之所ロヲ摂スル、不無ンハ一二ノ異聞、於是乎益信徃者不諫、而来者可ヲ追也、罪人聞ク之ヲ、孝者、始リ於事ルニ親ニ、中シ於事君ニ、終於立身ヲ、盖事ルハ親ニ者在脩ルニ身ヲ、事ルハ君ニ者在盡スニ忠ヲ、立ルハ身者在顕スニ親ヲ、今罪人其事スハ親ニ則行已ニ虧矣、其事 君ニ則奸ス大禁ヲ矣、其立身ヲ則辱ム親ヲ矣、嗟乎嗟乎如キ罪人カ者、其謂ン□(虫損)(之)ヲ何ト、其」謂之何カ、罪人不幸、幼而喪フ父ヲ、独有リ母ノ在ル、年且七十、罪人未ル東セ、髪已ニ種種タリ、生平善ク病テ伏シテ在床蓐ニ、気息奄奄、如一縷ノ之将絶ント者ノ状、今加ルニ以罪人之故ヲ、其羸憊亦可知矣、嗚呼人無ク貴賤ト、孰ノ不ン念親ヲ、然親之於ケル子ニ、昊天罔極、而子之於ル親ニ毎ニ不及焉、以此其不及念ヲ、推トキハ彼其罔極恩憂ル罪人者、果如何哉、罪人雖不肖、寧能忍ンヤ之ニ、且人命薤露、朝不慮夕ヲ、或有ハ一朝捨ルコト簪珥ヲ、死者不可復生、罪人何面目カ以テ立ン天地之間ニ、是所以丘吾子之投水ニ而死也、是以毎ニ一念之ヲ、当テ食ニ而歎レ、不知甘酸之節ヲ、怛然トシテ痛傷、如受鋒刃ヲ、立ルコト身一ヒ」誤レハ万事瓦如ニ解ク、声汚レ行醜シ、為世ニ所笑、然又不能死スルコト、尚且対人ニ言語シ、糊シテ口ヲ苟活ル者、独以老母哀々在堂ニ思而無措コト也已、罪人従辞膝下ヲ、十有五年于茲ニ矣、未知母ノ之安否ヲ、比セハ之翳桒之飢人ニ、相隔也又久シ矣、嗚呼秋気一至リ、草木凋落シ、蘭茝（茝カ）殫ク枯レ天光惨澹、涼風漂颯、夜不能寐ルコト、愀然トシテ独坐スレハ、則蟋蟀迭ニ吟シ、鴻雁哀鳴ス、方此時ニ也、百感盡ク集リ、千慮関ル心ニ、上ハ焉悼老母憔悴ノ懐ヲ生別ノ之悲ヲ、中ハ焉憾兄弟隔絶ノ違ヲ友于之義ニ下ハ焉傷身負イテ国恩ニ終ニ為ヲ刑戮ノ之氓ト、悲憤兼至リ、心骨沸熱ス、不覚涙簌々トシテ下ル、昔シ鐘儀幽ラレ而楚音、莊□□《虫損》（舄顕）シテ而越」声シ、王粲在荊ニ而有非土ノ之歎、誠ニ人情ノ之切於懐土ニ、従古以然、詩ニ曰、我之懐矣、自貽伊阻《ヲト》、罪人独何人ニ而能無之、恭惟　本藩昌大融朗之政隆於上ニ、而仁慈徳澤之及於下ニ至テ深厚矣、勧民ニ五教ヲ、而孝之為先、寛猛相済、綱紀盡ク挙ル、君子ハ務徳ヲ以無倦、小人ハ楽業ヲ而不移、有功必賞シ、有罪必罰ス、湯々平々、無党無偏、於是乎有道者進矣、不仁者遠矣、一物之微莫不被其沢ヲ、隣国之人、莫不願為其民、罪人嘗引領南望於邑、以為我業ニ已知罪ヲ矣、庶乎復我哉、乃今而後知ル赦之不可倖、而天之不ヲ借於有罪ミ也、豈」不畏乎、豈不畏乎、伝曰、使君失刑ヲ、非人臣也、今罪人雖至微賤乎、亦莫非ルコト一物ノ之数ニ、則謹欲帰シ命ヲ於司敗ニ以徴ント刑典ニ、其戮諸ヲ四郊ニ、身首殊ルモ処ヲ、亦唯命、其刑而為城且ト、以戮辱センニ之ヲ、亦唯命、若夫沛然垂大恵ヲ、全シテ其首領ヲ、使改事老母ニ以勧孝乎、所謂化鴟鴞ヲ哺所生ニ者也、非所敢望、敢布鄙衷ヲ、罪人雖不肖、独不知被ノ刑ヲ之為ヲ辱於亡命ヨリ乎、所以臨不測之罪ニ而自致ス者、以中懐之切甚ヲ乎忍フヨリ辱ヲ也、若夫得負米ヲ拾穂ヲ、奉スルコトヲ菽水之歓ヲ、以報ンコトハ昊天罔極ノ之万一ヲ、則罪人之至願、不離於夢想ニ者也、罪人無任ルコト大馬恐懼ノ之情ニ、謹」因　下執事ニ以聞ス、安永九年秋九月既望、罪人弁頓首稽首、死罪死罪

（十二）　大場《おほバ》伊三娘《むすめ》つち

孝女《かうちよ》あり、名《な》をつちといふ、川尻詰《かハしりつめ》乃小吏《やくにん》大場伊三が娘なり、其姓《せい》（ママ）質貞静《しつていせい》にして言葉少《ことばすくな》く父母につかへて孝なり、其家流行《りうかう》乃疾《やまひ》によりて天明四年三月廿六日父伊三死す、其奉仕《ほうし》の年月少きをもつて録《ろく》（禄）其子に下らず、又其家官舎《やくやしき》なるをもて久しく居《を》ることあたハず、されバ熊本竹部《たけべ》といふ所にわづか斗り」の家を求《もと》めて移住《いちうし》けるが、もとより無録《むろく》（ママ）なれバ貧困《ひんこん》日々にせまり、日用の道具いさゝかなる物までも皆売《ミなうり》て食としけるに、後《のち》はうるべきものもなくて朝夕《あさゆう》の煙《けふり》をも立得ざる事多し、母は病後猶《びやうごなを》なやミがち也、弟妹《ていまい》五人皆幼《いとけな》し、因て饑渇《きかつ》をまぬかる術《じゆつ》なく、艱難憂苦《かんなんゆうく》孝女が一身《しん》にせまれり、貧苦《ひんく》のあまり郭巨《くハつきよ》が作為《しわざ》に類《るい》する事をなして母を養《やしな》ハんとおもへども、是もとより公法《こうほう》乃戒《いましむ》る所にして、母の心の安んずる所にあらざれバ果《はた》すこと能《あた》ハず、孝女為《せ》んかたなく尼と成て母をやしなハんとす、されどあらかじめ是を母に」知《し》らせバ、母かならずゆるさじと窃《ひそか》に尼寺《あまでら》に行て師弟《してい》の約《やく》をなす、既《すで》にして又思へらく、母に告《つげ》ずして姿《すがた》をかへバミづから我身を私《わたくし》するなり、其罪重《つミをも》かるべしと、其期《き》に及《およ》んで告《つ》ぐ、母是を聞て天を恨《うら》ミ身をかこちて泣《ない》て曰、汝《なんぢ》今年十八みどり

乃髪長《かみたけ》に過《す》ぐ、我唯《たゞ》其行《ゆく》すへをたのしミて今の貧苦《ひんく》に堪《たゆ》るのミ、然るに今汝《なんじ》を尼《あま》となして其やしなひを請《こハ》んハ、倶《とも》に飢《うへ》て死《しす》る乃勝《まさ》れるにしかしと、色々にかきくどきてゆるさず、爰《こゝ》におひて孝女心を決《けつ》しておもへらく、此うへは力なし、兄弟ともに身を辱《はづか》しめ面《をもて》を」（図十二）さらすとも、しバらく府中《ふちう》の町小路を打廻《うちめぐ》り人乃憐《あハれミ》を請《うけ》て母をやしなふべし、されど人の門戸《もんこ》に立ては乞食《こつじき》に近《ちか》し、我女なりといへども本帯刀《たいたう》の者乃子也、たとひ衣《い》服《ふく》ハ垢《あかづ》き裂《さく》るとも、よ乃常の乞食《こつじき》に等《ひと》しかるべからずと、下に一刀《とう》を帯《たい》し、上に古《ふる》き単衣《ひとへきぬ》を打まとひ、髪《かミ》ハ一つに束《つか》ね、櫛《くし》をもてそのもとをかため、ふくめん頭巾《つきん》に面《をもて》をかくし、妹一人を供《ぐ》してあまねく府中を徘徊《はいくハい》す、されバ常に府中を廻《めぐ》りて非常《ひじやう》を警《いましむ》る物頭馬上より見咎《とがめ》て其部下《くみ》をして詰問《つめと》ハしむ、孝女つぶさに其趣《おもむき》を述《の》ぶ、頭聞て」いハく、かくのごとくなれバもとよりとがむへき事なし、但《たゞし》此後頭巾《のちづきん》を去《さ》り、面《おもて》をあらハして通行《つうかう》すべしと、夫より孝女頭巾《つきん》をさり面をあらハして町家ハ直に入て其趣を述《の》べ、諸士《しよし》の家は其事乃始終《しじう》を委《くハ》しく書たる一通《つう》を携《たづさ》へ、それを出して其意を達《たつ》す、人々其孝義《かうぎ》の切《せつ》なるを感《かん》じて其来《きた》るを待《まち》て各《をの〳〵》物をあたふ、諸士乃家或は奥《をく》むきに呼《よび》入て茶飯《ちやはん》を出して厚《あつ》く物をさづけ、又ハ人をして若干《そこばく》の米銭塩醤《べいせんえんしやう》を送《をく》る家あり、或日薩州《さつま》乃客彼《かくかの》孝女が風躰《ふうてい》を聞て大に感《かん》じ、兄弟を旅宿《りよしゆく》に招《まね》き入てあつく敬礼《けいれい》を加《くハ》へ、」懇《ねんごろ》に馳走《ちそう》し、且《かつ》銀子および其国産《さん》の櫛《くし》を与《あた》ふ、日既《すで》にくれけれバ老たる女と僕《ぼく》とをつけて其家に送《をく》り帰らしむ、或は婢妾《ひせう》となして母に録《ろく》（ママ）を送《をく》らんといふ家あり、又は娵《よめ》とし妻とせんと母に請望《こひのぞ》む人あり、母悦で是を孝女にかたる、孝女曰、人乃心しりがたし、始《はじめ》ありといへども終《をハり》ある事を必とすべからず、もし我に過《あやまち》ありて追退《おひしりぞ》けらるゝことあらバ悔《くゆ》共かへるべからず、唯今《たゞいま》乃まゝにてあるの勝《まさ》れるにしかじと、露も心をうごかす事なし、事具《つぶさ》に　官府に聞《きこ》ふ、天

図十二

明五年十二月廿八日褒賞ありて年毎《としごと》に米拾五」俵充《つゝ》を賜ふ、是を聞人々しるとしらざると皆我にもの賜ひしやうに悦び感《かん》じあへりとぞ、其後なを米銭塩《しほ》酢、或ハ衣服《いふく》苧綿《をわた》乃類を送《をく》りて其養を助け、かつ女功《ぢよこう》をすゝむる人たへずといふ、是

先君の末歳　当君襲封《しうほう》乃首、はじめて事を行《をこな》ひ政《まつりごと》を施《ほどこ》し給ふに、先此孝子を賞し給ふものは

先君乃賢《かしこ》き御志《こゝろざし》を継《つが》せ給ひ、今又孝義《かうぎ》を以て先務《せんむ》とし給ふ事を国に見し給ふならし

附録《ふろく》

我友岸原《きしはら》某ハ米田《こめだ》某の家士《かし》なり、其家往年《わうねん》に」褒賞《ほうしやう》ありし孝子赤瀬傳吉が伝を携《たつさ》へ来りて予に示す、予熟《つら〱》是を閲《へミ》するに誠に哀深《あハれふか》し、時に此編成る、因て爰に附しぬ、此伝もと其主人乃命によつて其家の儒臣《じゆしん》白石某漢《かん》字をもて撰《せん》せり、今其大意を述ることしかり。文中君と称するも乃皆その主人をさす

（十三）　赤瀬《あかせ》傳吉

赤瀬傳吉は我君の地筒《ちづゝ》なり、常ハ土地を受て農業を事とす、軍事には鉄炮乃備へに従ふ、これを地筒といふ　世々《よゝ》合志《がうし》郡大津の郷赤瀬村に住《す》めり、老《おひ》たる」母あり、是につかへて孝なり、傳吉いさゝかの事といへども皆母に問《とふ》て其いふ所にしたがふ、家極《きハめ》て貧《まづし》といへども母乃養《やしな》ひは程に過《すぎ》て厚《あつ》し、朝ハ早《はや》く起《をき》てミづから茶をせんじて母にすゝめ、又よく味《あぢわひ》を調《とゝの》へて飯を供《そな》へ、其傍《そバ》にありて何くれと物かたりして其心を慰《なぐさ》む、扨農業《のうげう》に出んとしてハ先其行かたを告《つ》げ、帰《かへ》れバ直《すぐ》にま見へ

て其日なしぬる事ども委《くハ》しくかたる、母いねんとすれバ傳吉ミづからむしろをのべてやすくふさしめ、其寒暖《かんだん》安否《あんひ》を問《と》ふ事夜毎《よこと》にいくたびといふ事なし、若汚《もしけが》らひたる物あれば」ミづからひそかにすゝぎて、妻にだにしらしめず、又常《つね》に藁沓《ワらぐつ》を作《つく》り置《をき》てふませけるに、冬乃《ふゆ》いとふ□《虫損》（寒）きときは己が懐《ふところ》に入てあたゝめて是を用ゆ、其こゝろを用ゆる事大やう此類なり、初傳吉妻を娶《めと》りぬるとき、其妻にいふやうは、汝才無《なんじさいなさ》はワが咎《とが》むる所にあらず、纔《ワづか》にも不孝ならバ速《すみやか》に出し去《さら》ん、我此詞《ことば》をたがへじと、因《よつ》て妻も慎《つゝし》めり、されど傳吉猶足《なをた》れりとせず、或日従容《じうやう》として其妻にいへらく、今汝が母につかふる所、本より薄《うす》しとせず、然れども我こゝろにおひて猶《なを》あき足らさる所あり、ねがハくハ弥《いよ〳〵》心を□《虫損》せ」べしと、妻こたへて曰、わらハ今姑《しうとめ》につかへて大なるあやまりなし、たとへ追《おひ》しりぞけらるゝとも是よりうへに勉《つとめ》を加《くわゑ》ん所をしらすと、傳吉是を聞て悦ひすしていはく、実《じつ》にかく乃ごとくならバ力《ちから》なし、今汝《なんじ》を出し去《さる》べし、然れども汝ひとり家に帰らバ汝が父母必怪《あやし》ミ給ハん、我も倶《とも》に行て其故《ゆへ》をかたるべしと、妻を伴《ともな》ひて出ぬ、其妻既《すで》に過《あやまち》を悔《くひ》て道〳〵打詫《わび》ていハく、何れ乃所か父母なからん、妾《せう》不孝をもて棄《すて》られ侍《さむ》らハゞ、誰か我を容《いれ》侍らハむ、父母又いかで我を罪《つミ》し給ハさらんや、けふより心を改《あらた》めて姑《しうとめ》に事《つか》へ」侍らハん、猶足《なをたら》ざる所あらバそ乃ときともか□《虫損》（ふ）もはかり給ハるへしと、あながちに許《ゆる》されんことを請《こ》ふ、傳吉うけがハずしていはく、今汝がいふ所は皆《ミな》其身の歎《なげ》きのミ、ミづから不孝の罪《つミ》をしりて悔改《くひあらたむ》るにハあらず、此こゝろいかでよく我母へつかへ、且《かつ》久しくして変《へん》ぜざる事を得んや、我きく孝は妻子に衰《おとろ》（ママ）ふと、今汝を去《さら》ずんバ他日いかなる我不孝乃基《もとひ》ならんもはかりかたし、ふたゝびいふ事なかれと聞入《きゝ》べくもなし、是におひて妻大に號泣《かうきう》して地□《虫損》（に）倒《たを》れふし、過《あやまち》を悔《く》ひ身を咎《とが》めてやまず、終《つい》に□□《虫損》

図十三

(天地)」(図十三)神明にちかひて不孝乃こゝろをあらため身をつくして事《つか》へんことを請《こ》ふ、其さま殊《こと》に切《せつ》な□《虫損》(り)、傳吉其誠《まこと》を察《さつ》して其罪《つみ》をゆるし、又伴《ともな》ひて家にかへる、是より其妻姑《つましうとめ》に事《つかふ》ること至つて厚《あつ》し、其後女子三人を産《う》めり、皆父母乃する所にならひて祖母につかへて孝なり、常に其傍《そバ》にありて其起寝立居《をきねたちい》を助《たす》けければ、祖母ハ老らく乃苦《くるし》ミをしらで日を送《をく》りけるとなん、安永二年十二月君是を聞て深《ふか》く感《かん》じ、傳吉を召《めし》出して対面《たいめん》給ハり、くりかへして其孝を誉《ほめ》、凡人乃□□《虫損》(子の)」親につかふる、汝をもて則《のり》とせ□《虫損》(ば)誰か善らずと□《虫損》(せん)やと、月俸《ほう》を賜ハり、母にも貴《□□□》き衣服《いふく》をあたへ給ふ、傳吉ふかく其恩《おん》を謝《しや》し、其衣を両手に捧《さゝ》げて赤瀬村にかへる、其道七里あまりしバらくも置かず、人ありいはく、なんぞ馬に負《をゝ》せざるやと、傳吉こたふ、是我君の賜なり、固よりミづから捧持《さゝけ》べし、何ぞ馬に負《をゝ》せんやと、其慎《つゝし》める事見るべし、ちかき辺《ほと》りの人々是を聞て深く感嘆《かんたん》し、各物《をのく》をおくりて賀《が》す、又□《虫損》(是)によりて或は孝心を興《をこ》す者ありと□□《虫損》(いふ)、安永四年二月廿五日傳吉死す、論□《虫損》(に)曰、傳吉辺《へん》□《虫損》(僻)」の地に生れ、固《もと》より聖賢孝悌《せいけんかうてい》乃教《をしへ》を聞《きく》べからず、然るに其する所かくのごとし、殊《こと》に母のために□《虫損》(妻)を去る、是人情乃尤難《かた》き所なり、今乃世或ハ妻子の愛《あひ》にひかれて父母乃志《こゝろざし》にたがふる人あり、是を何といはんや、天明四年の月日君又命《めい》じて其伝を石碑《せきひ》に刻《きざ》ミて世に伝へしめ給ふと云

總論《そうろん》

夫人は万物乃霊《れい》にして、仁義礼智乃性全《せいまた》く具る、是を以て其□□《虫損》(性日カ)用彜□《虫損》(倫)の間に□□《虫損》(発見?)」

流行《りうかう》して適《ゆく》として□虫損（善カ）ならざる事なかるべし、然るに今しかる事あたハざるも乃は、気質《きしつ》の偏駁《へんはく》我身の私欲《しよく》に誘《ひか》れて然るのミ、固《もと》より仁義乃心なくして然りといふにあらず、其故は人々皆忠孝の切なる跡《あと》を見聞しては、必感《かん》じ必好して、己がしからざる事を恥悔《はぢくゆ》る乃心発らざる者なし、此心即《すなハち》仁義乃本心なり、人其本心乃発るによりて、彼も人なり我も人□虫損（也）、我何ぞ彼に如《しか》ざらんやと憤《いきとふり》を発して実□□虫損（力カ）め行《をこな》ハゞ、豈《あに》彼に如《しか》ざる事あらんや、又聖賢《せいけん》□□虫損（の地）」位にも至るべし、然るに罪《つみ》を我身の生質《せいしつ》に委《ゆだ》ねて力行ハず、又己が私意私欲《しゐしよく》を主として克去ることをせず、遂《つい》に不孝の子不忠乃臣に終る、豈哀《あにかなし》からずや、詩曰、天生蒸民《せうじせうミんを》、有物有則《のり》、民之秉彝《とるつねを》、好是懿徳《このむこのいとくを》と、あゝ思ふべし務《つと》むべし」

肥後孝子伝後編下終」

孝子伝後編跋

氓之固ナル也、難カナ乎其ノ諭スコト之、告ルニ之ニ以スレハ古人ヲ、則曰ク、是隔世之美、非今時ノ所企及也、告之ニ以異邦、則曰、是殊俗」之譚、非吾土ノ所冀望也、告之ニ以士人則曰、是門地之業、非吾儕匹夫ノ所能行也、故其告之ニ也《ヤ》、以シ近世ヲ以同士ヲ以等夷、而後始入」焉、中村子蓋有見ルコト於是ニ、采録闔境ノ之孝弟近ロ穫褒賞ヲ者、以著前後編ヲ、率是蓽門《（ひつもん）》圭窬之人也、又且近クシ其言ヲ、鄙フシ其辞ヲ、使」愚夫愚婦ヲ易カラ暁リ、々（暁）レハ斯ニ恧《（は）》ツ、恧《（はつ）》レハ斯ニ将遷乎善ニ、然則中村子之有補于邦□（教カ）ニ、豈細々ナラン哉《ヤ》

府学訓導　大　城　煥　印印

」

あとがき

かつて、江戸期の「寺子屋と女師匠」について考えたことがある。（「寺子屋と女師匠――江戸から明治へ――」（『一橋論叢』一一一―二、一九九四　後『日本女性史論集』八　総合女性史研究会編　吉川弘文館　所収））

明治二十三年、文部省によって刊行された『日本教育史資料』に収載されている「私塾寺子屋表」を検討していたときのこと。女経営主による寺子屋が、百七十六あり、それらは、東京に五十三、熊本に十五、岡山に十四、兵庫に十という具合に、二十八府県に分布、女経営主の「身分」についてみると、東京の五十三人の中、三十七人が「平民」なのに対して、熊本の場合には、十五人中、十三人が「士族」であった（念のため、熊本に次いで多い岡山の場合は、十四人中、「士族」四、「平民」四）。その構成内容が、東京と熊本とでは趣を異にしていた。その時、東京について検討を加えたものの、熊本については、指摘するだけに終わっていた。

以来、熊本のことが気になりつつも、時は過ぎた。たまたま、周囲を整理しているとき、すっかり失念していた「肥後孝子伝」に再会。頁をパラパラ繰ってみた。題簽が損傷している巻あり、大幅に修復されている巻あり、所蔵文庫の朱印が捺されていたり、かつての所持者の氏名が墨書されていたり……と多くの人の手を経てきた、その歴史がわかるような「肥後孝子伝」。ちょうど、『続編孝義録料』を刊行し終わったところ、しばらくぶりに手書き史料から版本へ。更めて、版本としての「肥後孝子伝」をみると、漢字には、ふりがなが振られていたり、収載事例には、それぞれに見合った挿絵が施されたりもしている。一目で、教育とくに初等教育に用いられてきたものであることが、わかるような気がした。更に、眺めていると、巻によって、異なった手で版彫されていたり、ふりがなのふられ方も巻によって違いがある。

ともあれ、以前からの気がかりの一端を解く鍵の一つになるかもしれないと思い、まずは、『国書総目録』でその所在を確かめてみた。前編後編の全六巻がそろっているものが、意外と少ないことを知った。また、活字化の有無を探ってみた。既に活字化されているものはあったが、ふりがなや挿絵は省略されていた。「初等教育」に欠かせない解かり易さ、読み易さ、これが、本書の重要な要件であると思っている私は、手許にある「肥後孝子伝」をできるだけ現物を活かすような形で、まとめてみようかしらんと作業開始。

収載事例が、比較的古いので、必ずしも私の当初の気がかり解消とは直結しないような気もするが、幕府刊行の『官刻孝義録』の肥後国の登載事例の基礎ともなった「肥後孝子伝」。肥後熊本の幕末に向けての人々の教育に何かしらの影響を与えていったのではないか、本書が目指した目論見の一片でもが、人々の心のどこかに溶け込んでいるのではないかと思う。本書だけからは、明らかにすることはできないけれども、江戸時代後半から明治に向けて受け継がれていった何かを探り出す手立ての一つにでもなればと希いつつ、このような形で本書を刊行することにした。

そのようなとき、偶々、「湯地津尾子」の存在を知った。彼女の略伝が『尾三婦女善行録』（愛知県立高等女学校校友会編　明治四十三年）の掉尾を飾っていた。本書は、尾張三河地方に生きた女性善行者を顕彰し、その生涯を「生き方の見本」として女学生に示したものである。尾張三河の関係者とはいえ、明治十年、名古屋に奉職した孫に従い移住した津尾子はわずか半年で没、その出身は熊本であった。津尾子は、熊本藩士佐々氏の出で、生まれつき「温順怜悧」であったが、受けた教育は一般並みで、裁縫の傍ら「伊呂波」を学ぶ程度であったという。結婚後姑によく仕え、また、息子に付き添い通学する傍ら自らも論語などをマスター。天保饑饉時には、夫に代わって祖先からの家財などを守り抜いたという。こうした津尾子の功績が藩主の耳に入り、「賢婦人は一藩の名誉」であるとして表彰された。家老は津尾子を招き、家臣のこども百余人を集め「女の心得」を講話させたという。名古屋に没したとはいえ、津尾子の精神の殆どは熊本で培われたものであった。熊本藩主から表彰され、名古屋に移住するや、その地でも「良妻賢母」の代表として高く評価された湯地津尾子、ひょっとすると、その津尾子の身体の中に「肥後孝子伝」の教えが、影を落としているのではないかと思いつつ、江戸時代、幕府や藩に代表される権力がめざした「人づくり」のあり方を更めて思い描いてみたひとときであった。

今回も、『続編孝義録料』に続き、面倒な作業に快く応じてくださった汲古書院のみなさま、柴田聡子さん、ありがとうございました。

二〇一九年一〇月一〇日

菅野則子

編者紹介

菅野　則子（すがの　のりこ）

1939年：東京都に生まれる
1962年：東京女子大学文理学部卒業
1964年：東京都立大学大学院修士課程修了
　　　　一橋大学経済学部助手・帝京大学文学部教授を経て
現　在：博士（史学）

主要著作

『村と改革――近世村落史・女性史研究――』三省堂　1992年
『江戸時代の孝行者』吉川弘文館　1999年
『官刻孝義録』（校訂）東京堂出版　1999年
『江戸の村医者』新日本出版社　2003年
『備前国孝子伝』（校訂）吉川弘文館　2005年
『文字・文・ことばの近代化』同成社　2011年
『続編孝義録料」全七冊（完結）　汲古書院　2017～2018年

（題字は著者）

肥後孝子伝

二〇一九年一〇月二九日　発行

編　者　菅野則子
発行者　三井久人
整版印刷　富士リプロ㈱
発行所　汲古書院
〒102-0072東京都千代田区飯田橋二-五-四
電話　〇三（三二六五）九七六四
FAX　〇三（三二二二）一八四五

ISBN978-4-7629-4231-0　C3021

KYUKO-SHOIN, CO., LTD. TOKYO.